多元视域下的大学英语读写教学研究

高玲慧 王 娜◎著

吉林出版集团股份有限公司

图书在版编目（CIP）数据

多元视域下的大学英语读写教学研究 / 高玲慧，王娜著. -- 长春：吉林出版集团股份有限公司，2022.8
ISBN 978-7-5731-1824-0

Ⅰ.①多… Ⅱ.①高…②王… Ⅲ.①英语—阅读教学—教学研究—高等学校②英语—写作—教学研究—学校 Ⅳ.① H319.3

中国版本图书馆 CIP 数据核字 (2022) 第 136891 号

多元视域下的大学英语读写教学研究
DUOYUAN SHIYUXIA DE DAXUE YINGYU DUXIE JIAOXUE YANJIU

著　者	高玲慧　王　娜
出版人	吴　强
责任编辑	蔡宏浩
装帧设计	闫丽娜
开　本	787mm×1092mm　1/16
印　张	12.5
字　数	260 千字
版　次	2022 年 8 月第 1 版
印　次	2022 年 8 月第 1 次印刷

出　版　吉林出版集团股份有限公司
发　行　吉林音像出版社有限责任公司
　　　　（吉林省长春市南关区福祉大路 5788 号）
电　话　0431-81629667
印　刷　北京厚诚则铭印刷科技有限公司

ISBN 978-7-5731-1824-0　　定　价　58.00 元

如发现印装质量问题，影响阅读，请与出版社联系调换。

前 言

在当今经济全球化发展背景下，各国之间往来频繁，语言在其中起着重要的沟通作用，加之教育领域开始注重对学生个性化的培养，注重与教育改革的主旋律相符，使得英语作为一门国际型通用型语言的教学备受重视。《英语教学大纲》明确强调要侧重培养学生的阅读理解能力、良好的阅读习惯，以及提高学生的阅读速度，进而提升学生的听说写译能力，使学生能灵活掌握英语的信息交流。阅读在大学英语中的重要性可见一斑。同样地，从国家未来发展角度来看，要加速中国信息的对外交流，无疑就需要强有效的"信息书写能力"，即熟练地使用英语进行规范书写，确保"中国信息"的最大化传播。鉴于二者在大学英语教学中的密切关系和重要性，本书对此展开探讨研究。

全书共分为十一个章节，总体涵盖了三个部分，第一部分（第一章至第五章）主要介绍了大学英语阅读相关内容；第二部分（第六章至第十章）则重点介绍了大学英语写作相关内容；第三部分即第十一章，着重研究了"读写结合"模式。第一章就大学英语阅读的目标、内容、现状做出基本介绍；第二章论述了与大学英语阅读教学相关的理论概念，即图式理论、自下而上理论、自上而下理论、交互理论、建构主义理论；第三章和第四章分别基于分层处方角度、认知隐喻角度分析了大学英语阅读教学；第五章综合概括了自主学习、协作学习等其他视角下的大学英语阅读教学；第六章概述了大学英语写作的目标、内容、现状及对策；第七章概述了与大学英语写作教学相关的理论概念，即人本主义理论、构建主义理论、主述位理论、元认知理论、合作学习理论；第八章和第九章分别基于生态化视角、大数据视角分析了大学英语写作教学；第十章综合概括了过程写作法、分层分组写作法等其他视角下的大学英语写作教学；第十一章则着重研究了英语阅读与写作之间的关系，介绍了"读写循环""以读促写"两种读写结合教学模式的探索。

为确保准确性和严谨性，本书在成书过程中参阅了大量文献和专著，并引用了一些专家和学者的观点，在此一并致谢，因水平有限，书中难免存在错误和疏漏之处，恳请广大读者批评指正。

目 录

· 第一部分 大学英语阅读教学研究 ·

第一章 大学英语阅读教学概述 ··· 2
    第一节 英语阅读教学的目标和内容 ·· 2
    第二节 大学英语阅读教学现状 ··· 3
    第三节 大学英语阅读教学效果的优化 ···································· 7

第二章 大学英语阅读教学与相关理论 ····································· 17
    第一节 图式理论与大学英语阅读教学 ··································· 17
    第二节 自下而上理论与大学英语阅读教学 ··························· 26
    第三节 自上而下理论与大学英语阅读教学 ··························· 30
    第四节 阅读交互理论与大学英语阅读教学 ··························· 33
    第五节 建构主义理论与大学英语阅读教学 ··························· 36

第三章 基于分层处方视角的大学英语阅读教学 ····················· 46
    第一节 分层处方教学相关概念 ··· 46
    第二节 分层处方教学的理论依据 ·· 48
    第三节 分层处方教学的内涵与原则 ······································· 55
    第四节 分层处方教学对大学英语阅读教学的意义 ················· 59
    第五节 大学英语阅读分层处方教学的路径与策略 ················· 62

第四章 基于认知隐喻视角的大学英语阅读教学 ····················· 67
    第一节 隐喻与认知 ·· 67
    第二节 认知隐喻理论的基础与特征 ······································· 69
    第三节 阅读中的认知及隐喻思维 ·· 72

   第四节 篇章隐喻在英语阅读教学中的应用 …………………………… 73

第五章 基于其他视角的大学英语阅读教学 ………………………………… 79
   第一节 自主学习与大学英语教学 ……………………………………… 79
   第二节 多元文化与大学英语阅读教学 ………………………………… 85
   第三节 协作学习与大学英语阅读教学 ………………………………… 88
   第四节 产出导向法与大学英语阅读教学 ……………………………… 91

·第二部分 大学英语写作教学研究·

第六章 大学英语写作教学概述 ……………………………………………… 95
   第一节 大学英语写作教学的目标和内容 ……………………………… 95
   第二节 大学英语写作教学现状 ………………………………………… 97

第七章 大学英语写作教学与相关理论 …………………………………… 105
   第一节 人本主义理论与大学英语写作教学 ………………………… 105
   第二节 建构主义理论与大学英语写作教学 ………………………… 109
   第三节 主述位理论与大学英语写作教学 …………………………… 112
   第四节 元认知理论与大学英语写作教学 …………………………… 117
   第五节 合作学习理论与大学英语写作教学 ………………………… 120

第八章 基于生态化视角的大学英语写作教学 …………………………… 123
   第一节 生态化概述 …………………………………………………… 123
   第二节 大学英语生态化写作教学对传统英语教学的影响 ………… 127
   第三节 大学英语生态化写作教学的实施途径 ……………………… 129
   第四节 生态化大学英语写作教学的优化措施 ……………………… 131
   第五节 生态化大学英语写作教学评价体系构建 …………………… 132

第九章 基于大数据视角的大学英语写作教学 …………………………… 133
   第一节 英语写作教学角度下的大数据特点 ………………………… 133
   第二节 大数据对大学英语写作教学的影响 ………………………… 135
   第三节 大数据背景下大学英语写作教学模式重构 ………………… 142
   第四节 大数据背景下大学英语写作的评价与反馈 ………………… 147

第十章 基于其他视角的大学英语写作教学 ………………………………… 155
  第一节 过程写作法与大学英语写作教学 ………………………………… 155
  第二节 分层分组教学法与大学英语写作教学 …………………………… 157
  第三节 自主学习与大学英语写作教学 …………………………………… 158
  第五节 多元文化与大学英语写作教学 …………………………………… 163
  第六节 语块教学模式与大学英语写作 …………………………………… 166

·第三部分 大学英语读写结合教学研究·

第十一章 大学英语读写结合模式探索 ……………………………………… 170
  第一节 大学英语阅读与写作的关系 ……………………………………… 170
  第二节 大学英语"读写循环"教学模式探索 …………………………… 176
  第三节 大学英语"以读促写"教学模式探索 …………………………… 179

参考文献 …………………………………………………………………………… 190

第一部分 大学英语阅读教学研究

第一章 大学英语阅读教学概述

第一节 英语阅读教学的目标和内容

一、大学英语阅读教学的目标

（一）基础目标

大学英语阅读教学的基础目标是增进学生的语言理解能力，即通过课堂内相关理论知识的教授，让学生积累一定的词汇、语汇知识和基础性的阅读技巧，以便于他们能够基本读懂一般类型的英语期刊、杂志；能够借助网络、词典等工具通晓日常生活中常见的英文材料的大意，把握其中的关键细节；可以依据不同的阅读目的和材料内容，灵活选择阅读方法，合理安排阅读时间。

（二）提高目标

大学英语阅读教学的提高目标是围绕着学生阅读理解能力的强化和阅读策略运用习惯的养成所展开的，即通过中高等难度的阅读提高训练，让学生系统的掌握英语阅读的知识、技能和策略，能够基本读懂公开发表的英语报刊上一般性题材的文章；能阅读与所学专业相关的综述性文献，或与未来工作相关的说明书、操作手册等材料，理解中心大意、关键信息、文章的篇章结构和隐含意义等；能较好地运用快速阅读技巧阅读篇幅较长、难度中等的材料；能较好地运用常用的阅读策略。

（三）发展目标

大学英语阅读教学的发展目标，主要是以培养学生的综合阅读能力而开展的，即通过更加专业化、精细化的阅读训练教学，让学生构建一个完整的英语阅读知识体系，形成自己的"阅读资料库",面对各种难度的英语阅读材料都能够轻松的通读,理清文章的中心思想和逻辑结构,透过文字看到作者想要表达的更深层次的意义;能够灵活运用各种阅读技巧独立完成高难度英语材料的品评,并说出自己的意见和看法。

二、大学英语阅读教学的内容

任一学科领域的教学活动,都是围绕一定的教学目的而开展的。大学英语阅读教学的目的在于培养学生的阅读能力,使学生能够通过阅读英语材料获取所需信息。鉴于此,大学英语阅读教学应包括如下内容。

1. 辨认语言符号,猜测生僻词汇的意思和作用。
2. 通读全文,透过文章表面看到其深层次的思想情感和价值取向。
3. 关注文章结构和重要句式、词语,通过衔接词把握全文、段落、句子的大意以及逻辑关系。
4. 辨认语篇指示词语,确定文章语篇的主要观点或主要信息。
5. 从支撑细节中理解主题。
6. 总结归纳文章的主要信息。
7. 培养基本的推理技巧。
8. 培养快速浏览和跳读的技巧。
9. 将信息图表化。

第二节 大学英语阅读教学现状

培养学生的阅读能力是大学英语教学的首要任务之一,也是使学生掌握语言知识、打好语言基础、获取信息的重要渠道。虽然近年来,国内外掀起英语学习的狂潮,我国也一直重视英语教育领域的改革发展,英语阅读教学的重要性也日益显著,但不得不承认的是,我国大学英语阅读教学仍存在一些难以克服的缺陷,也正是这些问题限制了学生英语阅读水平。

一、学生阅读的学习现状

(一)母语思维影响

受文化与思维方式的影响,中英两种语言在遣词造句上也不尽相同。
1. 句子结构不同
中文句子以线型结构为主,一般按照时间先后和事情发展的顺序依次将事情陈述清楚，有时还会运用一些修辞技巧强调某些内容，或使用多个动词结构、名词短语连续铺排。而在一个英文句子中，有一定的框架，每一个句子有且只有一个谓语动词，主要借助多个连接词连贯语意。

2. 句子表达特点不同

中文习惯于将次要的描述性信息放在句子的前部，而将重要的信息放在句子的后部。而在英文句式中，一般句首传达的是重要信息，那些无关紧要的信息则放在句尾。

3. 逻辑关系的体现方式不同

中文讲究上下文的衔接，可通过上下文推敲出文章的主要逻辑关系。而英文习惯于用连接词来体现文章的逻辑关系。

以上是中英文句子表达习惯上的几大主要不同点，学生若能将这些差别了解透彻，在英文阅读过程中便可以灵活选择阅读技巧，科学分配阅读时间，提高阅读的时效性。由此可知，大学英语阅读教师不但要传授学生基本的理论知识技巧，更应训练学生的交叉性思维，能够破除母语的思维限制，用地道的英文思维思考问题、解决问题。

（二）阅读习惯不良

对于一门语言的学习，主要可用"听、说、读、写"这四个字来概括，其中读即阅读，更是非常重要，广泛的阅读正是掌握"听""说""写"技能的不二法门。在大学阅读课程中，无论是学习还是考试，都需面对各种类型的阅读材料，这也就对学生的阅读能力提出了较高要求。而学生在阅读过程中存在的一些不良习惯，极大地降低了他们的阅读效率，但同时这也是他们阅读能力提升的空间所在。

1. 用手或笔指读。指读是学习者在阅读英语材料时，借助手或笔、书签、尺子等工具指着一个个单词，一句句、一行行往下读的阅读习惯。这一习惯属于机械化的动作，不仅会降低阅读速度，还会分散注意力，若材料冗长时读起来还非常累。由此可见，必须要督促学习者克服这一不良习惯，培养他们用脑瞬间反映文字信息的能力，逐步加快阅读速度。

2. 出声阅读或在心里默读。学习者若有着出声阅读和心里默读的阅读习惯，那么他（她）的阅读速度和效率一般不会太好，因为无论是出声阅读还是心读都受到了个人说话速度、内心阅读速度的限制，因此阅读速度和效率都较低，而且养成了这两种习惯，无论在读什么材料时均会不知不觉的使用它们，从而大大降低眼睛扫视速度。可见，大学英语教师也要注重改变学生此类阅读的不良习惯。

3. 重复阅读。是指学生在阅读英文材料时一遍又一遍去读某些句子、段落或全文。这种不良阅读习惯，不仅耽误时间，也严重影响了阅读学习的效果。如在各种英语考试和竞赛中，难免会有一些生僻、晦涩的词语、句子，但很多时候无需纠结于单个的意思，可从整体上去把握；而有的考生却反复去阅读，一定要读懂所有的意思才肯做题，如此一来大把的时间被浪费，最终成绩可想而知。对此，大学英语阅读教师应当时常提醒、鼓励学生认真阅读英文材料，尽量将全文一遍通读完成，以帮助他们提高阅读和学习的效率。

4. 头的摆动。有的学生在阅读英文材料的过程中习惯于摇头晃脑，让头部顺着左→右、上→下的文字编排顺序反复摆动，而对于这种不良习惯有的学生已经意识到却难以改正，也有的学生没有意识到，毫无疑问这一机械性的头部摆动对他们的阅读速度有着一定副作用。因此，这种毛病必须要攻克，阅读教师可时常提醒学生阅读时不要摇头晃脑，帮助他们养成端正身姿阅读的好习惯。

（三）背景知识欠缺

学生是教育的接受者、是教学成果的体现者、更是教学中和教师有着同等地位的主体，因而，学生方面存在的问题极大的制约着英语阅读教学的顺利开展。就目前来看，学生背景知识欠缺的问题比较严重。

学习一门语言，若缺乏对其相关背景知识的认识，在学习的过程中势必会产生一些误区，而这也正是阻碍我国许多大学生英语阅读困难的一大主因。背景知识指学生掌握的各种知识，包括语言知识本身、文化背景知识和学生已有的各种生活经历与经验。丰富的英语文化背景知识能促进学生英语阅读能力的提高；反之，背景知识的缺乏则会造成阅读理解的困难。而当前，许多大学生英语文化背景知识的储备较为匮乏，对西方以英语为母语的国家的风土民情、历史文化、社会习俗等知之甚少，因而阅读英文材料成为了他们的痛点难点，也阻碍了我国英语阅读教育的良性发展。

例如：The eagle always flew on Friday.

eagle 是美国的国家象征，经常出现在美国的钱币上，由此 eagle 在这里喻指美国钱币，于是我们可以推测这句话是想表达"美国人总是在周五发工资"。若学生不了解这一词语背后的象征意义，将其译成"老鹰通常在周五飞来"就大错特错了。

又如，yellow book，美国商店和家庭中常用黄色纸本记录电话号码，因而这一词语应理解成电话号码本，若不了解的学生很有可能将其译成黄色书、黄色本子。

再如，blue blood，在西方 blue 是社会地位高的象征，特指权贵，因而这一词语应理解成名门贵族，而并非蓝色的血液，但未接触过此文化习俗的学生自然很难想到这一层意义。

综上可知，在英语学习中，学习者在掌握基础知识的同时，还需广泛涉猎西方国家的书籍、杂志等，加强有关文化背景知识的积淀，这样才能克服"母语的干扰"，养成良好的思维习惯，把英语学活，逐步提高阅读速度，保证阅读理解的准确性。

二、英语教师的阅读教学现状

（一）教学机械化，缺乏创新

现今，很多大学英语教师在教学中仍旧沿用过去单一、刻板的教学法：课前预习；

课中简要概括介绍，解释难点，提问问题；课后安排书面作业、朗读任务、背诵知识点等。但这一教学法的弊端日益凸显，对于学生阅读能力的提高作用微乎其微。

1. 很多学生没有课前预习的习惯，即使有的学生会听从教师的安排做课前预习，但由于缺乏明确的预习目标，因而效果并不理想。

2. 课堂时间有限，而书本知识点非常多，教师习惯于知识的介绍，常常忽略了学生，没有与他们有效互动，也未给他们创造表达个人的机会，所以阅读课堂的气氛一般较为紧张，缺乏生机与活力。

3. 单纯的理解性练习只能检测学生理解的结果，并不能检测学生的理解能力。

总而言之，这种机械式的教学难以激发学生的立体思维，长久下来势必让学生禁锢在教师的知识圈中，使其知识面狭窄，阅读理解技能贫乏。基于此，教师应当加强课堂、课外与学生的良性互动，不断丰富课堂知识，积极开展各类阅读实践活动。

（二）应试教育倾向严重

在我国的英语阅读教学中，同样存在应试教育的影子。

应试教育这一风气自古就有（有研究者认为，古代科举制是其前身），过去由其培育的人才也确确实实推动了社会文明的进程，但这一教育体制明显已不适应如今的新时代，当前社会需求的是全面发展的高素质人才，而非高分、高学历者。但一些大学英语阅读教师，仍旧没能摆脱应试教育的束缚，在课堂教学时注重应试技巧的传授，轻阅读能力的培养。况且这类考试，都是以笔试为主，虽涉及到了听力但其占比很小，因而仅靠这一分数的高低是难以评估出学生的具体阅读水平的。想要全面提升大学生的英语阅读水平，更应当从"听、说、读、学"这四个角度，运用不同的方式和方法来考察、提高。

即使有些教师知道应试教育对学生能力培养具有一定的阻碍作用，但是迫于教学压力和业绩等因素，着实没有精力进行改变，于是陷入进退两难的境地。教师是学生学习的引导者，是他们前进的指明灯，若方向不对或是不够光明，学生的学习效果自然不会太好，因而教师应当不断提高自身的专业水平，积极创新教育教学的体制和模式。

（三）教学观念落后

英语阅读教学的顺利开展，还离不开先进教学观念的引导，但就目前来看，很多教师的教学观念较为落后。而这一落后主要体现在两个方面，一是在课堂中极为重视知识的传授，轻视对学生阅读能力的培养；二是忽视学生在教学中的主体地位，缺乏与其互动以及齐头并进的意识。阅读是学生掌握一门语言的重要途径，同时阅读能力的提升也意味着其语言技能的同步提高，这于学生认知、审美能力的提升十分有益，也能够完善他们的知识体系，提高其文化素养，促进其全面发展。教师应该意识到，学生是阅读学习的主体，重点在于教他们如何读、如何思考、如何表达，不能用自身的知识、分析见解等束缚学生的思维，而要引导他们积极思考，自由发挥，形成学生个人的阅读思维技巧。

三、阅读教学环境有待改善

阅读教学是英语教学中一个重要的组成部分，但是目前在教材和课程设计上都存在着许多的问题。

第一，缺乏清楚明晰的阅读教学的目标和计划，在课时、师资等方面得不到有力的保障。从而影响了阅读教学整体效果的提升。

第二，尚未形成大中小一体化的阅读教材体系。阅读能力的养成不是一蹴而就的，而是一个循序渐进的过程，需要长期的积累。如在小学阶段，学生应当掌握大量的英语词汇；在中学阶段，学生应当熟悉语态、语法；而在大学阶段，学生需要掌握一定的阅读技能。但现今，这三个阶段的阅读教材，明显缺乏连贯性，这对于进入大学阶段的学生是非常不利的，前面两个阶段的基础没有打牢固，后期阅读学习的开展自然很困难，也就更谈不上阅读技能的掌握了。因而英语教师在教学中一定要重视这些问题，并尽力克服。

第三，从教材内容上看，入选或入编的主题和篇章的结构性不足，所选社会科学主题、人文科学主题和自然科学主题在量的方面不均衡，主题筛选的广度和深度都有待进一步提高。教材的编创，应当立足于学生身心的全面健康成长，融入更多的生活元素，保证学生的学习兴趣。

第三节 大学英语阅读教学效果的优化

一、任务型教学法

任务型教学法是兴起于 20 世纪后期的一种语言教学方法，以教师引导学生完成课堂任务的方法实现语言教学，主张"在作中学""在交际中学"。课堂教学主要由诸多连贯的任务构成，强调生生、师生间的互动，并试图创建一个自然、真实的语言情景，使学生在完成每个具体任务的过程中，借助于有意义的协商、交流等来运用语言，从而提高学生的语言综合能力。任务型教学法在实施过程中主要分为如下三个阶段任务。

（一）阅读前任务

1. 明确阅读目的

目的是人们实践活动的依据，没有明确的目的或目的性不强，都会影响到实践的结果，由此可见，有一个明确的阅读目的，对于阅读教学的顺利开展是非常必要的。为了让学生形成明确的阅读目的，在阅读教学之前，教师可以选择一些有趣、富有深意的话题，紧紧吸引他们的注意力，鼓励他们分析思考，并积极表达他们个人的意见和看法。由此逐步提高学生的学习兴趣和学习自信，让他们热爱阅读、主动阅读。

2. 设定阅读任务

教师在阅读课堂开始之前，应为每一节课设定阅读任务，这也正是任务型教学开展的关键所在。如可以借助头脑风暴、思维导图等教学方式厘清英语阅读教学的具体任务。

3. 选择恰当的阅读任务导入方法

在阅读课开始之前，教师应根据学生特点、教学目标等选择合适地阅读任务的导入方法。常用方法有时事导入法、游戏法等。

（二）阅读中任务

阅读中任务是以生生合作的形式来完成的，主要目标是培养学生的合作互助意识，增进他们对文章内容和上下文结构的熟练把握度。

在具体的课堂教学过程中，教师应当科学合理的分配任务时间，既要给学生留足阅读空间，又要引导他们运用合适的阅读策略阅读，还要保证留有一定分析讨论的余地。在设定任务时，还应注意整个阅读文本，对阅读任务的数目、难易程度等做细致规划，以循序渐进的方式逐步提升他们的阅读技巧。

（三）阅读后任务

在阅读后任务阶段，教师应鼓励学生多多进行语言输出，并为他们创造运用语言的环境和机会，让他们在实践中逐步强化自身的阅读能力，同时也是一种将知识变现的能力，有益于学生运用阅读技巧解决生活中的实际问题。

在这一阶段，教师应注意引导学生掌握相应的语言形式，将自身已有的知识与阅读材料紧密结合，使他们在具体的操练中实现更好的语言输出。

当然，这一阶段的任务还应注意与具体的现实生活密切联系，如可结合课本内容、课外延伸阅读等进行拓展。

二、语篇分析法

胡合元指出"语篇的组织模式是语篇组织的宏观结构"。在语篇生成的过程中，语篇组织的宏观结构具有重要作用。学生若能够探寻到其中蕴含的规律，那么对于语篇的理解和分析将不再是难事，阅读理解的效率也能够得到显著提高。

理解语篇的主要目的是揣摩写作者的写作意图和价值取向，侧重于分析主题大意、篇章结构、段落衔接等方面。因此，促进学生对英语文章理解的一种有效途径便是解析文章的语篇结构，归纳出结构特点，找到特定的语篇框架，使他们从语篇层面来认识文章的结构，并借助语篇结构的基本框架分析文章。

在英语语篇中，常见的语篇组织模式有以下几种。

1. 叙事模式。

2. 问题——解决模式。

3. 匹配比较模式。

4. 概括——具体模式。

5. 主张——反主张模式。

以上 1～5 种语篇模式各不相同，在教学过程中，教师可以选择这些模式中的典型素材磨练学生的语篇分析能力，加深他们对于每一语篇组织模式的理解，也唯有如此，才能帮助学生形成良好的英语思维模式，并让他们在英语阅读的过程中自觉使用，切实提升他们的阅读能力。

三、探究教学法

探究教学法是学生在教师的引导下，主动地参与到发现问题、寻找答案的过程中，从而逐步提升他们处理问题的能力。大学英语阅读教学与探究教学法的结合，一般包括五个环节，具体如下。

（一）引入

英语阅读教学中教师和学生虽有着相同的主体地位，但教师依旧是学生学习的引导者，探究教学法在英语阅读中的成功运用的第一环节就是引导，教师应当将学生引入学习的"门内"。具体而言，首先要明确探究主体以及学生的学习需求，并将学生引入到探究学习的氛围中，在教学之初就使学生感受到阅读学习的乐趣。

（二）探究

探究环节是学生进行探究学习的重点环节。在这一环节，教师可以将学生分为若干小组，并鼓励每一小组内的成员自主选择探究任务。

例如，有的学生可以负责对全文含义的理解；有的学生可以负责为全文分段；有的学生可以负责关键词、主旨句的寻找；还有的学生可以负责文章的发展脉络的整理，等等。总而言之，要让每一个学生都参与进来，充分调动他们的积极性，鼓励他们主动、深入的思考。此外，学生若遇到问题时教师可以给予适当的指点，待所有人都完成个人的探究任务后,还应将结果整合,以便于分享交流。

(三)解释

解释的对象是探究主题。通过研究学习活动,教师可以对学生的表现和在具体活动中所遇到的问题进行分析和总结。具体而言,解释的过程如下:

第一步,教师解释探究主题,并客观公正地点评各组的表现,对于表现优异的组和个人可以特别表扬。

第二步,教师详细分析阅读材料,对学生探究的每一项任务进行深化总结,并指出他们的优点和不足之处。

第三步,教师引导学生对探究全过程中个人的表现进行回顾,让学生养成反思总结的好习惯。

(四)详细阐述

详细阐述环节所阐述的内容灵活性较大,往往会因情况的变动而做出调整。譬如,可以对探究式学习的目的进行阐述,也可以向学生扩展一些知识。通常这一环节的开展,是以教师和学生事先的协商为基础的。

(五)评价

评价环节意味着此次探究活动已进入尾声,需对探究学习活动的全过程进行总结。

在评价这一环节,师生都应当积极参与其中,根据个人在整个探究活动中的总体表现客观的进行自我评价,并反思自己的优点和不足之处,争取在下次探究活动中有更完美的表现。对于学生在评价中所提出来的各类问题,教师可以选择其中较具代表性的统一讲解或是组织更深层次的探讨,确保学生能够在此次学习活动中有所得。

四、提问教学法

提问教学法是指将整体教学方法细化到段落和章节中,并针对不同的阅读材料和教学目标,进行不同形式的提问。在采用这种方法进行教学时,教师要注意提问的层次性,根据学生的具体情况把握问题的频率和难度。具体而言,提问应坚持层层设问的原则,若一开始就提过难的问题,容易挫伤学生阅读的积极性,这不仅不利于后续活动的开展,也将影响他们最终的学习效果。

(一)提问的类型

通常,提问的类型包括如下五种,教师可以依据阅读素材的特点以及学生的阅读水平灵活选择提问类型。

1. 表层理解,是指问题的答案可在课文中找到。
2. 深层理解,要求学生根据文章提供的信息以另一种形式组织或解释。

3. 推理性理解，要求学生对文章中隐含的意思进行阅读和思考，并做出准确推理。
4. 评价性理解，要求学生认真分析阅读材料中所给出的信息，并做出正确的判断。
5. 个人理解，源于学生对课文内容的理解和反应。

（二）常见的提问方式

在提问时，教师可以依据不同的情况采用不同的提问方式。常见的提问方式有以下几种：

1. 关于主旨的提问

The main idea of this text may be...

This article is mainly about...

The authors purpose in writing this text...

2. 关于细节信息的提问

以 who, why, what, where, when, how 开头的提问。

Choose the right order of the events given in the passage.

According to the passage which of the following is not a statement?

3. 关于推断的提问

The author implies that...

The author suggests that...

It can be inferred from the text that...

4. 关于作者观点的提问。

The author believes that...

The author gives his opinion that...

The author's attitude toward this topic is....

5. 关于信息归类的提问。

We can summarize the main idea that...

The conclusion of the text is...

学生掌握了提问相关的知识，其阅读速度和准确度也会逐渐提高，阅读能力也会不断提高。

五、合作阅读法

（一）读前准备

教师展开合作阅读教学的前提是读前准备，即安排学生在正式授课之前事先做好学习准备。这一环节的主要作用如下：

1. 有效激发学生的阅读兴趣。

2. 学生能在最短的时间内了解阅读材料的相关信息。

3. 了解与阅读主题相关的背景知识。

4. 预测阅读材料。

5. 加深学生对阅读材料的理解程度。

（二）细节阅读

在细节阅读阶段，学生可对自己理解的部分和不理解的部分有所了解，锻炼学生自我监控阅读的能力。当学生确定了自己无法理解的部分以后可通过英语构词法、上下文语境、关键词等方式帮助理解。

（三）大意理解

大意理解要求学生能找出全文的要素，如时间、地点、人物、事件等，并能用自己的语言对这些要素加以介绍。

在实际操作的过程中，可由教师首先提出问题，让学生带着问题去阅读。学生在阅读结束后可分组讨论，通过交流归纳总结出答案。然后，教师抽查每组讨论情况，请每组派出一个代表阐述自己的观点，或所有小组轮流阐述本组的观点，而所有人员陈述完毕后，教师和其他学生可以对相关观点提出自己的看法。

（四）巩固理解

巩固理解环节主要是加深学生对材料的理解，同时扩展学生的知识面。

在巩固理解阶段，教师可以给学生设定一个提问的任务，安排他们根据材料提出有创该性的问题。当然，有的学生并不擅于提问，提出的问题常常不具有实际性价值，即与理解材料、解决阅读问题并无益处。因此，为了提高学生所提问题的质量，教师可以首先提出几个问题作为范例，让学生了解提问的方式和思路，然后再尝试着提问。

（五）合作学习

合作阅读法的最后一步是合作学习，在进行这一步骤之前学生已掌握了基本的阅读方法。此时，英语教师便可以开始组织合作学习，首先将学生分为多个小组，每组包括6名成员，每位成员分别扮演一个角色。学生在合作学习中所扮演的主要角色类别以及具体分工如下：

1. 组长。决定合作阅读每一阶段的任务，使活动顺利开展。

2. 问题专员。在学生猜测词义时用问题卡片提示操作步骤。

3. 激励员。鼓励组员积极参与，对每个组员的参与程度进行评估，为小组下一步活动提供建议。

4. 监控员。监控每个组员的参与情况，保证每次只有一人说话。

5. 发言人。在巩固阶段作为本组代表，对讨论结果进行报告。

6. 计时员。掌控合作阅读各阶段的时间长短，提醒小组成员及时转入下一阶段。

六、文化导入法

英语教师在教学过程中不仅要传授基本的书本知识以及阅读技巧，还应当注重对文化背景知识的普及，让学生在知其然的同时，也能够知其所以然。当然，这是切实提高学生阅读技能的必经之路。

语言和文化这两者之间有着千丝万缕的关系，因而在学习一门语言时，不能单纯地学习语言本身，还要了解、掌握与之相关的背景文化。在阅读实践中，学生即使认识素材中的所有单词，很多时候也无法准确解读出整篇素材的意思。这是因为在单词、语句的背后还蕴藏着丰富多样的背景文化。因此，学生在学习一门新的语言过程时，必须对其背后的历史渊源、社会风尚、乡土民情等有所了解，唯有如此才能在阅读中准确推测出一词多义、歇后语、名言名句等的真正含义，从而准确理解全文。

在英语阅读教学实践中，学生会接触到各种各样的阅读素材，其中也包含着丰富的文化知识。教师可以针对性的扩展此类文化知识，激发学生对文化知识的涉猎兴趣。此外，教师也可以将学习文化知识作为一门任务，鼓励学生主动涉猎，并定期开展一些文化知识竞猜活动。

七、信息技术辅助法

（一）信息技术对大学英语阅读教学的意义

信息化时代下的语言与实际的语言发展同步，具有较强的趣味性，而且可以化静态为动态、化虚为实，对文本、图像、数字、动画等随意进行调控和组合，教师根据自己的教学对象来选择教学方法和手段，从而真正实现情境化的阅读教学。具体而言，信息技术对于大学英语阅读教学的意义体现在如下方面。

1. 为学生提供先进的阅读活动工具

在以往，学生遇到英语阅读问题时一般是查阅英汉字典，但字典较为笨重不方便携带，且需要手工翻阅，因而他们往往花费了大量的时间，却查阅不到理想的结果。而在信息技术的推动下，电脑、学习机、手机、平板等电子产品相继成为了学生学习、寻找答案的有效工具。此外，借助互联网功能，他们还可以访问某些图书馆的线上数据库，这些数据库拥有海量的文献信息资料，搜索后可以快速反馈与之相关的结果，学生可以根据需要自由选择。

2. 为学生提供丰富的阅读资源

有了网络信息技术的支撑，英语教师在日常的教学中可以随时登录各类网站从中下载各类阅读教学素材，然后精心挑选、认真编制，设计出最适合学生的阅读教学方案，用以指导学生的英语阅读学习。而学生自己也可以主动浏览相关的英文网站，仔细品味地道的英文原文，从而扩宽自身的阅读视野，积累丰富的阅读经验。

3. 优化学生的阅读技巧

在当代，信息的数量增长速度以及更新速度非常快，网络上很多专业的非专业的人士纷纷开始分享自己的阅读学习经验，其中也包括各种各样的阅读技巧。借助网络学生可以轻松搜索到大量阅读技巧，由于数量太多，且质量参差不齐，有的有价值、有的没价值。对于此，学生必定会加以鉴别，在长期的筛选、尝试以及整合信息的过程中，其判别阅读材料的能力也将得到显著提升。在海量的网络资源中，快速、准确地找到有价值的资料，既是对学生的考验、也是一种能力磨练，在多次、重复的搜寻过后，其阅读能力也将得到同步提升。

（二）信息技术辅助大学英语阅读教学的方法

1. 合理选择阅读材料

英语阅读能力不是简单的能力，更确切的说它是一种技能，具备一定的技巧性。这也意味着英语阅读教学的过程，既是学习知识的过程，也是掌握技能的过程。阅读技能的获得并非易事，它需要大量阅读经验的积累，因此合理地选择阅读材料显得尤为重要，它能提高阅读的针对性、有效性，帮助学生较快地掌握相关的阅读技能。

有了信息技术的辅助，学生可以在网站上搜索到不同类型的阅读材料，他们可以根据自己的兴趣爱好或是教学内容合理选择出最适合自身学习的阅读素材，长此以往，其选择素材的能力也将得到提升。因此，在阅读教学中，教师可以鼓励学生多多搜索阅读材料，并要求他们适当地整合素材或积极与同伴分享交流，以此逐步提高他们的分析、归纳、交流能力，这些能力都对阅读能力的提升有益。

2. 发挥互动优势，激发学生兴趣

信息技术为英语阅读教学创造一个广泛的互动平台，促使每一位学生都能够参与其中。借助网络教学平台，教师可以及时发布阅读教学任务、分享阅读教学素材，而学生也可以随时分享自己的学习心得，遇到难题还可以向教师请教或与同伴共同探讨。

在大学英语阅读教学实践中，教师应根据教学大纲、教学方案将重要的阅读学习知识点以及学生容易犯错的疑难点公布在网络上，方便学生自学。同时，也应当定期扩充知识库，加入一些不同于课本内容的新元素，以扩宽学生的知识面，锻炼他们的阅读应用能力。

此外，教师应充分利用网络多媒体的优势，将教学内容以更为生动、直观的形式呈现。如可以在阅读材料中添加图片、语音、视频等，还可以变动字体的颜色、大小、粗细等以使重点更为分明。当然这也使阅读材料更具趣味性，能够一定程度地减轻学生的阅读压力，提升其阅读效率。

3. 开展课后拓展阅读

课堂教学时间是有限的，无论教师如何安排总难以将所有的阅读知识点全部传授给学生，即使能够全部讲解完毕也不能够保证学生全部理解消化。因而，教师应当注意引导学生自主在课后阅读进行拓展阅读，尤其应当督促他们结合信息技术展开阅读学习和阅读训练。借助互联网，学生不仅可以获取到海量的阅读资源，还可以及时解决自己的阅读疑惑。因此，这样的课外拓展阅读是极为有益的，能够有效提升学生的专注力、阅读效率。

在学生的课后拓展阅读中，教师的作用同样不可忽视，教师可以充当他们的引导者、参与者、检阅者等角色。具体而言，教师可以根据教材特点为学生推荐课后拓展阅读的方向、形式。譬如，教师可以以旅游景点为话题，让学生收集有关的资料，并设计一个景点推广的文案，然后组织文案比赛。通过各种各样的活动，学生搜集信息的能力、解决现实问题的能力都能得到强化。

4. 科学评估与分类指导

信息技术运用于大学英语阅读教学有明确的评估目标和标准。在设计一套科学合理的教学评估方法时，教师可通过对阅读素材的生词词汇量、语法难易程度、句子长度的评估来衡量学生的阅读理解能力。同时，教师可以对学生的在线时间进行统计，计算学生的阅读时间和阅读效率。

教师还要注意对学生在有些题型上的错误率进行考核，分析学生对阅读技能的掌握情况。阅读教学任务完成后，教师还需要及时做总结和评估，对重点和难点做分类指导。

八、课外阅读法

良好阅读能力的形成往往需要经历一个量的积累到质的转变过程，而课外阅读就是一个有效途径。学生在课堂之外的时间若能够合理安排，留出一部分用于英语阅读，那么对自身英语阅读能力的提升是极为有益的。通过课外广泛的阅读素材，学生可以从中积累丰富的词汇、语句，熟悉文章结构，提高英语语感。虽然英语教材中也配置了一些阅读素材，但无论是数量、还是题材都十分有限，对学生阅读量的扩充贡献非常小。因此，英语教师还应当鼓励学生有机利用课外自由时间来积淀自身的阅读量。

第一，教师可以帮助学生制定课外阅读计划，并要求学生做好课外阅读记录，以确保学生能够将阅读计划落到实处，养成良好的阅读反思习惯。

第二，教师可以为学生推荐合适的阅读素材，如英文报纸、英文著作、英文网站等，这些素材内容和结构都较为讲究，且包含大量的信息，知识种类丰富，因而较适合课外阅读。

第三，教师应定期考查学生的课外阅读情况，帮助他们查漏补缺，给予他们针对性的学习建议，一般从不同维度提升他们的阅读水平。

九、对比教学法

中西方的差异自古就存在，这一差异不仅体现在经济、政治、社会风俗、建筑风格、生活习惯、生产方式等方面，也存在于文化上。所以在英语阅读教学中应用对比教学法就显得十分重要，此种方法有助于增进学生对中国文化、西方文化以及中西方文化差异的了解，而且在相互对比中，也更能够凸显中西方文化各自的特色。

英语教师在阅读中展开中西方文化对比时，一方面可以将西方文化传递给学生，另一方也可以向学生扩展关于母语的各种文化知识，这能够较好地培养他们的跨文化意识。此外，在对比学习的过程中，学生也能清楚感知到不同的行为在不同的文化中所代表的意义往往并不一致，有时候一种行为在国内是合乎情理的，但对于外国人而言却难以接受。

总而言之，中西方文化存在许多鲜明的差异，但这些小小的差异却决定着学生能否快速且准确的掌握阅读素材的真正含义。因此，英语教师在具体的阅读教学过程中，应时常普及有关文化对比的知识点，提升他们的跨文化知识储备量。

第二章 大学英语阅读教学与相关理论

第一节 图式理论与大学英语阅读教学

一、图式理论

（一）图式理论概述

1. "图式"起源

"图式"一词最早可以追溯到古希腊时期，当时的柏拉图提出"理念论"，指出"理念"是心灵眼睛的可视之物，是外在理智的存在。十九世纪初，康德正式提出"图式"概念，认为"图式"是"先验想象力的产物，是先验的时间规定性把知性概念和感性经验统一起来的新事物，在概念与对象中间发挥媒介功能"，这一定义从根本上使感性经验具有普遍意义的形成条件。不久，"图式"概念就被广泛运用于社会心理学范畴中，并提出"图式"的核心特征在于将过去经验进行组织和反馈。

随着有关"图式"的研究不断深入，语言学家将"图式"定义为"形成与大脑中有关人对世界的认识"，将人类知识的获得分为多个小单元，从而整合成一个系统的框架，最终呈现在人脑当中。上述定义表明，"图式"被广泛应用于各种认知情境，对人们的认知发挥促进作用。在处理外界信息时，人们需要调动脑海中的"图式"，在"图式"的指导下对信息进行解释、预测和吸收。当外界信息与脑海中的"图式"相一致时，以便顺利处理外界信息，通过在二者之间建立有效的联系，从而理解阅读素材。

2. 图式理论

随着认知科学的进一步发展，图式理论也应运而生，是认知科学发展到达了一种崭新的层次的象征。图式理论可以对已知内容作出更深刻的理解，当它获得证实之后将被普遍使用在与理解相关的语言认知活动中，特别是在阅读理解中。而现代的图式理论则认为，视频模型是人类大脑中存在的结构化信息，在事物与语言之间形成了桥梁，是从多个个体中被归纳的具有普遍性的认知模式。

3. 图式理论的发展历程

图式理论发展历程为：康德提出图式概念——格式塔图式理论——人工智能图式理论——现代图式理论，前后历经 200 余年的发展历史。

上世纪二十年代末三十年代初，格式塔心理学派在实证研究后认为，记忆受到图式的影响，不再是对过去的重复，而是对过去经验的建构。

上世纪三十年代末，外国心理学家在研究图式理论的过程中，首先明确提出了同化和顺应两大范畴。所谓同化，指在利用原有图型同化外来信息的基础上加以综合运用，以丰富图型；顺应，指在既有的图型已无法应对外部环境变动之际，感知者就必须形成全新的图型。而通过对计算图式的再同化，则有助于感知者确定其已有的图型如何应对当下环境形势，从而做出调适与完善。由此可见，同化是适应的前提，再适应则是通过同化的创新，把图式提高到了一个全新的台阶。

在上世纪七十年代后期，计算机等科学快速发展，人工智能技术有了突破性进展，自然而然推动图式理论发展达到顶峰。这一时期的图式理论提出了六大功能：第一，为吸收篇章信息提供心理框架；第二，分配注意力；第三，发挥推导性作用；第四，在现有记忆下搜寻需要的信息；第五，编辑与总结；第六，推导性的重构。

到了上世纪八十年代，图式理论广泛运用于语言学领域，我国市场经济的发展，对英语教育的日益重视，部分一线教师在教学实践中总结了丰硕的教学成果，并提出图式在英语阅读教学中的五种方法：类比、活动过程、建立图像、改述、直接解释。

在英语阅读教学中，充分发挥形式图式对其他图式的启动作用，推动我国高校英语教学改革进入新的阶段，为英语阅读教学注入了新的生机和活力。

（二）图式理论基本观点

1. 图式的定义是多元化的

对于图式而言，既可以是文字符号、又可以是具体事物的属性或某种抽象概念，现代图式理论已经给出了图型的六大基本特征：图式具有变量；图式可以嵌套；图型所代表的是对抽象性水平的认知；图式表征知识而非定义；图式活动具有主动性；图型是一个知识单元，并在此基础上评价与加工材料的配合程度。基于此，对图式基本概念的分析见图 2-1。

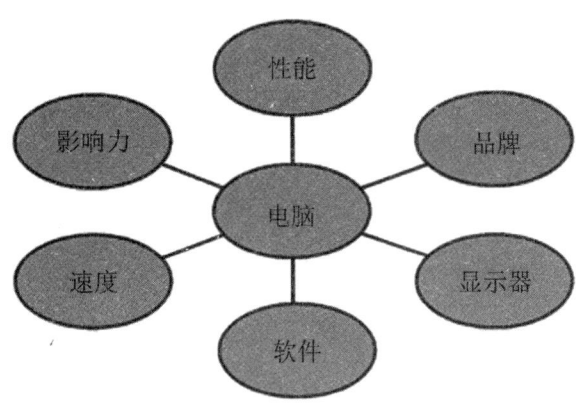

图 2-1 图式基本概念的解析

从上述的图式分解中,我们看到"电脑"能够指代某品牌的电脑,也包括电脑的附属品,或者代表某种性能等抽象概念。此外,图式具有动态性,随着感知者的知识结构、人生阅历的丰富而不断发展。比如,计算机专业的大学生与小学生对有关电脑的图式是截然不同的。

2. 图式具有层次性,有简单与复杂、抽象与具体、高级与低级之分,具体如图2-2所示。

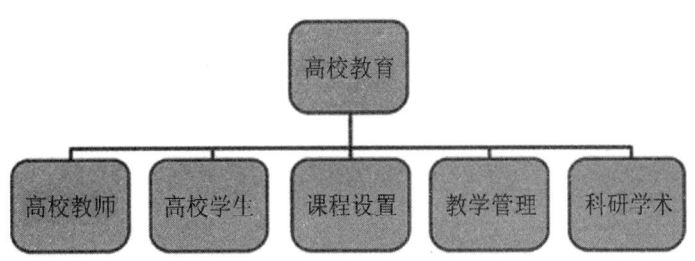

图 2-2 图式的层次性

从图 2-2 可知,"高等教育"图式包含多个子集,比如与"高校学生"就形成了复杂和简单的差异;从隶属的角度看,"高校教育"与下属的各级层次具有鲜明的层级关系。

3. 任何口头或书面的文本自身并没有意义

文本的作用,在于为读者从现有的知识体系中提取知识和实现意义建构提供素材,对文本的理解与读者的背景知识相关。现代图式理论认为,理解的关键在于个体能够将新旧知识联系起来,理解程度取决于读者头脑中的图式与新信息的匹配程度。因此,对文本理解的过程就是信息的输入与作者的互动过程。不同的读者由于知识水平存在差异,在阅读的过程中对同一信息会有不同的反馈,如图2-3所示。

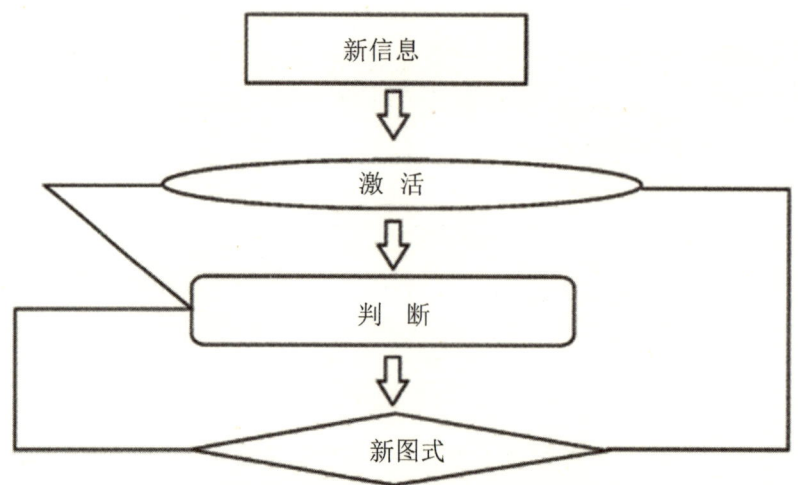

图 2-3 读者对文本理解产生的反馈

4.读者理解篇章的过程也是读者脑海图书与语言材料的互动过程

现代图式包括语言图式、内容图式、形式图式三种。语言图式（Linguistic Schemata），指读者对阅读材料的词汇、语法等知识的理解程度，当词汇难度大和句型结构较为复杂时，读者理解起来更为困难。内容图式（Concept Schemata），指读者对材料中的主题和背景知识的理解程度。只有在特定的语言环境下，词汇构成的句式才具有含义，起着语言文化的载体作用。在阅读理解的过程中，读者想要启动"内容图式"，就需要具备一定的文化知识，实现与阅读材料的有效互动。形式图式（Formal Schemata），指阅读材料的题材和篇章结构中的知识。读者只有在实际的阅读练习当中，对各种文本类型有一定的熟悉，才能更迅速地理解文本内容。

以上三种图式在学习、理解和分析的过程中同时发生，互为补充，能够帮助读者理解篇章内涵、内容和整体脉络。

现代图式理论的作用在于揭示人对客观事物的认识过程，包括建构、推断和整理三种功能。建构，即学习者根据已有的认识经历，在外界的影响下对事件作出全新的认识；推论，帮助学习者利用图式变量间的交叉联系推理出隐含的新信号；总结，指学习者把既有的图型框架和新信号加以总结，从而形成新图型框架。

二、图式理论应用于大学英语阅读教学的意义

（一）阅读与阅读过程的实质

1.阅读理解是一个认知的过程

无论是"自上而下"还是"自下而上"的阅读模式，都建立在图式的心理活动上。"自上而下"是在理解篇章的字、词、句的基础上，把握全文的主题；"自下而上"是学习者结合自己的生活阅历和知识结构对文章进行综合分析。两种模式的交替使用，能

够很好地满足个性化阅读需要。

2. 阅读理解是一个不断学习的过程

随着阅读的深入，学习者逐渐具备了较为系统的知识框架和结构体系，认知水平在不断上升。在新知识的建构过程中，教师应当鼓励学生拓宽阅读面，便于查漏补缺，为构建新的图式打好基础。

3. 阅读理解过程实际上是交际互动的过程

在阅读的过程中，读者往往将自己的见解与作者的观点结合起来，进行综合考虑。学习者从文本提取信息，试图理解作者所要揭示的主题和中心思想，这对学习者的知识积累有一定的要求，还需要对文本信息进行加工，从而实现知识建构，提高认知水平，这与"解码"和"编码"相类似。对文本的理解程度很大部分取决于读者的知识结构和社会阅历。

4. 图式理论是一种比较全面阐释阅读过程的理论

图式的结构特征，决定了其能否被学习者较好地运用到阅读理解当中。为了更好论证这一观点，我们运用 Myers 图式结构进行分析，见表 2-1。

表 2-1 Myers 图式结构

	Sensory input		Attention to important		Encoding	
			Or input novel stimuli			
External events		Sensory memory		Short-term memory		Long-term memory
				Ending	retrieva	

由表 2-1 可知，感觉性记忆，产生于人类对外部资讯或事物的输入过程中，在兴奋的带动下人类的全部注意力进入短时记忆状态，而小部分资讯则通过加工编码后进入长时记忆，而长时记忆又反作用于对新资料的检索过程，以形成认知网络体系。

一般来说，读者知识体系越完善，理解新知识和新信息的速度和准确度越高，从而进一步提高读者的认知水平，形成良好的阅读理解能力。

（二）阅读活动的核心问题

理解是阅读活动的核心所在。对字、词解码，把握文本的含义等都需要理解能力。有学者认为，学生之所以无法理解文本的真正含义，可能存在以下原因。其一，学生不具备与篇章相符的内容图式；其二，作者提供的线索不足以激活读者的图式；其三，读者曲解了作者的意思。这说明，尽管作者提供了一定的线索，读者也具备相关图式，但却缺乏相应的语言知识，这就导致读者的图式与文本难以建立有效的链接。表 2-2 是以英语专业大三学生为调查对象，抽查的有关大三学生在英语报刊阅读中运用图式的情况。

表2-2 大三学生在英语报刊阅读中运用图式的情况

调查对象	人数	具体情况	结果	
			人数（人）	比例（%）
英语专业大三学生	556	脑海中没有报刊方面的图式	262	47.1
		具备报刊图式，但未激活	155	27.9
		阅读专业性较强的文章时，由于自身的图式过于简单，导致理解困难	101	18.2
		图式得到激活，能较好理解篇章内容	38	6.8

上述图表虽不具备完全的代表性，但从中仍然能看到一些问题：其一，图式对文本的理解影响较大；其二，阅读理解的关键在于图式是否能被激活；其三，图式知识的系统性和完整性影响理解程度。基于此可以得出一个结论：经过概括化的知识结构，是实现知识迁移的主要条件之一。

（三）图式理论在阅读理解中的作用

1.图式对阅读理解起到预期作用

作为某一事物的知识框架，图式为激活读者理解新知识的一种状态。研究表明，读者对标题的熟悉程度与对文本的理解程度呈正相关系。一样的经济、政治或者历史类新闻报道，标题对读者有着较大的吸引力，同时读者会因为根据其对话题的熟悉程度去进行选择。

2.图式对阅读理解起到调整、补充作用

图式的结构框架将读者的认知和理解限定在某个范围中，帮助读者推断某种事物的"缺省值"。比如有报道写道："They are always fighting and negotiating and fighting.A perfect Penelope's Web."翻译为"他们总是打仗、和解、再打仗，永无休止。"这句话中"Penelope's Web"被自动忽略，这是因为古希腊神话中有关典故补充了其为"永无休止"的意思。

3.图式的"剪辑"作用

读者在阅读理解的过程中，在输入信息时会有选择进行编辑和加工，对无效信息自动忽略，以确保记忆的合理负荷，具体表现为记忆中原有图式对输入信息的干扰，从而实现图式的有效剪辑。

4.其他作用

除了预期、调整补充和剪辑作用外，学习者通过吸收课文提供的图式框架，从而推断文本隐含的内容。同时对图式的组合，有利于学习者在较长的时间内储存和概括相关内容，从而回忆起课文。此外，在阅读理解的过程中，图式还具有吸附信息、知识推理和迁移等多种功能。

三、图式理论应用与大学英语阅读教学的具体方法

（一）强化母语媒介

长期的教学实践证明，母语教育对于其他学科的学习有着积极的促进作用。在英语阅读学习过程中，学生不可能摆脱母语思维。对于大学生而言，他们的母语知识体系相对完善，对母语的理解能力上升到一个较高水平，对英语学习具有重要的迁移作用。

大学英语教学目标，在于提高学生的英语基本能力，实现学生的全面发展，其中的阅读教学是英语教学活动的关键一环。在现代图式理论框架下，英语阅读过程也是读者现有的图式知识与文本之间的交互过程。现有的母语基础对学生的阅读理解能力产生重要影响，因此，在大学英语教学实践中，首先需要搭建起以母语为载体的教学平台。这是因为英文报刊涉及的体裁十分丰富，不仅要求读者具有一定的英语知识，还需要具备相应的世界常识。在阅读教学过程中，教师应当鼓励学生广泛阅读国内的中文报刊和新闻节目，关注国际热点事件，这些往往也是英文报刊的重点内容。

（二）构建图式网络

上文提到，图式阅读理论包括语言图式、内容图式和形式图式。而阅读理解的过程，其实是这三个图形和文字内容之间的互动过程，交互的密切程度直接决定着阅读对文字内容的认识程度。所以，学校在开展英文阅读教学的过程中，需要积极构建综合图型网，指导学生建立合理的图式网络结构，并引导学生对文字材料加以分析。还需要给学生提供富有时代性的文字素材，并根据当前社会热点切实提升学生的英文读写水平。

此外，强化有关阅读训练，让学生懂得如何分析文本的基本结构，在理解的过程中逐渐形成图式网络，这对于学生的阅读效率和准确率有较大的帮助，从而全面提高学生的阅读能力。

（三）快速激活图式

图式理论指出，学习者在读书过程中是一个独立思考、认识并接收讯息的过程，它也是学习者处理语言材料时的一个重要心理活动。在这个过程中，学习者必须对所有文字信息进行查询、筛选、分类和推理，使输入的文字信息内容和自己的已有图式结构实现互动，也就是进行了一系列的"激活、同化和异化"等图式活动。所以，激发在学习者脑海中的图式信息对认识新文字十分重要，然而现实中很多学生都忽略了这一点。因此，教师要做的就是引导学生调动和激活脑海中已有的知识图式，具体策

略可以参考以下内容。

1. 进行针对性地提问。从而激发学生的阅读兴趣，以激活学生的背景知识。

2. 进行集体自由讨论（brainstorming）。在英语阅读教学中，教师可以根据教学进度适当进行集体自由话题讨论活动，通过师生、生生之间的有效互动，活跃课堂氛围，充分发挥"头脑风暴"的作用。这种集体讨论的优势在于：第一，教师不需要事先做过多的准备工作；第二，师生自由发挥的空间较大；第三，整个班级参与到热点话题的讨论当中，充分激发学生的思考和创新思维。教师通过创设情境，有意识地引导学生朝着某一方向进行讨论，在激活学生脑海已有图式的同时，把控教学节奏。

3. 培养学生的预测和推理能力。阅读理解的核心在于利用图式知识对文本进行预测和证实，学生的预测能力对理解文本内容有较大推动作用。作为一种灵活的阅读技巧，预测能够帮助学生的想法朝着文本的中心思想靠近，通过实际的阅读来证实预测的正确性。在阅读文本之前，应当进行合理的预测，以激活学生脑海中有关文章的相关知识，提高阅读的效率，同时带着问题进行阅读。事实上，提问的方式对于学生的阅读效果较好，但以往的提问更注重阅读期间或之后对文本的理解，这种情况应当加以转变。

将问题设计在正式阅读之前，这样的导入方式能够有效激活学生的图式结构。从调动图式的角度看，以往的提问方式与现在的提问方式差异较大，前者对学生的知识量要求较小，后者则需要学生调动所有相关的知识；前者重在巩固课文内容，后者侧重激活图式。在现代图式理论下，对文本进行适当预测，有利于指引学生寻找文中特定信息，从而提高阅读效率。

（四）语篇体裁教学

在图式理论看来，形式图式对学生的语篇知识，即文本的体裁和修辞等具有一定的要求。学生在利用形式图式分析文章时，进行适当的推理和预测不仅能够加快阅读速度，还能拓宽阅读的深度。由此可见，在阅读文章时，学生应当把握文本的体裁。对于不同体裁的篇章而言，其文体特征各不相同，它们以自身具有代表性的图式为基础，影射不同的概念含义、人际意义和中心思想。常见的立体图式有以下几种：

1. 记叙图式

记叙图式，多用于论述某个事件，是最常见的语篇图式之一，根据时间顺序对材料进行组织。因此学生在阅读理解中需要通过有关时间的语法手段（动词时态、时间副词、情态动词、助动词等），综合考虑事件的发展脉络。一个完整的记叙图式，包括事件开头（时间、地点、人物）、事件正文（情节、高潮）、事件结尾（中心思想），通常也能描述为线性图式，如图2-4所示。

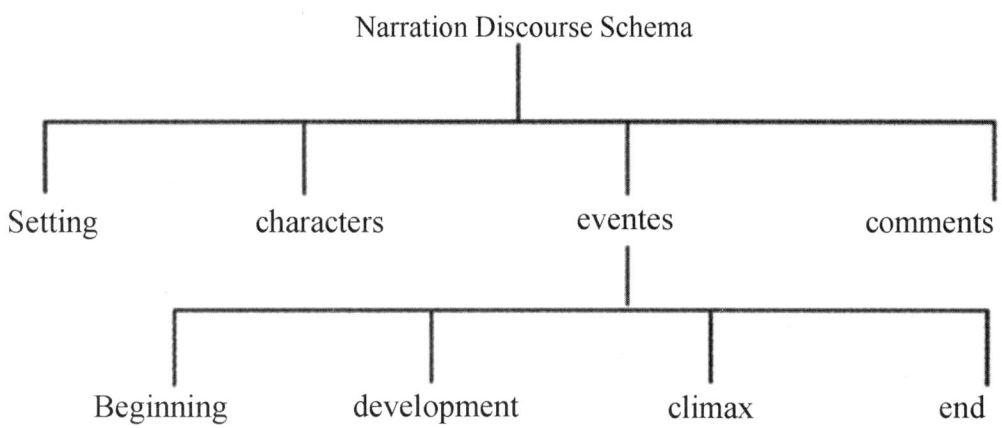

图 2-4 记叙图式（线性图式）

2. 描写图式

作为阅读理解中的常用文体，描写图式旨在通过语言向读者展示作者的感官经历，一般按时间顺序组织材料，按空间顺序进行描写。

3. 说明图式

说明图式主要解释事物的性质和运作方式，包括解说图式、分类说明图式、比较对照图式和因果关系图式。分别见图 2-5，图 2-6，图 2-7 和图 2-8。

图 2-5 解说图式

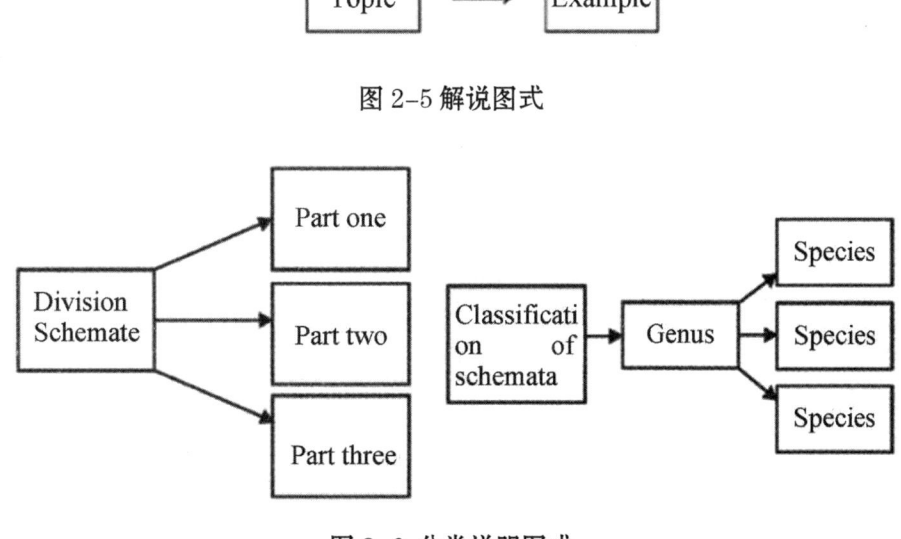

图 2-6 分类说明图式

图 2-7 比较与对照图式

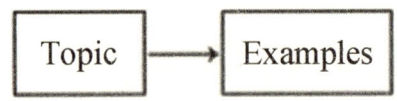

图 2-8 因果关系图式

图式的核心就是对某种事件、客体或情景进行具体说明。理解文章的核心就是通过某种具体说明而形成文章情景的内在构成，此时运用图式能较好地有助于读者确定其如何运用该情景。在英文阅读教学中，需要注意训练学习者对语言连续认知的能力。虽然文本的体裁多种多样，但其表述模式都有自己的宏大架构和宏观层次规则，帮助学习者从总体上掌握语义架构提供了铺垫。语文内容的宏大层次结构多发生于叙事文本之中，反映文本的脉络与核心思想，决定了文章的衔接性与语义架构的缕述方式。在进行一系列中国近代史删减之后，文章才能建立有层次特征的宏大架构，这些宏观结构成为文本的次主题。在英语阅读教学过程中，教师可以结合阅读文本的类型，采用语义浓缩的方式，实现学生对文本从微观到宏观把握的转变，全面提高学生的阅读理解水平。

第二节 自下而上理论与大学英语阅读教学

一、"自下而上"模式概述

在 20 世纪中期以前，阅读被认为是一个简单的解码过程，对一个字母、一个单词或一个句子的正确理解就是阅读。只要能对难词或难句进行正确理解就是阅读理解的成功。所以在当时人们的心中和教学中，都认为只有从字母和单词入手才能学好阅读。1972 年高夫（Gough）通过对这种传统的阅读理论进行总结研究提出了"自下而上"模式。Gough 提出阅读理解就是作者编码读者解码的过程，作者利用一定的语法规则将自己所要表达的信息进行编码，读者进行阅读理解的过程就是不断解码的过程。在读者进行阅读理解的时候，读者通过作者已经写出来的字母和单词信息，先从短语和句子开始解码，然后达成理解段落和整篇文章的目的。这也就形成了一个有序的以字母——单词——短语——句子——段落——篇章所组成线性加工过程。输入的信息被读者不断地进行解码、分析、归纳，阅读理解的完成也就意味着解码结束了。这种模式是对具体的书面信息进行抽象的感官获取，然后达到理解整篇文章的解码过程。

Gough 的这种阅读模式既有好的方面也有不好的方面。好的方面是描述了读者在获取信息的过程中出现的一些现象；不好的方面是用这种模式进行阅读好像让阅读变得简单了，但其实忽略了文章的语境对阅读过程的影响，这样的话就不能说是完成了整个阅读过程，没有对意义建构进行重建，实现阅读真正要达成的目标。这种阅读模式让读者失去了主动阅读文章的乐趣，读者被动地接受信息，阅读过程就是一个简单的输入与输出信息的过程。"语境效应"指出一个词语在被读者理解时是需要依据上下文语境的，不结合语境单看词语所理解的是不够全面的。从这一点可以看出阅读理解不能仅仅只是将语言信息进行简单的输入和输出，还需要读者根据对作者的生存背景的了解分析出文章的意义。总之，Gough 的"自下而上"模式指出了以前的线性信息加工方式对阅读研究的影响。这种模式忽略了具体语境对阅读的影响，只是对人们逐字逐句的基本阅读过程进行反映。

传统的外语阅读教学方法是在这种"自下而上"模式的指导下建立的，这种教学模式在加强学生对词汇和语法等语言知识的掌握上有一定的促进作用，但阅读过程与学生是分隔开的，学生只是在老师的讲授下去理解文章，没有自己思考理解的过程，也没有足够的练习来提高自己的阅读能力。整个阅读理解的过程就是教师对文章逐字逐句讲解和翻译的过程，教师的教和学生的学都只是停留在对文章表层结构表层意思的理解上。这种教学模式缺少对文章深层语言结构的理解，这也就导致学生缺乏对语篇整体把握的能力。学生在这种教学模式下学习，只对句子的结构和整句话的意思有一定的理解，不能整体的把握阅读材料的意思，没有办法形成完整的意义建构，导致出现阅读效果不好、阅读速度慢，理解不深刻的问题，这样的外语阅读教学必然也不能取得想要的结果。陈贤纯指出，如果在英语阅读过程中，学生过分注意对字词大意的理解，就会导致阅读速度慢、英语思维缓慢且不连贯的问题，这种方法不利于学生整体思维的培养。因此，"自下而上"模式只能在初级语言者的教学中才适用，对高级阶段的教学是不适用的。

二、自下而上阅读观

拉·伯奇（La Berge）和塞缪尔斯（Samuels）认为一个成功的读者必然是一个熟练的读者，不需要经过太多的深思熟虑或者是有意识的信息处理就能自动处理完信息。La Berge 和 Samuels 模式是通过对书面信息进行感知，然后再通过大脑的不同部位进行信息处理，该模式也可以称作是一种对印刷文本进行的自动信息化处理。自动化处理包含了对文本进行有效解码和理解文本两个方面。不过，La Berge 和 Samuels 对文章的意义这个方面并没有做出有效的阐述，他们提出的阅读模式给人一种只要感知信息就可以，理不理解并不十分重要。

朱斯特（Just）和卡朋特尔（Carpenter）提出了一种另外的自下而上的阅读模式，强调阅读理解不是线性进行的，当一个文本是读者自己积极选择阅读的情况下，读者读过的内容会影响读者将要读的文本和对文本进行的解释。Just 和 Carpenter 在研究语言模式的时候对语言结构方面的内容也进行了关注，认为文本对阅读理解来说是最重要的，对音位的编码和解码是读者不需要进行的，阅读就是对阅读文本编码解码的过程。Just 和 Carpenter 认为读者从后面段落理解的意思会影响到其对前面段落的理解，也就是有一个认知反馈的过程。

La Berge 与 Samuels 的模式中有把文本认为是由单个词汇字符串组成的趋向，但是在 Just 和 Carpenter 的模式中看文本的角度会更加丰富，对文本中起衔接和连贯作用的词汇也进行了关注。衔接特征指为了让语义更连贯、在句子中起连接作用的词语，比如 "because" "although" 等词语在句子中起的就是连接作用。连贯更多的是形容文本内部之间的宏观层面的连接，连贯是依赖于衔接而存在的，但是它们所立足的文本结构是不同的，它们在其他方面的内容是一致的，其中包括读者的背景知识。

阮周林认为自下而上阅读模式是通过对文章的文字符号进行识别，以期望能够将作者想要表达的意义重建出来。格拉贝（Grabe）和斯托勒（Sollr）认为自下而上阅读观在严格意义上来说就是读者线性地将每个单词的每个字母、每个句子的每个单词、一个文本的每个句子进行逐一的加工。自下而上阅读模式指通过对最小的语言单位进行解码，如音位、字位、词汇等，以期望能够通过从小单位入手以达到解构整篇文章的意义的目的。自下而上阅读模式是通过直接输入信息引起读者刺激后来进行阅读的模式，是读者对单词、短语、句子进行逐一解码，然后识别它们之间的衔接，将作者想要表达的知识重构出来。

三、自下而上模式下的词汇识别

自下而上词汇阅读模式是对书面文字进行解码和识别，这种模式一般是从单个字母开始阅读的，从视觉单位的单一结构如字形、语素开始，然后再开始以"向上"方式阅读到较大的语言单位，如单词、词组等，是一种从视觉效果上进行的自下而上的阅读加工。la Berge 和 Samuels 认为词汇阅读就是一个对文字信息进行感知的过程，在感知到信息之后就将它们在大脑的不同位置进行分别处理，然后读者把视觉表征、音位记忆、语义记忆相联系起来进行处理。

莫顿（Morton）提出了一种对词汇进行识别的自下而上模式——Logogen 模式。该模式认为在词库中的每个单词的条目都是不同的，条目也称 logogen，指的是词语识别所发生的单位，包括进行词汇识别所需要的必要信息、独立的输入输出、视觉听觉。Logogen 模式最大的特点就是对词汇的直接访问，把单词的词汇特征通过与记忆中的单一完整词条进行比较，然后来对语义存储库进行访问。logogen 模式以 logogen

概念为核心，是一个进行信息收集的工具。每当一条与 logogen 中所存储的信息相匹配的信息被传入时就会增加 logogen 的激活水平，匹配次数的越来越多直至达到设定的峰值，这时的 logogen 就会被彻底激发，也就产生了词汇访问。每个 logogen 都有一个准入门槛，这个数字是由类似于词频的因素决定的。所以高频词有比低频词低很多的准入门槛，达到识别的目的所需要的激发次数也会更少。Logogen 模式相当于是一个存储单词的模板，当收集到足够的单词需求信息后就会被激活。假设一个单词就是一个独立的节点，logogen 模式为词汇访问的交互处理与连接模式相融合提供了有益的沟通方式。

福斯特（Forster）对词汇识别也提出了一种自下而上的系列搜索模式，假设将单词存储在一个以人们对单词的心理需求设立的词汇库中，通过每个词汇在词汇库中的位置或通过字形、语音、语法、语义等方面的信息来进行信息访问。在每一个访问文件中，单词使用的频率越少的越在后面，在搜索的时候都是根据频率的多少，从多到少地进行文件搜索。当输入的信息在文件条目中找到相匹配的信息时，这个条目就会给予这个信息相匹配的全世界所有的信息的主文件（词汇）发送一个命令，这里面包括了这个词汇的所有信息，语法/语义通过将这些访问文件与指示过程进行交叉来确认所选择的心理词汇。按照 Forster 的观点，辨认一个词首先是要通过辨认这个词完整的知觉表征，这个表征包括了词的各种特征信息。为了能够找到与这个表征相一致的词必须在提取档中进行提取，并把这个词的形状和声音与提取档中所存储的相比较，也就是说需要到提取档中寻找到与之相匹配的项目，进行这种比较是根据项目的从高频到低频的频率次序然后在提取档中进行的。不过，这种观点是在对词典进行对比的基础上所进行的，它认为对一个词汇的辨认过程是有一定的顺序的，在上下文等要素中所存在的相互作用一般是不允许存在的。Forster 对词汇的辨认过程是有顺序的这个观点是认同的，它是自动运作的，从输入信号开始，到找到一个存有该词的各种信息为结束的存储器，但是只有这个过程完成以后，也就是信息匹配成功后这个存储器才将信号与信息联系到一起。这种搜索模式比较直观简单，阅读词汇的使用频率对其影响很大，常用词的速度比不常用词的速度要快。但是系列搜索模式也有不足的地方，它否认了知觉信息能够对词项进行直接提取，认为听觉和视觉信息只是对整个或部分心理词汇检索的时候有用。也因此这种模式受到了批评，主要批评原因之一是说他的本质只是一个搜索的系列过程，并且速度很慢。另外这个模式与词典进行对比后就会发现，它并没有将一个词与它相关联的词联系起来，对这种类似于上下文要素之间的交互作用是不允许的。

值得引起注意的是，这种自下而上词汇阅读模式存在明显的不足之处。比如，杨海丽等人认为自下而上阅读模式只是把读者当成是接受信息的接收器，而不去考虑读者本身已经具有的知识。Hedgeock 和 Feris 指出自下而上阅读通常就是单一的对单词、短语、句子进行解码，而不去考虑词汇所处位置的上下文信息。韩戈玲也指出如果只是单纯的对文章进行自下而上的解码,这严重忽略了读者在阅读中所起到的主动性,也不能将读者的背景知识与阅读过程有机结合起来。

第三节 自上而下理论与大学英语阅读教学

一、"自上而下"模式概述

通过对传统阅读理论中所存在的问题进行分析,美国心理学家古德曼(Good-man)在20世纪60年代末70年代初发表了一种新的观点。他认为阅读过程并不是对文章中的字、词、句的解码过程,而是一种关于对心理语言进行猜谜的过程。

古德曼提出的阅读模式就是"自上而下"模式。他认为阅读的过程就是一个选择的过程。何谓选择的过程,在满足读者预期的基础之上选择运用那些能够从视觉上感知到的最低数量的语言提示。将这些选择而来的信息进行加工,就会对文章形成一个最初判断,这些初步判断在阅读中就会被不断的证实、否定或改进。"自上而下"阅读模式对读者已有的关于现实世界的背景知识在阅读中所起的作用进行强调关注。往往读者在阅读之前所预见的那些信息比他从文章当中直接获取的信息更重要,正如一个人在聆听的时候对那些没有听到的信息进行预测的过程比直接聆听到的信息更重要一样。所以读者在理解文章的时候他本身所拥有的认知结构会对其产生很大的影响,这也就是为什么学生需要学会从已知推导未知的原因。

阅读理解的"自上而下"模式或"以知识为基础"(knowledge-based)的模式理论认为:阅读并不是读者对自己所感知到的信息进行精细加工的过程,而是读者在已有的固有知识的前提下,然后进行取样、预期、检验和证实的由内向外所进行的循环过程。在这一过程中,读者带到课文中的知识往往是比课文内容本身的信息要多的,在进行阅读的时候对信息不断地假设检验,读者根据自己本身所具有的语言和知识体系对课文内容进行选择。随着阅读的持续进行,读者依据自己的固有知识不断证实或修正自己的预测。在一些对"自上而下"模式的阐述中,其中影响最大的就是语言学家Goodman。他曾对这种模式做过这样简短而精炼的论述,"阅读是一个选择过程。它基于阅读者的期盼,部分的利用从视觉输入中选择出来的可得到的最小量的语言线索。当这部分信息得以处理,随着阅读的进展,暂时得出的决定须经受证实、修正或淘汰。简而言之,阅读是一个心理语言方面的猜谜游戏"。这种模式在一段时间里对阅读教学产生了较大的影响。但是人们经过实践发现这一模式对固有知识经验对阅读理解的作用过分重视,而对文本信息对阅读理解的作用则过分轻视,以至于在阅读理解教学的过程中产生了忽视基础知识的现象,最终导致学生的阅读能力反而因此下降。

通过将"自上而下"模式与"自下而上"模式进行比较可以看出:"自上而下"模式是从文章的整体意义来把握的,通过对整体意义的把握,读者能够更好地理解作者写作的意图。在这个模式中,阅读的主动权是读者自己把握的,而不是为了完成阅读任务机械的去接受文章信息。读者积极主动地对所读的文章进行思维探索,通过阅读材料找寻主要的语言提示,然后选择出线索,通过线索去预测文章的意义,最后读者根据自己已有的知识经验体系去判断自己预测的是否正确。如果自己预测的信息是正确的,读者就能根据预测信息顺利完成阅读任务形成意义建构;如果读者的预测是错误的,读者就需要重新从文章中选取信息,改正之前的预测,形成新的预测,直到能够完全理解文章意义为止。总之就是读者依据自己已经有的语言知识体系和经验,主动对阅读材料的信息进行取样、预测、验证、肯定或修改,也就是不断猜测证实的过程。这种模式在某种程度上来说认为阅读就是一种心理语言的猜测游戏,是读者与作者通过阅读材料来进行互相交流的过程。这种模式能让读者对文章的意义建构变得更加容易,但是因为在这种模式中背景知识处于重要地位,所以在对同一篇文章的理解中不同的读者有可能会形成截然不同的理解。阅读不再是一个对文章不断解码的过程,而变成了一个读者与作者通过文章进行对话交流的过程。

然而这种模式在一些方面存在着明显的不足,它将读者已经具有的背景知识和经验条件进行过度强调。将这种模式运用到英语教学中,教师往往容易忽视基础语言知识在学生的阅读理解过程中的重要性,导致学生的基础语言知识薄弱,不能真正提高学生的阅读理解能力,所以"自上而下"阅读模式对初级语言学习者是不适用的。而且在阅读文章的一开始就要求学生首先对文章意义进行预测,容易让学生形成自己主观判断文章意义的想法,导致对文章的理解与文章本身相去甚远,教学效果极差。相关学者经过实践也发现如果学生的语言知识不足的话,对背景知识和语言文学之间的交流也会产生影响,最终导致不能正确理解文章,阅读失败。因此"自上而下"模式在阅读教学的过程中并不适用。

二、自上而下的阅读观

Goodman 的自上而下的阅读模式是教导学习者通过对已经掌握的知识进行运用,然后构建篇章意义的模式,强调对现在已经具有的句法和语义的认知效率进行依赖,提倡文字与意义之间可以直接进行互动。对 Goodman 而言,想要构建文本的意义需要四个相互依存的程序来完成:即预测文章的内容和文本结构、对文本材料进行取样、根据取样材料确认对文本的预测、然后对不正确或不完整的预测进行纠正。这些步骤的顺利完成需要读者在阅读的时候激活多种知识,例如内容、词汇、语言和修辞结构、还有各种技能,例如文字识别、句子和话语处理、认知策略和元认知策略等。

克拉克(Clarke)和西尔伯斯坦(Silberstein)的说法揭示了自上而下阅读模式的

本质特征:他们认为,在阅读中读者本身所需要调用的知识比文章所能够提供的知识要多;也就是说,读者之所以能够理解这些知识是因为他们本身的能力能够领会到超越表层信息的刺激,然后将其存储在大脑已有的知识体系中。自上而下阅读模式在阅读过程中是由阅读概念来进行驱动的,或者说是一种自上而下的加工过程,体现了文化背景知识在阅读理解中具有决策的作用。萨维尔·特罗伊克(Saille Troike)指出读者在理解文本时所调动的各种已经具有的知识体系能够更好地帮助他们建构阅读"图式"或"心灵结构",将阅读对象和事件的预期模式进行影射。

鲁姆哈特(Rumelhart)提出了一种自上而下的图式阅读观,认为读者所拥有的知识是因为大脑中存在抽象图式而存在的,它的意义是由读者来建构的。阅读图式指的是已经存储在读者大脑中的知识或概念体系,有三种形式,分别是语言图式、形式图式和内容图式。语言图式为文本的读取提供了准入门槛,也就是说,当一个人完全不懂一门语言的时候是不能对其进行阅读的,即便文章内容读者非常熟悉。如果对语言图式的掌握不足,可能会让双语读者出现阅读的理解障碍。形式图式是对各种文本类型的具体方式知识进行组织,内容图式则指的是读者对某一种特定文本先前所具有的知识。

史密斯(Smith)提出的关于自上而下阅读观认为阅读的进行是依据读者已经具有的知识体系来进行的,文本结构是理解顺利进行的基础,但它本身并不是理解;语言的表层结构并不能直接代表其意义,例如语言的声音和书面文本的视觉信息等,但是他们是理解的基础;意义是存在于语言的深层结构中的,说话者和作者想要表达的意图、听众和读者对其所进行的阐释都是意义。Smith 进一步指出我们的感知只有一部分是根据视觉信息来获得的,而我们已经拥有的知识可以将这份感知进行很大程度的充实。Smith 强调人们的记忆和视觉系统对能够用于处理、存储和检索的信息量进行了限制。Smith 反对自下而上阅读模式,认为人们所进行的一切学习和理解都是一种解释,目的是为了能够从上下文中了解某一事件;人们所进行的一切阅读都是一种解释,目的是要从书面材料中获取到它想表达的意义。

蓝穆斯(Lems)等人提出了一种自上而下阅读观,认为我们能够在我们已经具有的知识的基础上对接下来可能出现的东西进行预测,英语学习者在阅读的过程中要对这种新语言的声音和字母以及实际的词语和词汇进行努力学习,在阅读发展的各个阶段将这一推理技能进行磨练。比如,在英语写作系统中,音素与字形之间是没有规律可循的,但是以英语为母语的人依然能够推测出上下文中某一辅音或元音的出现。这是一种依靠概率推理的心理加工策略。概率推理在认知科学领域的使用比较广泛,用来解释读者在处理文本的时候,根据字母或字母组合去推测其代表的某一声音的可能性。概率推理是我们学习拼写的策略,就跟我们用概率来解码单词是一样的道理。大脑对于语言模式是有学习功能的,当在英语教学中使用拼写概率模式时,学习者就能够很容易的掌握概括理解未知词汇。

阮周林通过研究指出，自上而下阅读模式是在读者已经对语篇的背景知识有了一定了解的基础上，利用这些背景知识对文章的部分文字信息进行分析，然后做出假设，在对假设进行分析筛选后对其进行肯定或否定。Hedgcock 和 Ferris 认为读者在阅读文本前，对文本和文本信息是有一定期望的，当读者在阅读时就会确定哪些信息与自己的期望相符，然后将与文本不相符的期望进行修改。自上而下阅读不仅受刺激本身的影响，还受到读者的知识水平和期望的影响。对文本进行自上而下的阅读有利于提高读者对文本进行回顾理解的效率。提倡自上而下的阅读模式的学者认为，读者在有一定的背景知识的前提下，通过大量的文本阅读积累知识，之后就可以阅读几乎所有的文本。Randall 认为，拥有两种语言体系的读者在使用"自上而下"的阅读模式进行阅读时，就需要先将语言的句法结构知识调整到需要进行文本阅读的语言，这样能够更加方便的对文本进行预测和验证预测，这一模式的使用首先需要有优秀的词汇基础，能够快速对词汇进行识别。

三、自上而下模式中的词汇识别

自上而下的加工会影响词汇的识别。在进行英语阅读时，运用语境、上下文的知识对文章进行阅读就是运用自上而下的阅读模式进行阅读的典型例子。语境会对词汇识别产生很大的影响。比如在对某一种动物或文字进行识别时，不仅需要将这样东西进行部分拆分，还要将这样东西纳入一个更大的体系中进行处理。彭聘龄和谭力海指出通过语境可以让目标词的词义被快速激活，从而能够快速的对词汇进行识别。桂诗春认为在进行词汇识别的过程中，语境可以为词汇识别提供重要信息，当词语在一定的语境下时，比没有语境的更容易识别。另外，利用上下文来识别词汇信息也是非常有必要的，上下文有两个层面的作用：一是为词汇识别和文本阅读提供一个更大范围的背景图像；第二个就是即时语境。Clarke 和 Silberstein 认为读者使用自上而下的阅读方式，可以获取到足够多的词语或字母来帮助我们对文本进行预测和对文本意义进行构建。使用自上而下的阅读模式进行阅读时，读者通过对文本进行一个初步假设，然后根据一些必要线索和信息来对假设进行确认或拒绝。

第四节 阅读交互理论与大学英语阅读教学

一、交互阅读模式简述

在上世纪七八十年代，就已经有了不少关于交互阅读的研究。交互阅读模式（interactive models of reading），将阅读看作一个"自上而下（hot-tom-up）"和"自下而上（bot-down）"的交叉过程，即书面文字的视觉处理与脑海中现有知识的非视觉处理的交互过程，这一模式为阅读研究提供了新的方向，为提高学生的阅读效率奠定了理论基础。

二、阅读交互理论基本观点

（一）阅读交互理论是读者与语篇的相互作用

在阅读心理交互理论认为，在阅读的过程中，人们阅读的心理世界和外在语篇之间形成了必然的联系，并激发着人们阅读心里的认知世界，同时也被文本所带来的新信息调整和扩展。该观点把阅读的心里已有信息和文本中的新鲜讯息区别开，这是对阅读模式的重要突破。有研究者认为，正是通过阅读心里已有讯息与文本新鲜讯息的有机融合，阅读的内心世界才更加丰富，而阅读在读者心里和语篇之间架构起沟通的桥梁。Goodman 的心理语言猜测过程和图式理论为阅读交互理论提供了支撑，强调读者背景知识在阅读理解中的重要意义。在这一阅读模式下，读者从以往的被动接受信息到主动结合现有的文本知识进行意义建构。由此可见，意义的建构在于读者与语篇之间不断地交互作用。

（二）阅读交互理论是低层次阅读技能与高层次阅读技能的互相补充

阅读互动理论把阅读过程看作是多个运用阅读技能共同处理语篇的过程，并尝试去理解个人在阅读活动中的差异性。在阅读过程中，个人往往具有各层次的信息和技巧，由低至高阶主要体现为识别词汇、掌握句式、衔接手法、段落构成、文章话题等。语感也深受句子、语义、词汇等信息的影响，因此一种技能的不足有时也可以通过另一项技能得到补充。在交互式阅读下，高级技能和信息往往会对较低层次信息的处理能力产生负面影响，主要体现为推理语篇与词汇辨认的相互作用。但是，想要理解高层级的语篇，这对学生的认知能力要求较高，一定程度上会减少学生对整体文本的注意力。因此，学生既要熟练掌握低级技能（单词的辨认）和高级技能（理解句式），也要具备能综合运用这些技能的能力，实现互补，充分理解文本含义。

三、交互阅读理论应用于大学英语阅读教学的具体策略

（一）转变教学观念，熟悉交互阅读模式

英语学习的最直接目的就是培养学习者正确运用英文信息的能力，也要求学习者必须具有优秀的阅读理解能力。所以，对高校英语老师来说，就必须改变教育理念，在阅读与交互理论的指引下进行阅读教学，以提升英文阅读教学的品质。通过教师读书观念的改变，就可以使教师更科学合理地设计阅读教学的物流管理，从而了解"怎

样教阅读"。当教师认为学习阅读最重要的是单词的发音和辨别词义，则会重点培养学生的英语基本技能，这属于典型的"自下而上"的阅读教学方法；如果在老师眼中，理解文章、让学习者在更具体的语境中认识单词，这也是一个自上而下的阅读教学模式，因此必须着重训练学习者的推理、预测等高层次技巧；当教师认为阅读需要以一定的语言基本技能为基础，同时对学习者的背景知识和高层次技能有一定要求，则采用的就是交互阅读模式，既重视学生语言基本技能的养成，又引导学生懂得高层次技能的阅读策略。

（二）注重培养学生的阅读能力

在阅读教学的过程中，老师可根据不同的教学阶段介绍适当的图式，从而全面提高学生的阅读理解能力水平。在阅读教学准备环节，老师首先要做到的就是调动学生大脑中所有和课文有关的图式，此时老师就可通过介绍相应的课文历史背景、作者经历等，弥补学生图式的空缺；同时利用中外历史文化比较，以解决学生对历史文化理解上的困难；加强读前联系，增加阅读词语储备，形成语义图式。在阅读教学开始环节，老师需要有意识地指导学生完成文本理解。阅读完成后，老师通过研究文章架构和章节主旨，引导学生归纳所学的图式。考虑到英语词汇量的不计其数，一个人想要掌握所有的单词是不可能也是不必要的。针对这点，教师可以传授学生猜测生词词义的技巧。同时，教师应当为学生分析文本的宏观和微观结构，剖析文本的逻辑结构，以把握作者的中心思想。在阅读教学结束后，学生需要巩固现有的图式，强化有关语言知识、文本结构等多方面的练习。

（三）积极鼓励学生进行"大胆预测"

在交互阅读模式下，学生在文本理解中对字词短句具备一定的自动化加工能力，但更多依靠的是通过激活现有图式对文本主动进行整合。一般来说，善于调动现有知识的学生，在理解篇章方面更有效率。"积极的阅读"方式多样，比如学生将文本与现有图式相联系，对文本提问，通过自己的语言概括文章主题等。在阅读理解的过程中，学生需要附带一定的猜测性，要求猜测以现有的知识背景为前提，并从文本找出证据以验证自己的推测。因此，教师可以鼓励学生进行积极阅读，大胆预测文本内容，以提高教学效果。

（四）加强阅读策略的指导

在英文阅读教学中，老师必须有针对性地加强读书策略引导，全面协助学习者掌握篇章内容。一个良好的读者，可以根据自己的读书目的而合理调节读书行为，并选择适当的读书策略。这样，学习者在阅读文章前或事后，就能够通过激活某些图式信息，以分析文章内部结构，从而认识文章中心思想，用读书中获得的信息预见下一次的文章意义等。这就要求教师们能够总结学习者的阅读策略，并通过阅读等教学实际活动检验读者决策的合法性。

首先，教师需要分析学生的阅读策略，有意识地强化阅读策略的渗透和训练；其次，给予学生一定的独立思考空间，让学生体会各种阅读策略之间的异同点，在实际的阅读教学中不断提高自身的阅读能力。此外，教师应当引导学生制定切实可行的阅读训练计划，采用教师评价和学生自评等方式让学生意识到阅读策略的重要性。另外，教师也需要重视学生的阅读过程和方式，精心设计阅读教学的各个环节，为学生提供具有代表性的阅读素材，鼓励学生扩大英语阅读量，全面提高学生的阅读理解能力。

交互阅读理论强调读者的主观能动性，对读者的语言知识、文化背景和阅读策略都有一定的要求。在交互阅读模式下开展的阅读教学活动，具有科学性和可操作性。对教师来说，想要提高学生的阅读能力，首先要提高自身的阅读水平，树立科学的阅读教学观，全身心投入英语教学工作当中。

第五节 建构主义理论与大学英语阅读教学

一、建构主义理论的概述

（一）建构主义内涵

瑞士心理学家皮亚杰于 20 世纪 60 年代最早提出了建构主义（Constructivism），建构主义属于认知心理学的一部分，对人类学习过程的认知规律作出了较为完整的展示。在建构主义学习理论中，学生是学习的主体，教师对学生的学习起指导作用，对学习者是学习的主体加以强调，学生在进行认知和信息加工时要发挥自身的主体作用，主动对知识意义进行建构。在读者理解文本之后还需要对文本进行批判性阅读，对文章是否真实有效、有何学习价值做出一个判断。一般包括三个步骤，分别是理解文本、评价文本和作出反应。批判性阅读对读者理解文章之后的任务作出了要求，读者在理解文章后，要对文章提出的观点和作者提供的信息进行思考并作出评价，最后将自己对文章的思考口述或用文字表达出来。学生在进行批判性阅读时，教师需要在旁进行指导，教导学生如何合理选用阅读策略对文章的词汇和大意进行理解，然后在理解文本的基础上对文章中的观点进行思考，对其进行综合分析然后加以运用，这种教学模式是让学生先进行阅读然后将自己的观点写出来，这两个过程使学生完成知识意义的建构。

(二)建构主义理论强调的主体

1. 以学生为中心

学生在认知过程中处于主体地位,学生学习知识应该是主动的,而不是在外部刺激的作用下去被动接受知识或者是教师对学生进行知识的灌输,教师在学生的认知过程中只是起帮助和促进作用。可以从三个方面体现以学生为中心的教学思想:第一个方面在教学的过程中教师要发挥学生的主动性,吸引学生的注意力让他主动学习;第二个方面当学生在学习到知识后是不是有许多机会去运用学到的知识;第三个方面学生在对自己所学的知识进行运用之后,能够根据得到的反馈信息为之后面对同样的情况积累经验,提高解决实际问题的能力。

2. 强调"情景"对意义建构的重要作用

学习是与一定的社会文化背景相联系的,也就是情景,学习者在进行实际学习的过程中,通过将新知识用原有的认知结构和有关经验去对其进行同化和顺应,赋予新知识不同的意义。当原有的经验体系无法同化新知识时,就需要对旧的认知结构进行重组和改造,这一个过程被称为顺应。同化和顺应的不断循环让新知识的意义得以建构。利用传统的课堂讲授是不能向学生提供丰富生动的场景的,这导致同化和顺应比较难展开,也就使学习者的意义建构很难进行下去。

3. 强调协作学习对意义建构的关键作用

学生在学习过程中,通过教师的组织和引导,学生们建立起一个学习群体,共同进行讨论和交流。在学习群体中大家通过协商和辩论的方式对各种理论观点、信仰假说进行讨论。大家在群体里通力合作,学生群体的每个人包括教师和学生的思维和智慧得到充分发挥,这样就可以帮助学习群体中的每个人去完成所学知识的意义建构。最后,学习环境的设计相较于教学环境来说更重要,学习环境是学生自行学习和自行探索的场所。在这个环境当中,学生可以利用环境中各种学习工具和学习资源以此来达到学习目标。在学生自行学习的过程中,不仅教师需要对学生提供帮助和支持,学生之间也要相互交流相互帮助。

4. 强调各种学习资源的设计

学习资源是指能够为学生顺利解决问题提供的各种信息资源,包括从互联网上寻找到的各种信息资源。建构主义学习需要丰富的学习资源来提供帮助,是必不可少的。但是资源并不是提供给教师的,而是提供给学生的,学生需要利用资源进行自主学习探索和互相协作学习。在建构主义教学设计中,如何将媒体上的资源进行合理获取和有效利用这都是需要学生自己去主动探索的。

5. 强调"意义建构"是整个学习过程的最终目标

"意义"并不是指事物的意义,而是指事物内在的性质规律和事物之间的内在联系。对意义的建构就是将现在所学的内容中关于对事物性质规律和事物之间的联系进行深刻的理解，想要进行长期存储就需要将所学知识内容形成图式。教师在进行教学设计的时候，需要围绕"意义建构"这个中心去考虑怎样的情景更有利于学生意义的建构。

（三）建构主义教育理论的主要观点

建构主义理论于20世纪90年代在西方教育界形成，瑞士心理学家皮亚杰及苏联教育家维果斯基是最杰出的代表。皮亚杰的认知结构主义是在儿童认知规律研究基础上形成的，人类的认知和学习活动是一个自我主客体之间为了动态平衡而进行的一个双向建构过程。学习者在进行学习的过程中不应该只是被动地去接受知识，而是应该主动地在原有的认知经验结构上建构新的认知体系，从而发展自己的认知结构。在维果斯基的主要观点社会结构主义中强调，社会环境对学习者的学习会产生重要影响，因此提出了"最近发展区"理论。

在建构主义的观点中，学生应该是课堂教学的中心，教师在其中只是起导向和组织作用，将学生的学习积极性调动起来更好的组织课堂教学。教师为了能够让学生对事物的认知得到进一步扩展，就需要为学生搭建一个平台让学生能够自由交流、合作学习。教师在其中是主导者、向导者和组织者，因此在学生表现优秀时就需要对学生进行鼓励，也要及时发现并指导学生改正错误。在学习过程当中，学生需要加强相互之间的交流与合作，对自己原有的认知结构进行补充，使自己对事物的认识更加完善，当新旧知识的发展出现失调时要找出它们的不平衡点，以此来主动对新知识进行意义建构。

建构主义的教学模式主要包括四种，分别是随机进入式、支架式、情景式和自上而下式。对建构主义进行总结可以得出，在整个教学过程中学生是学习的主体，以学生的学为主，教师只起到组织、引导、帮助的作用。将学生的主动性和积极性调动起来，然后教师创设相应的情景，学生通过对话交流和相互合作对所学知识进行意义建构。

（四）建构主义理论观照下的英语阅读教学分析

在进行英语阅读活动之前，首先需要明确阅读活动的目的以及整个阅读过程的步骤。不管是进行汉语阅读还是英语阅读，读者所面对的都是抽象的文字符号，不是生动具体形象的图片和视频资料。阅读的过程就是解释这些文字符号并获取它们的意义的过程。阅读是作者与读者之间一种无声的交流，读者通过对文字符号的阅读了解作者的故事和心声，体会文章的思想情感。当然这种阅读和体会必须是符合逻辑的，不能胡编乱造。阅读最重要的过程就是理解，如果没有对阅读进行正确理解，那么这个阅读就是无效的。怎样才能正确地理解文章，离作者的心更近，这是我们需要研究和探讨的重要问题。

因为理解在阅读中处于核心地位，因此就需要对在阅读过程中影响理解的因素做出探讨。读者在阅读时对解读文本产生影响的主要因素有三个，分别是语言图式、内容图式和形式图式。读者所掌握的包括词汇语法在内的语言知识属于语言图式。内容图式是指读者在阅读文章之前对文章所涉及到的知识的了解程度。文本的体裁也就是形式图式。因此，想要完成阅读任务，仅仅是拥有充足的词汇量是不够的，还需要对阅读语言、文章体裁和内容有充分的了解。在国外进行的许多实验研究表明两篇语言难度差不多的文章，当学生对其中一篇的内容比较熟悉时对其进行理解和记忆就会更加容易。

在对影响阅读活动的主要因素进行整理后，我们就可以在分析一些具体实际问题的时候用其来进行分析。在对英语阅读教学进行大量实践之后发现，对学生阅读造成影响的首要因素就是语言图式。例如将一本生词量非常大的泛读教材给大一的新生使用，导致学生在进行阅读的时候需要不断地借助词典来查找单词，这种教材就不适合大一学生用来泛读，而是适合他们用来精读。另外，当学生的语法基础比较差的时候也会影响阅读的顺利进行。在进行阅读的过程中，经常出现所有的单词都认识但是还是不能理解句子的情况，就比如对一些长难句的理解，因此语言基础的薄弱也会影响对于文本的理解。

二、建构主义理论对英语阅读教学的启示

（一）英语阅读教学特点

在英语教学中，最重要的任务就是培养学生的阅读理解能力。教师在进行阅读教学的时候应该根据学生的不同阶段、不同年龄、不同知识水平来考虑阅读任务的多少和难易程度，要遵循从易到难、从长到短、从浅到深的规律，根据理解层次的不同来安排问题。第一，在学生对一篇文章进行初步阅读后，教师可以询问一些表层理解类的问题，例如文章中提到的人物、时间、地点等。这种类型的问题只需要学生对文章的大致意思有一定的理解，然后将文章中多次出现的内容进行复述。这样做的目的就是为了能够让学生对主要内容有更深刻的理解，加强课堂上师生之间的互动交流，为之后对文章进行较高层次的理解做好铺垫。第二，教师在第一步的基础上提出一些需要深层理解的问题，比如人物性格特点之类的问题。回答这类问题需要学生通过阅读文本，通过作者传递的信息和背景知识去推测作者想要表达的意思，对文章的主题进行归纳，猜测文章当中没有提及的故事情节，概括中心思想，揣测文章背后所蕴含的意义。

（二）英语阅读教学现状

1. 不重视学生思维能力的培养，课堂活动对于学生来说缺少智力挑战和情感互动

有的教师本身是在传统英语阅读教学观念和教材下成长起来的，在进行英语阅读教学的时候也会受到自己经历的影响，认为阅读教学就只需要讲授语言点就可以

了，认为想要提高学生的阅读水平，就需要多读、多做、多记单词，这样阅读水平自然就会得到提升，对学生思维理解能力、各种阅读技巧的培养都采取不重视的态度。而有的教师在进行阅读教学的时候将阅读活动和思考评价文章分离开来，对文章的整体把握较少，不会根据学生本身的兴趣和阅读难度来选择阅读文章，导致学生的阅读水平最终只是停留在对文章表面信息的理解上。但是如果在进行英语阅读教学的时候学生的思维一直处于活跃状态，随着思想的逐渐成熟，学生在理解语言知识的基础上，还会增加自己的视野，学会用更加开放的观念去思考问题，增加对民族文化的认同感和民族自信。如果教师在进行英语阅读教学的时候轻视对学生思维能力和智力情感点拨的作用，使学生没有深入去理解文章，体会东西方文化差异的机会，学生就会出现对英语阅读的兴趣逐渐下降、思维逐渐僵化、在进行阅读理解的时候出现障碍等问题。

2. 教师在英语教学中存在的问题

部分教师没有意识到英语阅读的重要性，对英语文章没有进行更加深入的分析；或者是把英语阅读文章当成是给学生积累词汇量的材料，一味地重视学生词汇的积累，而不重视英语阅读教学真正的教学目的。还有的教师不会对文章进行分类，哪些需要精读、哪些需要细读，只是一味地要求学生进行精读，学生自己没有分辨文章到底需要精读还是细读的能力，导致学生花费了时间精力却没有得到相应的学习效果。

3. 阅读教学中对阅读理论、阅读模式、阅读技能等方面讲解不够

教师在进行英语阅读教学的时候，采用的阅读教学模式单一，缺乏对文章深层的理解。只对文章的表层含义进行分析，很难让学生正确理解文章的含义，对文章的要点不能进行正确的归纳，失去了阅读的准确性。教师对于培养学生的阅读能力到底是哪些能力没有一个清晰地认知。在许多教师进行英语阅读教学时，依然是用简单的问答法来进行的，而且问题都是一些浅显的问题或者是教材中指定的问题，认为学生只要认识了材料中的单词自然也就理解了文章的意思，学生在阅读教学中依然处于被动地位，这种教学方式不利于学生的思维能力和学习主动性的培养。阅读策略的使用在教师的英语阅读教学中很少出现，比如通过上下文的意思去推测生词的意思，怎样在不认识单词的情况下通过代词冠词去猜测文章意思，从文章的已有信息去推测其他的信息，忽视学生独立思考能力的培养等。教师只有在自己对阅读理论、阅读模式、阅读技巧充分理解吸收的基础上才能更好地为学生选择适合他们的教学方式，更加有效地指导学生阅读。

4. 学生不良阅读习惯没有得到及时纠正

由于教师在进行英语阅读教学的时候缺乏对学生的正确引导，导致学生在进行英语阅读时出现很多问题，比如阅读方法较少，不知道那些文章需要朗读，那些需要默读，看过的马上就会忘记需要重复阅读，对工具书的解释盲目信任等。其实，

英语阅读和中文阅读是一样的，都需要多种阅读方法灵活使用，没有合适的阅读方法，阅读水平自然难以提升。有些学生在进行英语阅读时，遇到不认识的单词只会去使用工具书，不会利用阅读技巧自己去推测单词意思。这样的话在没有工具书的情况下学生的阅读水平就会下降很多，例如考试。这些不良的阅读习惯使学生的阅读质量严重下降，但是教师在遇到学生有这些问题时往往只会认为是学生学习不认真或者是个人习惯。

（三）建构主义理论的积极意义

1.激活学生适用的文化背景知识和生活常识

提高英语阅读能力不单单只是需要丰富的语言知识，还需要在生活中积累一些生活常识和文化背景知识。教师在进行英语阅读教学之前需要对学生原有的英语知识水平和背景知识进行了解，然后鼓励学生利用自身经历和情感去对文章内容进行理解。鼓励学生扩大阅读量，通过阅读去扩宽知识量，了解不同地区的风俗文化，提高阅读能力。在学生已经具有相应的背景知识的前提下就需要教导学生学会利用这些背景知识来对文章进行理解，这个过程也是丰富学生背景知识、开阔眼界和思路的过程。这也是建构理论中的利用学习者原有的知识去提高能力。

也就是说，教师在进行英语阅读教学时，需要鼓励学生利用已有知识去理解一个新的文本。学生在阅读中通过使用已经掌握的阅读技巧来理解文本信息、识别文本词汇。教师为学生创设一个真实的文本阅读环境，提供一个学生之间能够互相交流的平台，学生通过相互之间的交流与合作将阅读从静态的过程变为一个动态的过程。对阅读的评价也不再简单的只看结果，加大对过程的关注，让学生能够通过评价进行总结和反思，真正做到提高阅读能力。

2.激发学生思考、预测、推理和判断

教师在进行英语阅读教学的过程中，要有意识地将文章与学生的生活经验结合起来，激发学生对文章进行思考，然后对文章意思进行推理和判断。教师先提出与文章相关的问题，然后让学生带着问题去阅读，这样让学生的阅读更加有目标，提高学生的阅读兴趣。在进行阅读教学的时候，教师要对学生充满耐心，引导他们通过上下文来推测词语和文章的含义。所以一方面教师要引导学生通过上下文来推测作者写作意义；另一方面教师要引导学生通过文章的已知信息去推测未知信息，鼓励学生自己对文章进行合理判断，这样才能让学生正确理解文章。

三、建构主义理论对于英语课堂阅读教学设计的指导作用

（一）阅读前

当阅读文章与学生的原有知识相关部分越多时，学生的阅读难度就越小。所以

在学生进行阅读之前，教师需要根据文章内容提出一些问题，让学生将新知识与原有知识联系起来。教师可以通过使用多媒体课件等更加生动的方式来引入新课。这是学生主动根据原有知识建构内部心理表征的过程，这个过程既包括结构性知识也包括非结构性知识。这时，学生就会根据已有知识体系与新知识相结合建立非实质性的联系，然后教师再根据情境提出相应的问题，使学生能够有目标的去浏览文章，让学生自己去寻找文章信息，这是一个"读前热身"的过程。

（二）阅读中

在完成了"读前热身"之后，让学生自行分组讨论问题，这是依照建构主义提出的社会性相互合作而设置的，也就是学生之间的合作学习。学生在小组中发表观点，就是对自己被同化的认知结构进行讲述的过程，因为每个人形成的认知结构不同，观点自然也会不同。每个学生都是在对自己原有知识进行建构后再进行表达的，通过相互之间的讨论，可以让他们了解对方的观点，然后对文章的理解更加全面，有利于学生建立正确的知识建构。在这个过程中，教师需要注意两个问题：一个就是问题的难度要符合学生的知识水平；第二就是要对学生的学习目标和任务进行明确安排。教师要根据教材的要求，分配具体的合作任务，使每个学生对自己在小组中的任务和角色都有清晰的了解，然后根据具体的任务来制定计划。

（三）阅读后

在各小组讨论出结果后，派代表到讲台上发言。当学生对发言不积极时，教师需要对学生进行鼓励，多给他们机会去发表意见。教师作为教学活动的主导者，要对学生的学习进度和学习方向进行关注，使之朝着共同的教学目标一起努力。通过选择代表分享讨论结果，使学生的学习信息得到反馈。这种方法对于学生来说可以让学生不断对问题进行思考，提高知识建构能力。对于教师来说，了解学生的学习情况，以便更好地为学生接下来的学习提供指导。

在小组交流结束后对结果作出评价和对交流中的情况作出评价，这两种评价所产生的效果是完全不同的，前者比较注重整体方面的评价。教师需要注重学生在交流过程中所反馈出的信息，也要注重学生对于活动之后进行的总结反馈。教师不仅需要对学生这次活动的经验进行总结，还要根据学生在活动中出现的问题有针对性地提出建议，以便于学生能够更好地厘清自己的思路。在阅读活动结束之后，教师要根据阅读文章的内容对学生进行情感教育，帮助学生树立正确的世界观、人生观、价值观。能够被选入教材中的文本一定是有可取之处的，只要教师对文本仔细分析就能发现文本的优秀之处，然后通过文本去启发学生让他们自主思考，获得丰富的情感体验，使学生的阅读能力得到提升，达到学习迁移的目的。

四、建构主义理论在阅读教学中的应用

（一）学生的主体作用

在建构主义教学观看来，知识是需要认知主体主动建构来获得的，在教学活动中学生才是真正的主体。想要真正的开展建构性学习，第一个需要满足的条件就是必须保证学生是知识的主动建构者。要改变传统教育中以教师为中心的观念，坚持以学生作为教学活动的中心。以学生为中心这对学生进行课堂活动提出了挑战，对学生的各方面能力都提出了要求，其中重要的有两个方面。一个方面是学生必须改变以前学习需要老师督促的习惯，要自己积极主动地投入学习当中，对学习抱有浓厚的兴趣。学生要克服以前学习中的懒惰和遇到困难就放弃的心理，去享受克服难题的过程，更加有激情的去探索学习难题。另一方面，为了适应以学生为主的教学模式，学生需要改变以前的思维方式。在现在的教学体制下，学生习惯用背诵来记忆知识点，缺少思考怎样用更简单的方式记忆知识的过程。只有一小部分的学生具备综合分析能力，大部分学生的思维都缺乏批判性、系统性和发散性，这不符合建构主义教学的需要。批判性思维要求学生在接受知识的时候要有自己的思考和见解，不能盲目地接受知识，要自己经过思考发现问题然后做出评价。系统性思维要求学生要把知识看成一个完整的整体，然后将知识一步步地往下分，使整个知识成为一个完整的知识体系，不然的话学习的知识都是局部的、缺乏整体性，增加学习难度。发散性思维是说学生需要学会用不同的角度去看待同一个问题，这样对知识的认识才更加全面。当然并不是说学生只要具有这三种思维能力就足够了，只是说这三种思维能力的培养对建构主义教学的顺利展开有决定意义。

（二）情景的配合作用

建构主义学习理论中的"情景"对学生意义建构的完成有重要作用。因为通过真实的场景能够让理论与实际问题之间的距离更近，让学生通过真实的情景去学习知识，培养知识迁移能力。在进行教学的过程中，教师需要为学生建立知识建构提供帮助，可以通过创设真实的情景激发学生的阅读兴趣，扩宽知识网络。在进行情景创设的过程中需要依据知识背景，整个情景中要包含文本中含有的所有信息，更加生动形象地让学生投入到阅读中，更高质量地完成阅读任务。

（三）教师的设计作用

建构主义的教学设计与传统的教学设计是不同的。建构主义以学生为中心，认为教学的最终目的是为了让学生能够完成知识意义的建构，而不是简单的只是为了完成教学目标，学习环境的设计比教学环境的设计更重要，情景教学和协作教学对于学

生顺利完成意义建构有重要作用。建构主义的教学设计包括以下内容与步骤：第一，分析教学目标：教师在课程开始前对教材的总体目标和各单元的目标进行分析，了解清楚这门课程需要达到怎样的教学目标；第二，情景创设：根据教学目标设计出尽量真实的情景；第三，信息资源设计：通过对信息资源进行分析，分析它们在学习过程中所起到的作用，然后进行合理选用；第四，自主学习设计：教师需要根据学生的不同学习情况设计教学方法，在学生进行自主学习时根据不同学习情况做不同的学习设计，发挥学生的首创精神；第五，协作学习环境设计：教师需要从学生学习开始到学生学习结束的每一步都提出问题，然后鼓励学生一个个问题的去进行讨论解决，教师可以对学生解决问题的方向进行引导，但是不能替学生做出决定，对学生在讨论中的表现适时地作出评价；第六，学习效果评价设计：要设计出合理的能更快速地反映学生学习情况的评价方法；第七，强化练习设计：在讨论活动完成后，根据每个学生的评价制定出针对他们短板的强化补充训练。教师在阅读教学设计时，教师首先需要对文章进行分析，作者写这篇文章的意图，文章的主题是什么，学生在进行阅读时容易出现什么问题，对哪些词语的意思会有疑问，怎样激发学生学习的动机和兴趣。教师在准备阅读材料时，教师要根据阅读目标在对文章进行充分理解后提出与主题相关的问题，然后在课堂上让学生进行思考讨论，激发学生的阅读兴趣，提高阅读能力。

（四）师生关系

建构主义学习理论认为只有将学生自主学习和教师协助设计学习情景相结合才能更好地学习。教师作为学生学习的支持者和引导者，教师需要突破外语教学的封闭状态，让学生在一个更加开放的环境中学习，在学习中当学生取得进步时要对学生进行鼓励，在一个和谐的学习氛围中学习，学生能够更加具有学习欲望，更加高效地完成学习任务。

（五）网络

信息时代的到来让互联网技术得到飞速发展，计算机被运用到教学活动中也越来越普遍。建构主义学习理论强调要创设生动的情景来让学生更好地学习，鼓励学生思考和发现问题。Internet里具有丰富的网络学习资源，能为学生创设更加适宜的语言学习环境。网络可以使英语教学内容更加丰富、更加生动，利用网络可以获取到不同的学习资料、不同的学习内容，利用网络可以使教师的情境创设更加简单，通过网络可以让学生的交流不再只是在课堂上，利用网络可以让学生的知识建构和创作更加方便。学生的年龄不同、心理状态不同、语言水平也就会不同，教师所选择的教学内容也就需要用不同的教学方式。利用多媒体和网络技术可以刺激学生自主学习，自己主动去探索知识，将探索到的知识与原有知识进行同化，主动去探索新旧知识之间关系完成知识建构，这是其他的教学工具无法比拟的。多媒体网络教学所提供的教学知识是多元化的，而且可以根据不同的教学要求提供不同的教学方法，并对知识信息进行不断的加工组合整理。因此，互联网教学在知识重组、意义建构、资源整合方面都有重要的意义。教师的教学不单单只是进行知识的传授，而是将多种知识资源整合为一体进行的教学。

第三章 基于分层处方视角的大学英语阅读教学

第一节 分层处方教学相关概念

一、分层教学的概念

分层教学法一直备受国内外学术界的关注，也由此出现了一系列不同的关于分层教学法的意见和看法。其中较有代表性的观点如下：

第一，分层教学是利用分层次的教学，组织及调整相应的教学方式，最大限度地帮助处于每一个层次的学生能够热爱学习、在学习上投入精力，成为一个学习的成功者，以此提高学生的发展质量。

第二，分层教学是教师在教学过程中因学生的差异性而有区分地对待，在此基础上进行教学设计，针对不同类型的学生给予不同的指导和帮助，让每一个学生得到最优化的发展。

第三，分层次教学是教师依据教育对象的不同，在认知和情感领域分层次的教学方法。

第四，分层教学以"因材施教""掌握教学""分组教学"等理论为指导，以学生在发展过程中存在的差异为前提，教师在个人的教学过程中针对学生在学习层次、兴趣爱好、性格特点、学习能力、知识结构上的不同而采取不同的方法进行分类指导。分层教学，主旨是"关注"每一个学生，让他们在教学中学有所得，不论是知识还是能力，综合素质都得以提高。

由此可见，分层教学是教师在教学过程中，承认并认真对待学生个体上的差别，并以此为依据，不断优化教学方式，让每一个学生能够接收到最为合适的教育，同时这也是一种极具针对性的教育，力求挖掘每一个学生的潜能，使他们获得最大程度的发展。也正是因为分层教学法本身的这些优势，促使其得到了教育界的普遍认可，也因此自20世纪初开始被广泛运用于教学实践中，而今经过数十载的发展后，它的特点也逐渐凸显。

（一）分层教学法的优点

分层教学自引入到教育教学领域之后，在具体的教学实践中逐渐呈现出以下优点。

1. 教师开始重视学生个体上的差异，并能够尊重他们的不同，由此采取区别化的教育对待

2. 教师极力寻求教学内容和形式上的多样化发展，由此能够满足不同学生的不同需求，打造因材施教、因层施教的教育特色。

3. 分层教学的过程是教师合理利用、优化教育教学资源的过程。

4. 有利于调动学生的学习积极性，充分挖掘他们的学习潜能，不断挑战自我，体验学习成功。

5. 对于教师的成长有促进作用，能够催生出更多的教育家和教育研究者，强化教师的责任感和使命感，促使他们更好地实现个人价值、社会价值。

（二）分层教学法的缺点

分层教学法在教育领域的运用中取得了许多不错的成果，足见其优势显著，但不得不承认的是它仍旧存在着不足，具体表现在以下方面。

1. 因层施教，"层"的确定缺乏科学性、合理性，难以明确地界定。因此在具体实施中，易受教师个人偏好的局限，使确立基准点单一、片面，分层定位将走向绝对化。

2. 分层教学法的实施需要具备一定的条件，如教学资源丰富、政策支持、家长支持，等等，这些都是在正式施行之前需要解决的问题，

3. 分层教学过程中，适应力强、基础较好的学生在发展上势必会远超于其他人，因而被树立为榜样。而有些学生在看到自身和榜样实力上的悬殊时，会逐渐丧失学习信心，有的甚至还会引发情绪障碍，进而影响学生学习的主动性和积极性，降低学业成就感。

基于分层教学法体现出的以上不足之处，教师在实施分层教学时，一定要全面详细地考察自身所处的教学环境以及其中的显性或隐性的问题，从教育实践出发，采取更为科学、合理的分层教学方法，满足不同学生的多样化学习需求，充分激发他们的学习热情和学习天赋，将分层教学的价值发挥到极限。

二、分层处方教学的概念

纵观国内外关于教学方面的研究文献，发现有很多关于处方与分层教学的概念

探讨，但对其概念研究者们众说纷纭。于学生来说，这两者间有诸多相同之处，如都是基于因材施教教育理念，承认学习者的差异，区别对待素质不同的人群，利用差异，从实际情况出发来发展差异。而在教师的个人教学中，处方的实施对象则更加细化，它主张教师针对学生个体的特征（与"诊疗"相似），为他们制定出个性化的教学方案（与"治疗"相似）。这一为学生"量身定做"的教学手段与过程，既符合教学伦理，也体现出教学的科学性，是一种"对症下药"似的教学，能够优化学生在每一个学习阶段中的体验感，并充分激发他们的学习兴趣与潜能，使他们在整个学习过程中更为轻松、愉悦，从而获得超越自我的发展。分层教学是针对不同学习水平（层次）的教学，亦称因层教学，此方法在教学中的成功运用可促使位于同一层次的学生取得显著进步。但其整体教学设置缺乏科学、合理的标准与考量，也未制定出层次分明、关联度高且行之有效的教学内容。而这样整体（笼统）的教学内容并不能够满足每一个层次中所有学生的学习需求，从而影响他们在学习过程中的体验感，进而收获不到太多的学习喜悦，难以获得明显的进步。鉴于此，大学英语阅读教学中，分层处方教学法的探索性运用，正是基于分层教学与处方教学二者的优势，克服分层教学粗糙设计和处方教学对象个体的单一缺陷，互补缺失。分层处方教学法实际上是探索性地结合制定分层教学群体性和处方教学科学性等优点，解决了大学英语阅读教学中的难题，为大学英语课程教学改革提供了新的模式。

综上所述，遵循方法灵活运用的原则，探索性地创新方法，确定分层处方教学法的定义，此探索性的定义可从分层教学与处方教学这两个方面来理解。概括地讲，分层处方教学是依据教学原则，为各层次的学生设计出适应个体的、符合他们自身实际学习能力的教学处方并进行教学的方法。这一探索性的教学方法遵循了学生个体身心发展的规律及其特点，可操作性强，融合了分层教学法与处方教学法的优势，弥补了二者的不足。结合学生个体发展的身心特点和学习的实际状况，可以最大限度地发现并发展各层次学生的优点和特点，以谋求发掘每一个学生个体潜能，使学习水平和综合能力得到最大化的提升。

第二节 分层处方教学的理论依据

一、有效教学理论

20世纪上半叶，西方的教学科学化运动催生了有效教学理念。美国实用主义哲学和行为主义心理学影响的教学效能核定运动，吸引了全球教育界的目光，加之受到科学思潮，以及心理学快速发展的影响，人们逐渐发现教学与科学的共性，教学也归属于科学的范畴。于是人们开始关注教学的哲学、社会学、心理学理论基础，以及如何运用科学的方法来分析、解决教学中存在的不足，也正是在这一背景的影响下，有效教学正式被提出。

有效教学作为一个新的理念，自然引起了学术界的广泛关注，专家学者们对其定义各执己见。究竟怎样的教学才能称得上有效教学？有效教学的内涵及特点是什么？相较于低效教学，有效教学的优势又在哪？这些都是需要明晰的问题。

目前，国内外学术界关于有效教学的界定主要是从以下两个维度展开的。

第一类，以教学的投入（时间、物力、精力等）与产出（教学效果、回报等）间的关系作为界定依据。如有学者认为有效教学指在教学投入恒定的前提下带来最佳教学效果的教学；而程红等人提出，有效教学是为了实现特定的教学目标、满足社会宏观需要和个人教育需要，以遵循教学规律为前提，教师尽可能以最精简的投入，获得较为丰厚的教学回报的教学。

第二类，以学生学习的维度作为界定依据。譬如，有效教学的目标就是让学生学好，因此，有效教学被视为促进学生有效学习的教学。有效教学是一种特殊的教学活动，其特殊性就在于它可以实现学生乐意学习，在学习之后可以从事学习之前不能进行的活动。

综上可知，从不同维度对有效教学界定的专家学者们都给出了较为充分的定义依据，也能够自圆其说，但不足的是他们所阐述的有效教学概念，大多都是立足于自身的见解，缺乏数据以及具体实践的支撑，总而言之，其探索还需进一步加深。

（一）有效教学的内涵

对国内外相关有效教学的研究资料进行梳理后，发现大多数专家学者们都是借助经济学中的某些概念（主要包括效果、效益和效率等），对有效教学进行观点阐明的。也由此使得有效教学的内涵主要体现在：有效果、有效益和有效率这三方面。

1. 教学有效果

效果，是指由某些因素、做法或者力量所促成的结果（一般指好的结果）。而教学效果则是因教学活动而出现的状况，其中包含受教学影响而出现的一切成果。教学效果是教学活动的成果表现，因此在判断教学有无效果时，可以从教学产生的实际结果出发，即检查学生接受教育之后在学习和个体发展上是否有好的改变。在教学过程中，若教师的教学活动可以满足学生的某种需要，达到了某种目的或取得了某种结果，这样的教学活动可以说是有效果的。简而言之，评价教学效果的关键在于它是否有效果，与教师的教学态度、教学设计、教学投入等关系不大（虽然这些因素确实对教学效果有一定的作用），也就是说教学有无效果的评判不在于教师如何教、教什么，而在于学生是否学到了东西或学得好与坏。单纯从理念范畴上讲，教学效果既不考虑教学结果的好坏、教学结果能否满足个人和社会的需要，也不从教学的投入与产出来分析教学所得。教学效果的论断，是基于"学"而言的，教师在开展教学活动的全过程中，是否让学生取得实质性的学习成长，即是否他们有所得，便是考察教师教学效果有无的唯一标尺。

2. 教学有效益

效益，指"效果和利益"。如果说教学有效果注重的是学生在教学后学到了"东西"（即"结果"），那么教学有效益则强调的是学生学到的"东西"（"结果"）是可以"派上用场"的（即能够为己所用）。换言之，接受了教育的学生若没有学到于个人生活与生存有用、有意义、有价值的东西，即使他们努力学习，从而收获了"结果"，但这一教学仍旧是没有效益的。而且，对于教学效益的评判应立足于学生个体全面发展和终身发展的高度，而非简单的分数增长。若基于本质上来审视，教学价值的具体体现则是教学效益，即在考察教学效益时，主要应关注教学活动所产生的结果与个人及社会发展的需要是否吻合，抑或其吻合程度如何。由此可见，教学效益强调的是教学活动与其结果的合目的性、合价值性。具体而言，教学效益反映的是教学活动的目标与教学结果之间的关系，主要表现在个人效益和社会效益两个方面。站在学生个人的角度，有效益的教学是能够指引和扶持他们学会学习、学会生存、学会创新、学会合作，并可以促进其身心的全面健康发展，为其一生的发展和幸福奠定基础。站在社会整体的角度，有效益的教学是要培养新时代的建设者和接班人，为社会的良性运转、健康发展培养优质的公民。

3. 教学有效率

效率，是"单位时间里完成的工作量"，同理可知，教学效率即为单位教学投入中所获得的教学产出量。上文所述的教学效果与教学效益，分别是从教学是否产生"结果"和"结果"是否有用这两个维度来审视的，但两者均未提及教学投入与教学产出之间的关系。即使教学产生了结果，且这一结果是有用的，但若教师为了它投入过多，超过了社会公认的标准，则也是不合理的。即投入小于或远小于产出的教学，也无法称之为有效教学。真正意义上的有效教学，既要产生效果和效益，还得兼顾效率。换言之，教师应该追求低投入、高产出的教学效率。为了达到这一目标，教师在教学实践中应做如下努力。

（1）避免不必要的时间浪费，将有限的课堂时间最大限度地用在符合教学目标和任务的教学活动上。

（2）注意精选教学内容和科学地确定教学重点，在教学过程中最大程度提高时间的利用价值。

（3）立足学生个体和教学实际，谋求所有学生（至少是大部分学生）的全面进步与发展，以免因过于关注少数"尖子生"而忽视了其他学生所造成的教育资源缺失与浪费现象。

综上可知，有效教学是强调教学效果、效益和效率的教学观。在教学的审视过程中，这三者同样重要，都是评判有效教学的重要标准，于有效教学而言也都是不可或缺的。唯有能够让学生学有所得，能够为他们创造"有用价值"，且符合经济实用的教学才能称之为有效教学。

（二）有效教学的特征

有效教学是一种明显不同于低效、无效甚至于负效的教学方法，它富有彰显教学的内涵、有助于教学活动实施，同时有助于教学目标实现的特征，具体体现在如下几方面。

1. 教学目标明确

大量研究数据表明，教师在整个教学中是否有着明确的目标，往往决定着学生对教学的满意度以及他们学业水平的高低。毋庸置疑，清晰且行之有效的教学目标是教师开展教学工作的基础，它可以为"教"与"学"保驾护航，避免因方向不正确、目的不清楚而耽误教学进度，让教师和学生始终朝着正确的教学道路不断前进，获得良好的教学效果。教学是教师组织学生进行的有目的、有计划的学习活动，其本质是"学"。教学目标是用来衡量学生是否掌握了预期的教学内容及其要求，而不取决于教师教了什么。有学者指出，"教育的真实目的是改变学生的行为，使他们能够完成那些在教育之前不能完成的事情"。但教学目标并非指的是学生一时的成长和进步，它强调的是一种长久的习惯和持续的过程，是立足于他们全面的进步与发展之上的。具体而言，教学目标的确定可从学生学习的结果进行界定。例如，布鲁姆和他的同事们提出的认知、情感、动作技能三个领域的教学目标，正是对教学目标从学习结果的角度进行的分类。

2. 教学组织科学

教学是一个复杂的、动态的实践活动，需要面对教学中各种常规以及非常规的事件和因素，需要满足不同学生对于学习的多样化需求，因此为了取得良好的教学成果，教师必须具备一定的组织教学能力，依据实际的教学环境以及受教育对象，灵活调整教学方案。科学地组织教学，是课堂教学顺利进行的必要保障，不仅可以帮助学生排除外界不必要的学习干扰，使他们心无旁骛地学习，也可以提高教师的教学效率，有助于教学目标和任务的推行与完成。通常而言，科学地组织教学具体表现为科学制定教学计划、合理分配教学时间、丰富多彩的课内课外实践活动、和谐有序的课堂管理、紧紧抓住学生注意力的教学内容，使教学活动按照教学计划设定的目标进行。

3. 促进学生学习

有效教学指向之一是促进学生学习，这一特征体现在有效教学关注的是学生本人的需要。学生和教师一样，都是教学的主体，在教学过程中教师不仅要认真、负责的教，也要着力引导学生认识并重视他们自身的学习主体地位，从而培养他们自主学习、全神贯注学习的好习惯。有效教学促进学生的学习表现如下：

（1）注意教学内容和教学方法与学生的能力和认知发展水平相适应，教学内容能为学生所理解、接受和掌握，并在教学过程中根据课程进度与难度，通过科学合理的调整教学方式和方法以适应学生，在把控好教学难度的同时又注重提升学生的学习兴趣和学习信心。

（2）深入了解和关注学生的学习兴趣，满足学生的学习需要。

（3）帮助学生克服学习障碍，摆脱自身学习困境。教师在教学过程中充当着多重角色，不仅是他们学习的引导者，更是家人、朋友，可以帮助他们解决学习与生活中大大小小的难题，促进他们的全面成长。

4. 促进教师反思

有效教学是一种动态的、有缺憾的、有待完善的教学，因此可以说它属于反思性教学，要求教师在教学过程中不断反思、总结，由此获得教学能力的持续提升。主要反思的内容有：如何保证良好的课堂效果？是不是可以从教学内容和教学形式上突破？对于学生而言什么样的课堂才能更有价值？如何安排课堂时间、活动、任务能够让学生在课堂上的注意力更为集中？采取怎样的措施才能更好地激发学生的学习兴趣，开发他们的学习潜能？等等。教师的自身成长和专业发展过程是不断进行教学反思，促进教学效果不断提高的过程。教师在每堂课结束后，通过认真的自我反思就更有可能找出自己教学中的优点和不足，查找问题根源，寻求破解之道，从而在之后的教学中发扬优点或克服不足。

5. 注重因材施教

教学过程中教师所采用的教学方法和手段既要面向全体学生，又要因材施教。有效教学是面向人人的教育，为每一个学生提供平等的教学机会和教学服务，并努力寻求他们个人学习成长的最佳路径，让他们在学习中能够获得实实在在的益处。教师应当立足于学生的个人特点和特长进行不同的教育（即因材施教），有针对性地对每个学生的学习问题进行诊断分析，进行处方教学指导，使他们在自己原有学习基础上取得新的进步和发展。同时，针对具体教学内容，教师要明确不同学生具体难在哪里，然后对症下药，在教学组织过程中进行筛选和排除。因材施教可以让每个学生都在自己原有学习基础上，根据自身学习特点和不足，取得相应的进步与发展。让每个学生身上都发生有效教学，既体现了教育人本主义的关照，又可以避免影响和削弱教学的整体有效性的情况（即教学在一部分学生身上有效果，在另一部分学生身上无效果甚至是负效果）出现。

综上所述，有效教学最基本和最主要的特征是教学目标明确、教学组织科学、促进学生学习、促进教师反思、注重因材施教。但并不意味着只有兼具这五种特征的教学才是有效教学，此外，在有效教学中也还可能呈现出其他的显著特征。因此，教师在追求和实践有效教学的过程中，不应墨守成规，而要依据实际的教学条件以及教

二、教学过程最优化理论

教学过程最优化理论是由苏联教育家巴班斯基最先提出。20世纪中后期，在苏联各级学校中，频频出现因成绩不达标而留级的学生，且此种现象愈演愈烈，为了破除这一难题，巴班斯基提出了自己见解。他认为，在一定的教学条件下，为了让教师花费较少的精力在最短的时间内获得最好的教学效果，以使学生能得到更好的发展，对学校教学进行整体优化尤为重要。因此，教师在教学过程中能否寻求到合理的教学方案，是优化教学过程中最核心的问题，即如何合理地组织教学。其基本方法体系如下：

1. 科学合理地制定学生的培养和发展目标，注重全面发展。
2. 深入研究学生，在此基础上具体落实任务。
3. 根据教学大纲，合理选择具体化的教学内容，并区分重点与难点。
4. 综合选择合理的教学方法和形式。
5. 针对不同的学生特点而区分对待。
6. 创造必要的条件（教学物理条件、教学道德心理条件和教学卫生条件等），合理调控教学时间和速度。

从巴班斯基提出的教学过程最优化理论可以看出，该理论为教师展开个人个性化的教学提供了理论依据和指导方略，以保证教师在教学过程中在教学目标的确立、教学内容的处理、教学方法的选择、教学结构的建构等方面能够做到科学判断，对症下药，付出最低的教学代价，争取最大程度的处方教学效果，亦即从系统论的角度取得局部或全局的最优化效果。

三、建构主义理论

建构主义（Constructivism）是一种关于知识和学习的理论，是综合了心理学、哲学以及人类理论学的相关理念发展而成的，它强调学习者的主动性，认为学习是学习者基于原有的知识经验生成意义、建构理解的过程，而这一过程常常是在社会文化互动中完成的，因而人们又将其视为解释说明人类学习过程的理论依据。随之，吸引了大量教育研究者的目光，他们纷纷投入到这一理论的研究中，如早期的研究代表布鲁纳、皮亚杰和维果茨基等；新近的代表古德曼、加德纳和布鲁克思。这些学者代表多年来一直深耕于这一理论的研究，由此关于知识与学习的观点中，也分化出不同的流派，较为典型的有：控制论系统观（Cybemetic System）、社会文化认知观点（Sociocultural Cognition）、信息加工建构主义（Information-processing Constructivism）和激进建构主义（Radical Constructivism）。虽然不同的建构主义流派在其认识上存在一定差异，但他们对建构理论的核心观点却产生了共识，即学习者的学习由结构性知识和非结构性经验构成，其实质是学习者自身主动建构内部心理结构的复杂过程。

建构主义者针对学习所提出的观点非常多，主要可以概括如下：

第一，学生的学习是个体自主建构知识的过程，并非教师将知识以僵硬或"原封不动"的方式灌注到他们的脑海之中，这一过程的实现只能依靠学生自身，旁人无法替代。

第二，学习者的学习从自身经验出发，对外部的信息进行收集、整理、归纳，在此基础上赋予了个体的意义，而这一意义是学习者对个人已有的知识经验与新的信息（知识）发生交叉，反复作用而建构的。

第三，学习者建构的个人意义是基于个体原有知识与经验而生的，是具有个人风格的理解。这种理解是对新的信息进行编码、建构的结果，也就是学习者因新的知识的"进入"而对个体原有知识的改变抑或调整。

第四，学习者认知结构的变化是通过同化和顺应两种途径来进行的，同化——顺应、平衡——不平衡，循环往复，相互交替，认知结构的量变是同化，而认知结构的质变为顺应。学习者的学习并非简单的（信息）知识堆积，而需要历经上述的同化与顺化的辗转相交过程，其中必然包含了新旧知识、经验的冲突、调整、重组而形成新的认知结构，这一复杂的过程是学习者新旧知识的相互作用过程，也是他们与自身所处环境的交互过程。

依据建构主义理论丰富的内容，不难发现它主张以学生为学习的中心，重视学生对知识的主动探究、发现并对新信息（知识）的建构，尤其强调对这些知识的个体意义的赋予。在教学方法上主要凸显个性化的教学，教学过程应强调新旧知识的同化与顺应，教师应重新审视个人在教学中的角色定位，充分发挥好组织者、引导者、帮扶者的作用，通过教学诊断，精准判断学生的"病因"，由此"对症下药"，利用会话、协作和环境等要素最大限度地激发学生的自主学习意识和能力，给予他们学习建构过程中最优化、最高效的"服务"。

四、差异性教学理论

差异性教学是指教师在面对一个集体中的所有学生时，应当全面详细的考虑他们在个体上的差异（如学习偏好、学习态度、学习接受能力等），并以此为基础设计出多样化的教学方案，以便于适应学生个性化的学习需求，促进他们在自身原有基础上得到充分发展、实现自主学习的教学模式。

教师实施差异性教学的前提是对学生及教学的相关信息进行搜集、判断和评估，特别是教师在其教学过程中应该关注学生已有的知识与教学内容的关系，即学生的认知结构应该与教学的知识结构匹配或最大程度地匹配，学生的心智逻辑应该与教学逻辑相吻合。换言之，就是教师在开展教学活动之前，应当"诊断"学生，找到学生的"病因"，并为之下"诊断结论"，然后再"对症下药"，这一过程不仅是学生学习新技能的前提和基础,也是提高教学有效性的有力保证。教师在教学过程中做到有据可依、有的放矢,了解学习者学习的差异性尤为重要,这样方可根据学习者的差异及其表现及时"纠偏"。美国教育家邓恩认为,智力测试可以暗示儿童的潜力;学生学业成绩(分数)只能揭示学生的学业;个性测试可以用来解释儿童的行为,但对于提供帮助儿童取得成就的见解方面却显得无能为力。因此,他认为,指导思想和诊断方法是诊断的关键。同样,教师在个人的教学实践中,应该综合各种科学合理的方法诊断学生在个体上存在的诸多差异,并以得出的个性化诊断结果为依据,设计出多样化、区别化的教学方案,唯有如此才能真正让教学成为促进学生个性化的活动。熊川武教授认为,教师实施差异性教学应该坚持"感情先行",避免唯技术倾向,这种教学能较大程度上减轻教师和学生的负担,增大成功的把握,提高教学质量,缓解学生过度的学习焦虑,增强师生的幸福感。关于差异化教学,教育界很多专家学者都有自己的看法和见解,为此也创作了许多作品,其中传阅度较高、反映较好的著作有:《差异教学论》(华国栋)、《差异教学:帮助每个学生获得成功》(荷克丝)、《差异化教学》(格利·格雷戈里),等等。

由上可知,差异性教学是一种面向学生学习特质差异的教学思想、策略和方法的总称,而非独立的教学形成。在差异化教学中,学生在学习上的差异正是教师一大教学资源,也是他们寻求教学模式最优化、高效率的突破点。差异性教学理论运用的理想表现则是教师对学生个性化的辅导,以教师承认学生学习差异为前提,教师在教学活动开展之前对学生进行学习"问诊",找到其"病症",再"对症下药",为其制定出个性化的"诊疗方案",以使此"教学疗法"达到"药到病除"的效果,促进学生的全面发展。值得一提的是,在差异性教学理论的实践过程中,教师需要重点关注的是学生个性化中可以塑造或改进的内容,而非一味地迎合学生的个性风格,为了个性而"个性"。

第三节 分层处方教学的内涵与原则

一、分层处方教学内涵阐释

实践证明,人和人之间是有差别的,而个体这种不同于他人的特点,即是个别差异,它们可通过多种形式、多种途径体现。学生在接受教育的过程中,也会表现出一些不同的学习特征,如有的学得快,有的学得慢,有的喜欢学习,有的不喜欢学习,有的主动性强、有的需要鞭策……而这些学习特征的形成,正是由于其个性所致。有研究者将学生的个性特征划分为四维八级,它们分别是:内向与外向、感觉与直觉、思维与情感、判断与知觉,而在具体的学习过程中这些特征的表现又不尽相同。个体间的差异是无可避免的,也是客观存在的事实,且它们对于学生的学习有着不可小觑的作用。因此教师在教学中不但要承认并尊重这种差异,更要深入探寻这些差异并将其运用到极致,为此教师可开展创新性的教学。分层处方教学正是在针对不同学生个体的基础上,承认差异、因势利导、发展个性,最大限度地发展学生个体的内在学习潜能。因此,分层处方教学针对不同的学生个体学习事实,教师的教学及内容不断变化,教学成了教师"对当下教学情境的有针对性地和创造性的行为"。鉴于此,教师在设计分层处方教学方案时,理应考虑以下问题。

1. 以学生客观能力为事实前提,注重个体差异

一般而言,处于不同水平层次的学生个体差异已被教师充分认可,但他们往往忽视了处于同一层次的学生在个体上的差异。因此,教师在设计分层处方教学方案时,一定要克服上述问题,发现并尊重每一个学生的个体差异,立足于他们客观真实的学习能力,安排合适的教学,以此充分激发他们的个体潜能,促进他们的全面成长。

2. "处方"的实施要适合学习者个体需要

分层处方教学一定是基于个体学习中存在的问题或"病理",教师予以"诊疗",并就"病情"给出"处方",简而言之,这种教学的组建基础和实行原则是学习者个性化的学习能力情况。但在此过程中,教师把握好"用药"的精准度,既要能够"药到病除"也要防止过犹不及,如产生厌学的副作用或让学生陷入学习低效能状态。

3. 维护学生自尊,让学习成为愿望

动机是引发人从事某种行为的力量和念头,良好的学习动机对于学习成效有着积极作用。因此,教师在实施分层处方教学时,要注意激发并尽可能持续地保持学生的学习动机。为此,教师可从如下几方面努力。

第一,应当将分层教学的实施形式、具体内容、主要目标、主要价值等告知学生,让他们对这一教学模式有一个大致的了解。由此让学生知道他们需要做什么、如何做,以及未来将收获怎样的成果,随着他们对现在以及未来学习方向的清晰把握,其学习动机也会得到显著增强。

第二,教师在教学过程中,要求并指导学生能基于客观事实来展现自己,真实而合理地评价自身的学习能力,同时教师也应该结合自己的判断,帮助学生找到个体合适的学习能力层次。

第三,在征得学生同意情况下,教师可以公开学习能力层划分结果,这样学生可以实事求是地选择适合自己能力的学习层,在教学过程中,教师可以有的放矢地针对每个层中不同的个体而给予相应的"处方"式教学,能调动学生参与学习的积极性。需要表明的是,学生处于一定的学习能力层的结果,并非一成不变,经过一定学习周期后,师生共同根据实际的学习能力再进行新一轮的调整,即让原有的学习能力层逐渐解体,新的学习能力层不断地形成。这样既维护了学生的自尊心,让他们体验到学

习的乐趣，一定程度上也调动了他们参与学习的热情与积极性。

此外，教师在实施分层处方教学时也要明晰几个重要的关系．

（1）"教"与"学"的关系

分层处方教学，是教师与学生在主体间关系下有计划、有目的的互动性活动。在此过程中，教师和学生的地位相同，均为主体。教师在教学中，如何处理师生关系，采取何种方式教学，对于分层处方教学的成效有着重要影响。

（2）"高"与"低"的关系

行之有效的分层处方教学，在推行一段时间后，势必会对学生的学习水平产生一定的影响，那些接受能力较强、基础知识牢固的学生在这一教学方法的激励下其水平往往能够突飞猛进；而有些学生知识面狭窄，接受能力较差，不太适应当前的教学模式，基于此，教师不得不为这部分学生重新分层，将适应性高的学生调往"高"层，将适应性低的学生调至"低层"。当然，层次的变动必须取得学生的同意，在教学中，教师应及时对学生的学习效果进行反馈，帮助学生了解个人学习的"病因"以及"治疗"后的最新进展，让他们体验学习中的"酸""甜""苦""辣"，收获学有所成、学有所得、学以致用的欢喜和愉悦。而在教学中，一旦出现"不正常反应"（即进步明显或无明显进步甚至退步的情况），教师和学生应当充分重视，共同找寻原因，并妥善处理，如有必要可调整学习层次，让学生在最合适个体发展的学习层中，轻松、愉悦、积极地学习，最大限度地释放他们的学习天赋。事实上，这种有针对性、指向个体的教学方法对于提高学生个体的学习能力效果良好，处于各层的学生，其能力都程度不等地在提高。

（3）课堂"内外"关系

分层处方教学是一种基于不同学生的个体差异之上展开的教学模式，它产生作用的机制是学习者个体差异性的开发程度。但，课堂教学的时间和地点一般都是固定的，几乎每一节课教师都是以"一对多"，这也就限制了学生和教师的双向互动程度，教师无法将所有的知识传递，也不能全面地了解所有学生；而学生也难以将本堂课的知识完全掌握，抑或是将完完整整的自己展现出来。从客观的角度来分析，即使是同一学习层次的学生，在个人的学习兴趣、学习速度上也有较大的差异，教师必然难以在课堂内给每个个体开好提升学习水平的"诊疗处方"，所以，为求最大限度地挖掘每一个学生的学习潜能，让他们获得超越当下的发展，教师不仅要把握好有限的课内时间，更要这一学习趋势扩展到课外，积极举办"课堂外"的相应学习活动，让在"课堂内"尚未开好的"处方"在"课堂外"得以延伸。

二、分层处方教学基本原则

基于对国内外有关分层教学理论的思考，以及实践教学活动中所取得的现有成果，可知分层处方教学在实施过程中应当遵循一定的原则。

（一）因材施教原则

子路问："闻斯行诸？"
子曰："有父兄在，如之何其闻斯行之？"
冉有问："闻斯行诸？"
子曰："闻斯行之。"

两千多年前孔子曾对两个弟子的同一个问题作出了截然不同的回答，朱熹概括这种教育方法为"孔子施教，各因其材"。同样，在西方哲学、心理学领域，也有许多类似的观点，他们认为相对千篇一律、千人一面的教学方式，针对学生本身性格、生活环境的不同采取区别化的教育方式，更有助于学生学习潜能的开发，也可以收获更丰厚的教育成果。这些都说明对学生进行分层教学是非常有必要的。

（二）个体差异原则

大海中没有两滴相同的水滴，也没有两条同样的鱼。个体之间总是存在着差异，学生亦是如此，先天遗传、后天环境的不同，使他们在学习的接受能力和进步发展上也存在着一定差异。在追求人人都做到最好的基础上，也需要接受学习结果的差异化，因此教师不仅要正视学生的差异、尊重这些差异，更要为学生制定出多样化的教学方案，以适应他们的个性化学习需求，收获最优化的教学成果。

（三）教学适切原则

教师在教学中运用分层教学法时，首先要对所有接受者（学生）的学习水平做一个全面的调查分析，再据此分层，然后对不同学习层次的学生采取针对性的教学。此外，即使学生处于同一学习层次，也不可忽视他们间的个体差异，不同的学生对于学习也有着不同需求，因此教师对该层次的学生展开"处方诊疗"教学时，必须综合考虑学生个体的身心特质，力求让每一个"处方"都建立在与其个人适切又旨在发展的基础上。当然，这种处方教学一定要让处于某个学习水平层上的学生，体会到学习的挑战性，以挖掘个体的学习潜能。

（四）发展激励原则

苏联心理学家、教育家维果茨基在"最近发展区（Zone of Proximal Development）理论"中提出：每一个学生在个人的学习发展过程中，都会存在两种水平，即现在的真实水平和潜在的水平，但二者之间存在着一定的"距离"，它便是"最近发展区"。此种"距离"的拉近，可以依靠有效的教学活动实现。因此，教师在教学中，应当重视这一"距离"，努力把学生学习的最近发展区转化为当下的真实学习水平，同时，教师应该持续不断地帮助学生建构出适合个体状况的更高水平的最近发展区，以此促使学生持续地发展与进步。但，学生高水平最近发展区的建构并非易事，需要教师和学生的共同努力，学生要乐于挑战，勤奋刻苦地学习，而教师要给予学生科学的激励以及合理适时的帮扶，唯有如此学生才能坚定不移地走在正确的学习道路上，稳步提升学习能力。换言之，在分层处方教学过程中，教师不但要做到为每个学习能力层的学生创设成功的机会，而且要最大限度地为处于某个学习能力层的不同个体创设提供进步的机会，让每一个个体在教学过程中能够将教师的激励转化为他们自我学习并体验成功愉悦的内在动力。这一激励性原则正是"以生定教，以生为本"教育理念的完美体现，教育是面向人人的，让每一个学生在轻松欢悦的学习中获得身心和谐的发展，也是所有教育工作者孜孜不倦的追求。

（五）动态渐进原则

为了实时了解学生的最新学习情况，保证"处方"的效果，在分层处方教学的推进过程中，教师还应对学生进行动态管理。接受了分层教学法的学生，在一段时间过后往往会产生一系列变化，有的学生有可能提早完成教师为该层次预设的教学目标要求，有的学生却对这一目标要求感到为难，出现此类情况时教师应当重新为他们定位学习层次。事实上，处于某一学习水平层的不同学生，他们在学习上也存在着诸多差异，教师要针对处于每一层的不同个体分别施以"处方诊疗"，以此最大限度地促进每一个个体的发展进步。然而，学生在接受了与自己适切的"处方诊疗"后，向更高学习水平层迈进的速度又不尽相同。因此，对于在短时间内难以达到更高层次目标的学生，教师除了给予他们针对性地帮扶外，也可适当降低其学习层次；对于达到了更高层次目标的学生，也可及时给予对方学习效果的反馈，以让他建构个人更高层次的学习目标。需要注意的是，层次的调整幅度和跨度不能太大，以免过犹不及，给学生的身心造成负担，教师应以学生为本为基点，动态管理不同层次的学生，科学提升每一个个体的学习水平。

第四节 分层处方教学对大学英语阅读教学的意义

分层处方教学是指教师基于不同学习水平的学生依据一定的标准进行分层，在此基础上，针对每个学生的学习特质以及具体的学习难题，科学而合理地予以"处方"教学，以取得良好的教学"疗效"，旨在让所有个体都发挥出自身最佳的学习潜能，以获得长远持续的发展。这是一种凸显学生个性、因材施教的创造性活动，大学英语教师若能够在阅读教学中完美地推行分层处方教学法，那对学生的学习水平的提升和学习潜能的挖掘将产生重要意义。

一、分层处方教学对教师发展的意义

（一）激发大学教师的创造性

教师这一角色，从事的教学活动相对固定，但也是一个极其考验执教者创造性的行业，在每个人的执教生涯中要面对千千万万个学生，他们性格迥异，有着千差万别的学习天赋、学习倾向、学习需求……教师为了实现既定的教学目标，让每一个学生都获得成长，就不得不想方设法寻求最佳的教学模式，而分层处方教学正合其意。首先依据学生的学习特质对其进行分层，然后再为不同层次的学生提供差异化的教学方案，并设置出与之相适应的考核机制，此外还应当对学生的实时发展情况进行动态管理，以便于及时"纠偏"。由此可见，这是一项较为复杂且具有一定难度和创造性的系统工程，对于其执行者（教师）也有着较高要求，唯有教育理念先进、知识面广、教学手段灵活、对教学有着高度的耐心和责任心的教师才能够发挥这一教学方法的强大功效。分层处方教学是一个较为复杂的动态过程，教师要反复进行分层→诊断→备课→上课→分层的环节优化，保证教学能够以科学合理以及有效的方式推进。由于在教学过程中，教师的针对性强，不同的学生都能获得符合"个体能及"的知识，自然"乐学"，一定程度上对教师也起着激励与鞭策作用，促使教师不断反思教学、改进教学、创新教学，使教学活动呈良性循环。

（二）应运而生的诊断处方研修生成

课程教学改革给教师带来的最大挑战是教师专业发展及知识能力和观念的更新，教师肩负着将教育理念向教学实践转化的重大责任，而教学是教师实施教育的主要途径，教师教育教学水平的高低不但直接影响着教学改革的推进，也体现着教师专业发展水平的高低。分层处方教学是教师在个人教学过程中，立足于学生真实的学习水平，在科学合理的基础上，着力提升学生学习水平的一种创造性的实践活动。教师关注学生"学"的行为增多，同时教师也须不断地反思个人的教学行为，改进教学、优化教学，这一创造性的活动必然有效地拉近了师生的距离。教学与科研是大学教师的主要工作，教师基于个人教学以提升学生学习能力为目标开设的"处方"，不但是学生发展的诉求，也是教师教育教学研修的最好切入点。教师个人的教学课堂是最好的教育研究"实验室"，通过对学生的"诊断"和"治疗"反思个人的教学设计、教学行为，展开与之相应的教育学术研究，以教促研、以研助教，从而升高教学水准、提升教学效益，促进教师专业化发展。

二、分层处方教学对学生学习的意义

（一）充分调动学生自主学习的热情

分层处方教学是一种基于不同学生的学习特质，为其"量身定做"的教学方式，以个性化的"处方"和"诊疗"计划推进实施。于学习者来说，得到了适合自身发展的"处方"，在日常学习中只要谨遵"医嘱"便能够得到较好的发展。同时在这一"私人处方"背景下，他们可以跟随教师长时间系统地参与研究与学习，由此可以获得更为全面的发展，收获更多学习益处，如增进对自身的了解、完善自身知识体系的构建、师生关系更为融洽等。在一定程度上说，分层处方教学肯定了学生发展的无限可能性，并强调学生在教学中的主体地位。在如此开放自由的大学学习之风下，教师根据学生的学习进步程度，要对其调整相应的水平层，也意味着教师要不断更新和调整相应的"处方"。学生可以接收到新的知识，特别是新的思想，在不断地进步中他们也将体会到更多的学习乐趣，由此势必会更加热爱学习，积极主动地参与到教学活动中去，获得更为全面的发展。

（二）能使学生的语言能力循序渐进

在语言学习方面，美国语言学家 Stephen D.Krashen 认为，"理解性的输入"是语言习得的关键和必要点。因此，他提出了著名的 i+1 公式：其中 i 指代的是学习者当下实际语言能力，而数字 1 指代的是略高于他（她）当下的语言能力。即学生所面对的语言知识与他们当下的语言能力存在一定距离，虽然一部分内容能够理解学习，但总会有一些知识是超出自身理解范围的。也就意味着学生的语言学习必然如同维果茨基在"最近发展区"的论述一般，要获取新的语言知识，学生得"跳一跳"来摘取到"桃子"（新语言知识）。在学习语言过程中，若教师为学生设置的语言课程为 i+2（即远高于学生当下的实际语言能力的课程），面对很多自身无法理解、掌握的知识，极易让学生产生挫败感，长此以往会让他们陷入焦虑、沮丧之中而无法自拔，从而丧失学习乐趣和兴趣；同理，若学生接受的是 i+0（即与学生当下实际语言能力相当的课程）的语言教育，面对着这些可以轻易掌握的语言知识，学生会感受到学习内容的贫乏、毫无挑战，于他们自身的进步和发展也几乎没有作用。而分层教学，正是解决这一语言学习难点的有效途径。教师在进行语言教学时，首先需对学习者的语言能力做一个真实客观地评估，然后以此为基础将他们划分到合适的学习层，再依据不同层级来进行差异化的教学。在教学实施过程中教师必须遵循这一原则，即学生新接触的语言课程难度，既不能远高于也不能等同于他们当前所处的学习层，应当保证新知识具备一定的挑战性和良好的学习效能。而处于同一学习水平层的学生，在个体上同样有着差异，教师必须重视个体的不同，在原有学习层的基础上对个体的语言输入进行灵活调整，以便于最大限度地符合或接近学生的学习特质或学习需求。不难发现，分层处方教学基于学生学习水平层次宏观分层后，进一步针对学生个体当前学习水平状况，施教与学生已有的认知结构相匹配的知识内容，对症下药予以"治疗"，有的放矢、循序渐进，让学生能够获得优于当下的发展，这正是大学英语阅读教学的精髓所在。

第五节 大学英语阅读分层处方教学的路径与策略

《国家中长期教育改革和发展规划纲要》（2010-2020）明确提出创新人才培养模式的要求，指出要"适应国家和社会发展需要。遵循教育规律和人才成长规律，深化教育教学改革。创新教育教学方法，探索多种培养方式……注重因材施教。关注学生不同特点和个性差异，发展每一个学生的优势潜能"。近年来，我国外语教育领域，包括高等教育层面的外语教育和教学，正在推进全面而深入的改革。此次改革内容涉及面广、指向性强，包括外语教育的方针政策、基本原则、教育理念、教育实施以及教育评价等诸多方面，关系到我国广大青少年学子的成长成才和可持续发展。于外语教师而言，新一轮的教改和课改提出了许多新的、值得关注的教育理念和教育原则：强调学生个性发展的"以人为本"的教育观念与教育思想；强调外语学习要指向学生未来可持续发展；强调外语语境教学、交际教学与综合全面评价理论的借鉴与引进。由此可见，国家教育改革的推进和发展，对大学英语教育提出了全新的挑战与更高标准的要求。为此，承担着大学英语阅读教育一职的教师，必须重新思考教学路径，而分层处方教学，正是一剂适应新时期人才发展需求的"良方"，教师要做的是如何充分利用这一模式，最大限度地开发学生潜能，激励其全面成长。

一、自觉接纳分层处方教学的理念

大学英语阅读分层处方教学是建立在尊重每一位学生和学生个体差异的客观事实基础上，追求学生共同进步和全面发展的一种教学理念，同时也是对"以人为本"人才发展观的完美体现。

处方教学强调教育是面向人人的，教师应当尊重所有学生，正视他们在个体上的差异。主张教师应当具备人道主义情怀、爱护学生、关心学生，无论他们成绩的好坏、天资的高低都一视同仁；为他们提供更为合适的教学方案，满足他们多样化的学习需求，最大限度地开发他们的个体潜能，促进他们的全面健康发展，这才是有着"教育之魂"的教学理念，也是每一位教师都应当不懈追求的教育理念。人的任何社会实践都是意识先行，内心真正认可和接受的理念才会自觉自愿地去尝试、实践和推行。教学理念是指引教师言行的重要意识，因此它非常重要，但其形成并非一蹴而就的。而一个长期持续的动态过程，是以教师的教学实践活动为基础，通过内因与外因的相互作用，加上合理的反思逐步构建而成的。教师首先要全面深入地了解大学英语阅读分层处方教学的内涵以及价值（包括潜在价值），并真正的认可、接纳这一教学法，才能成为其拥护者和推行者，才有可能收获其最终的教育价值。因此，自觉接纳分层处方教学的理念是具体实施这一教学方法的信念引领。

二、积极建立互信和谐的师生关系

师生关系不仅是教学活动的重要前提，同时也是制约教学效果的重要因素之一。师生关系状况直接影响课堂教学气氛，影响教师教与学生学的积极性，从而对教学效果产生重要影响。由此可见，互信和谐的师生关系也是大学英语阅读分层处方教学开展和推广的基础。

其一，教师只有在取得学生的高度认可和信任的情况下，才能真正走进学生内心，倾听他们学习英语的切身感受，对学生的英语阅读学习水平有一个较为全面的研判，客观分析学生英语阅读主要问题产生的根本原因，从而给学生提供针对性强、效果显著的教学"处方"。

其二，学生只有在对教师及其教学方法产生信任的情况下才会积极主动、全面落实教学"处方"的各项具体指导建议，充分发挥学习活动中的主体性，更好更快地提升学习效果。

鉴于此，在阅读教学实践中教师应当努力构建互信和谐的师生关系。日常生活中，教师应当忘却"教师"这一不同于学生的身份，积极融入学生群体，充分了解他们，成为他们生活与学习上的"好伙伴"，并给予他们适时的帮助，在长期以往的真诚的互动交流中逐渐缩短与他们的距离，构建起互信和谐的关系。这种良好的师生关系一旦构建成功，对于教学工作的开展是十分有益的。教师对学生有了全面深入地了解，能够为他们制定最为合适的教学计划，解决他们的问题难题；而学生完完全全地信赖教师，愿意跟着教师教学步骤的推进前行，有问题难题时会主动寻求教师的帮助，如此一来"教"与"学"变得轻松、和谐、融洽，教学的质量自然会稳步提升。只有这样，大学英语阅读分层处方教学才能有效实施。因此，积极建立互信和谐的师生关系是大学英语阅读分层处方教学实施的重要前提。

三、努力建构完善的知识结构体系

于一个合格的教师而言，必须具备一定的专业知识和教育学知识，这两者也是教学活动顺利开展所不可或缺的基础。外语教学有其独特的教学规律与特点，对教师的要求自然有别于其他学科领域。

第一，教师的英语专业知识必须扎实，对于英语阅读、词汇、句法，甚至语音语调都要表现出专业水准，这样才能在教学实践中厚积薄发，逐步获得学生的认可和信赖。

第二，教师应当掌握英语教学理论、教育心理学等相关教育知识，并加强对于英语母语国家历史文化、风土民情的了解和学习，善于总结归纳典型教学案例，为后期教学策略的制定与推行提供指导，并不断优化教学的内容和形式，为学生提供更高效的教学服务。

总而言之，无论是主体性的英语专业知识积累薄弱，还是条件性知识的教育学理论欠缺，都会阻碍大学英语阅读分层处方教学的正常运转，使其效能大打折扣或者被迫中止，教师自然难以完成自身的教学目标，学生也无法获得发展。基于此，教师应当不断提升自己的英语专业水准，丰富自身的教育教学理论，寻求个人知识结构体系的完善和优化。

四、合理进行教学分层与教学诊断

大学英语阅读分层处方教学开展的关键和要点有二，一是合理分层，二是科学诊断。

教师在开展大学英语阅读分层处方教学之前，需建立学习水平层，并将学生分配到合适的层次中。而这一过程，可借助对学生初始水平的考评实现，即了解他们在接触新的英语阅读知识前所具备的知识技能基础，以及对相关学习内容的认识与态度。学生英语阅读的初始水平与教学预设的标准水平中间的差值就是学生的学习需要。教师应根据学生英语阅读的初始水平（如大学英语四六级、托福、雅思等信度与效度均获得公众认可的考试中的相关试题）对全班学生进行前测，有条件的还可多次进行同等难度的测验，以确保测试的信度，从而让分层更为客观合理。

无论是哪一层教学阶段，对处于同一阶段的学生英语阅读水平均有着相同要求，但即使如此学生的阅读能力依旧千差万别，不同的学生有着不同的学习需要既是客观事实，也是无法避免的教育难点。因此教师要通过设计调查问卷、深度访谈、有声思维等方式关注和了解学生的个体学习特质，诸如兴趣爱好、学习速度、学习态度、学习动机、心理状态、情绪控制能力等差异，对其英语阅读水平和现存主要问题进行较为科学与合理的诊断。

五、实施针对性教学处方指导学习

大学英语阅读教师完成了上述分层、诊断工作后，便有了实施针对性教学处方指导学生学习的依据。具体的教学处方可分为如下两部分。

第一，根据初始水平和英语阅读教学的不同阶段，对每个水平层的学生阅读出现的共性问题在课堂上集中讲解，即开设"一般性处方"。对学生的阅读基础能力进行全面性的指导，如资料选择、解题思路、词汇的积累、目标的设立等，主要遵循"隐性分层"（不公开学生分层情况、也不主张私下教学）、循序渐进、由浅入深的教学原则，逐步解决学生在英语阅读过程中的基础性障碍，促进学生共同进步。

第二，在课后针对每个水平层不同学生各自的具体问题再给予"针对性处方"。明晰困扰学生英语阅读能力提升的难点重点，再结合学生个体的学习特质针对性的开设"私人处方"，帮助他们攻克英语阅读知识的理解和实际运用中的所有问题，切实提高他们的学习有效性。

从教的层次而言，大学英语阅读分层处方教学是一种立足于最近发展区教学理论的教学。教师要成功实施针对性教学处方指导学生学习，势必要明确哪些教学内容属于现有发展区的问题，使学生通过自主学习就可以全面把握知识要点；哪些教学内容属于最近发展区的问题，在没有教师指导或同伴互助的情况下他们难以获取的知识。尤其要强调的是，教师对学生学习策略指导的主要目标是转变学生对于自身能力的消极看法和不良态度，让他们将重心完全放在提升学习方法和策略的有效性上。为此，教师从如下几方面努力：

1. 向学生阐明英语阅读策略的具体内容，以及运用此类策略可以得到的阅读益处和预期效果。

2. 借助典型的英语阅读案例，向学生展示不同阅读策略的使用方法和运用过程，然后让学生进行实战演练，并当场反馈出运用效果。

3. 督促学生学以致用，将所学的策略积极进行实践，将它们广泛运用课内、课外的各种阅读训练活动中，并动态监督他们的运用情况，给予适时的帮助和诚挚的肯定，让每一个学生能够在不断进步中收获学习的欢悦，从而激发他们对英语阅读的热爱，引导他们积极自主地学习。

4. 鼓励学生养成反思总结英语阅读策略学习经验的好习惯，强化他们对学习策略认识的深度和广度，引导他们找到最适合自身发展的英语阅读学习方法，并能够在具体的阅读训练中不断检验、优化，最终达到自我"诊断"、自我"处方"、自主学习的良性循环的教学效果。

由此可见，教师根据学生英语阅读水平层属和具体呈现问题，针对性地实施教学指导是大学英语阅读分层处方教学的灵魂与精髓。

六、加强教学理性反思与自觉实践

大量实践表明，教师职业能力的有效提高可通过实践活动中的教学反思来实现（重要途径之一）。大学英语阅读分层处方教学作为一种有效教学视野下探索性的教学实践与研究，对于教师的思想认识、专业教学能力有着更高要求，需要教师在实践中不断反思成长，承担起新时代的教书育人的重任。具体而言，教师要善于在教学过程中，针对不同英语阅读水平层面不同特点的学生评估与分层依据、学生个体学习问题的"诊断"与"处方"的适应性和有效性，以及具体个案呈现出的规律性和特殊性，从而加强教学理性反思并进行自觉实践，积累和优化"分层""诊断""处方"等方面的经验图式，不断改进自身的英语阅读教学水平。在这一过程的具体推进中，教师通过对大学英语阅读分层处方教学实践进行理性反思和自觉实践，不仅可以深化他们对教学的认识，进行合理性的批判、思考、分析，追寻其背后的理论支撑和教育价值取向，还有利于拉近他们与学生的距离，形成和谐融洽的师生关系。也唯有如此，教师才能透过表象看到教育教学的本质以及更深层次的问题，思考教学实践的重要性，真正明确并自觉承担起自己教书育人的专业责任和教育职责。由此可见，加强教学理性反思与自觉实践是有效实施大学英语阅读分层处方教学的动力源泉。

综上所述，大学英语阅读分层处方教学研究尝试为大学英语阅读教学提供有意义的指导。大学英语阅读分层处方教学从其他教学方法中汲取了诸多优点，且与它们是相容的。这一教学法是对"以人为本""因材施教"等教育理念的成功探索和有效实践，主张充分发挥教师和学生在教与学中的主体地位，强调师生之间能够和谐相处、共同进步，一起构建轻松、愉悦的教学环境，收获更为丰厚的教学成果，成为更专业的英语阅读教师和学习能力更强的人才。

第四章 基于认知隐喻视角的大学英语阅读教学

第一节 隐喻与认知

一、隐喻思维对人类认知的意义

作为一种基本认知能力，隐喻是人类特有的一种思维认知方式，修饰性是其显著特征，具体表现在烘托文学作品的诗意，使得语言表述起来更加具有趣味，增强表达效果。从认知思维的角度出发，隐喻便于我们认知语言的发展和演变历程，有利于积累认知经验，完善相应的概念系统，帮助人类用一个全新的视角去认知和理解事物。

在科技领域中，许多学术语采用的都是隐喻的方式，将抽象的概念实体化，便于人们的理解。比如生物学中常见的"海马（seahorse）""毒蜘蛛黑寡妇（black widow）""瓢虫（ladybird）"等，命名方式利用的就是隐喻的形式。再如在生活中，通常运用人体器官对科技术语命名，如"电话耳机（telephone ear）""图钉（thumb pin）""螺栓头（bolt head）""螺母头（screw head）"。

学者在论证观点或者表述抽象思维时，通常会使用到隐喻性语言，这种思维方式常常用于探究科学世界。比如，相对论就是运用隐喻性思维得出结论的典型例子。

隐喻最初用于语言表达的一种修辞手法，它是对隐喻性思维的拓展，有其内在的规律性，随着人类认知水平的发展而发展。隐喻修辞被运用到人们对事物的认知，隐喻思维被用于新事物的探究。隐喻与人类的认知息息相关，二者是互为促进、相互补充的关系。

二、语法隐喻的认知观

自上世纪八十年代以来,有关隐喻的讨论就不绝于耳,一度出现"隐喻狂热(Metaphor mania)"现象,推动隐喻理论的迅速发展,部分学者试图从历史学的角度挖掘隐喻的来历和演变过程,人们对语法隐喻的认知有了较大的提升,具有代表性的是韩礼德语法隐喻的认知观。

首先,美国系统功能语言学的语义理论是在欧洲系统功能结构语言学基础上的再创新,是在构建功能主义系别。但是,由欧洲语言的词汇结构系统的功能意义所形成的人类意识潜势论(meaning potential),同时也是重建人们意识的主要工具。但是,语言隐喻理论和意识隐喻理论有着相同的基础立足点,即人类语言的功能并不是单纯地表达世界,而是运用思想机制去理解世界并建构真理。构建主义理论认为,世上压根就不存在纯粹的真相(dry truth),人类认识到的多是相对的真理(relative truth)。而语言隐喻理论和认知隐喻理论的不同之处,在于二者研究方面各有侧重点:语言隐喻理论更注重于解构话语体系,所使用的都是历史探究手段,以追溯语言建构社会的进程;认知隐喻理论旨在揭示人类的认知模型。二者在某些方面具有共通性。

其次,从语言隐喻的视角探讨隐喻问题,把隐喻工作机制引入词汇语言体系,一方面,人们就可以理解语言隐喻所涉及各种领域的内部语义特征,从而分析各种知识领域内部语义特性的相互融合关联;另一方面通过将一个隐喻现象置于整个语义体系,就可以构建起关于某种抽象概念和意识形态的机制。因此相对认知隐喻,语法隐喻的优点在于从抽象的角度分析隐喻性机制,而不是局限在少数隐喻之间的兼容或者不兼容等问题。在语法隐喻理论看来,如果以"Knowledge is water(知识如水)"的隐喻为例,词汇背后还存在更高层次的隐喻,这就是隐喻语法在发生效果。示例如下。

Knowledge begins to grow when one's thoughts can be communicated by language. Knowledge began to accumulate in a systematic and planned way. The trickle became a stream; the stream has now become a torrent.

在上述句式中,"trickle""stream""torrent""increase""accumulate"等词汇构建了"知识是水"的概念隐喻,揭示了知识积少成多的哲理。语法隐喻机制在认知隐喻中有重要作用,具有过滤功能,使语言词汇运用隐喻的手段提高人们的认知。

第二节 认知隐喻理论的基础与特征

一、认知隐喻理论的基础

肢体、颜色等固然是人们传递信息的手段，但最主要的交流工具还是语言。比如，"我们徒步了许久，已经十分疲惫""我们处在一个伸手不见五指的黑夜，没有了方向感""饿了想吃饭、困了想睡觉"，等等，表达起来较为简单，这是因为这在日常生活中是常见的，对于我们来说记忆犹新，在脑海中有了关于这类事物的非隐喻概念（literal concept），我们可以用精准而又简单的话语概括这类事物。

反观抽象的事物。情境一：两个人谈了好几年的恋爱，却仍未结婚，过程十分曲折。这是因为爱情多涉及精神活动难以直接表达，这时候人们会求助一个"把手（handle）"，用有形的事物解释无形的恋爱，说爱情犹如长跑，不知何时是终点，这里的"长跑"就成为"把手"。情景二：公司领导层不参与企业的战略决策，老板不告诉员工自己的想法，员工对此没有头绪。就可以说"老板总是将员工蒙在鼓里"，这里的"鼓"也相当于一个三维空间的"把手"。情景三：在聚会的过程中受到冷眼，回去告诉父母，父母安慰你。这里参加聚会可以说"受到冷遇"；父母安慰可以说"感受到温暖"，这里的"冷暖"就是一个"把手"。情境四：竞选连任班干部落选了，可以说"下台了"。

上述事件表明，当人们遇到抽象的概念时，倾向于借助熟悉的事物来表达。再举个例子，当有人问"What is life？"，可以回答"Life is stage"。由于"Life"十分抽象，所以可以用"stage"这个具体的"把手"来解释。

人使用隐喻的能力似乎是天生的，不必过于进行后天的语言训练和需要卓绝的文学天赋。在一般人看来，古人写诗歌、做文章是了不起的能力，但上述例子也说明，隐喻渗透在生活的方方面面。"如果隐喻有文学色彩的话，那么每一个人都是诗人"，有学者将人使用隐喻的能力称为"Poetic Logic"。

人天生就能使用隐喻，为语言赋予了生机，利用具体的"把手"来表述抽象的语言来进行人际交往。比如，可以说"Life is stage"，也可以说"Life is a river"，或者说"Life is a dream"。有关抽象的"Life"，可以用熟知的多种"把手"来表达，这样就有了关于"Life"的更多理解，认知水平也自然而然得到了提升。说"Life is a river"，体现人生的漫长；说"Life is a dream"，则体现人生的短暂。对于所要表达的事物，我们可以选择自己认为适合的"把手"。

隐喻赋予了语言活力。当隐喻并非很明确时，这给读者留有一定弹性的想象空间，为语言增添了一份意境。事实上，对于"人生犹如一条河流"的理解，不同文化背景、知识结构的人可能存在截然不同的看法，有人认为是"河流的奔腾直下"，有人认为是"河流的蜿蜒曲折"，有人认为是"河流欢快的一面"；对于"人生是一场梦"的看法，有人认为"梦具有空虚的一面"，也有人认为"梦的无忧无虑性"，基本认可"人生的短促"。由此看来，有时离开了文化共识，反而是能激发人的文学创意，隐喻可以从多个角度进行解读。以句式"The theory has thousands of little rooms and long, winding corridors"为例，从"thousands of little rooms"以及"long, winding corridors"似乎可以得出理论十分复杂的含义，认为理论犹如上千个房间以及长长的、弯弯的走廊，那这是理论的全部解释吗？有学者指出，上千个房子的每一所房子似乎都不重要，但加在一起就显得尤为重要，这符合我们的认知体系。相比于逻辑语言，隐喻的世界更具有生机，能够激发人们对现实事物的求知欲。

在上述示例中，人们寻找抽象概念的"把手"多与自己的感知有关，比如"黑夜"与视觉有关，"冷暖"与触觉有关等，人的认知能力似乎和人体存在紧密的关联，人体的参与使得人们表达抽象的事物更加简便。对于"人生是一场舞台"，舞台并不与人的感官直接挂钩，它要更为复杂，承载与文化相关的丰富内涵，这导致隐喻对于没有见过舞台的人来说毫无意义。一般而言，与人体感官相连的"把手"充当人们认知事物的"媒介"。不同于传统语言，认知语言学重视人体与心智的联系，强调人的体验感（Embodiment）。

二、传统隐喻理论的基本特征

传统语言学并没有关注人体和心智（Body and mind）的联系，也没有对二者进行深入的研究。对于隐喻，人们通常认为是用来描述两个相似物，是对客观事物的对比，无须人体和思维的参与。在很多学者眼中，非文学领域并不存在隐喻，有关传统理论的总结观点如下。

1.For most people, metaphor is a poetic imagination and a rhetorical flourish, an extraordinary language, not an ordinary language.

2.Metaphor is usually considered a feature of language itself, a kind of language rather than thought or action.

在传统隐喻观看来，隐喻并非市井之人使用的语言，而是文人之言。学者从未将文学领域外的隐喻当做一回事，他们乐于分析的是《史记》的隐喻、《红楼梦》的隐喻。之所以会出现这种偏见，是因为学者在解释隐喻时常使用"比较理论（Comparison theory）"，关注的是两个客观事物的对比分析，将人体和思维排除在外。有学者使用"The roses on her cheeks"概括传统隐喻观。

一方面，传统理论将隐喻视作修饰的语言，比如"roses"旨在让语言更加生动形象，给人带来愉悦心理；另一方面，在传统理论看来隐喻并不涉及思维，使用"roses"仅仅是一种语言的选择，也可以用其他词汇代替。此外，"roses"的颜色与"cheeks"颜色相近，更容易在二者之间进行适当的比较。最重要的一点在于这两个事物都是客观存在的，并非自由的选择。

综上所述，传统理论将隐喻视为一种奇特的语言，专指文学领域，其属于语言范畴，无关思维。

三、认知隐喻理论的基本特征

与传统隐喻理论相比，有学者将认知隐喻理论特征概括如下。

1.Metaphors are so common that we use them unconsciously and automatically that they no longer belong to literature alone.In fact, metaphors in literature also rely heavily on metaphors in daily life.

2.Metaphor is not only a question of language, but also a question of thought.

由此可见，认知隐喻理论与传统隐喻理论的结论完全相反。在认知理论看来，隐喻处处可见，存在所有类型的语种当中，并为文学领域独有；此外，认知隐喻理论将隐喻视为一种思维现象，这一观点与传统隐喻理论截然相反。

充分的证据表明，隐喻与我们的日常生活息息相关，在生活中比比皆是，具有一般性和普遍性特征，无需依赖语言天赋。在交谈或写作的过程中，隐喻会不经意地跳出来，我们时刻都在使用隐喻。

隐喻形成的条件包括两个客观事物的相似性，但相似性并不是隐喻概念的基础，人类的主观认知才是。隐喻是人类在实践活动中长期积累的经验的产物。比如"I am really low these days"中的"low"就是一个隐喻，这是由于人们情绪低落时心情处于一个下降状态。在高兴时我们通常说"I am in high spirit"，这与人的体位在心情愉悦时呈现上升状态有关。

在认知隐喻理论看来，人们对外部的主观感知是形成隐喻的前提，藏在人的思维方式当中。在对某一抽象概念进行表达时，我们在下意识地思考下脱口而出。因此，隐喻的语言并非冥思苦想的结果，而是人们思维诱发的产物，该过程被称为"Motivation（理据或动因）"。随着人们生活经历（Embodied experience）不断丰富，逐渐学会使用隐喻来表达抽象概念，具有宽泛性特点。在认知语言学家眼中，"万物皆可隐喻"。因此，认知隐喻理论的一般特征归纳为：隐喻是普通语言，而非奇特语言；隐喻既属于语言范畴，也属于思维领域。简而言之，隐喻为语言和认知架起了沟通的桥梁。

第三节 阅读中的认知及隐喻思维

一、阅读的认知本质

阅读是人类获取知识和信息的重要渠道，在大学英语阅读教学中具有重要作用。想要完成阅读理解，首先要了解文本的语义，这对读者的知识储备和人生阅历有一定的要求，考察读者对语境、语法的掌握程度和逻辑思维能力。在阅读的过程中，读者脑海中有关知识的蓝图会不断完善，在现有的知识基础下对新知识内容进行理解。

二、人类最基本的认知方式——隐喻思维

随着认知隐喻理论被广大学者接受，他们逐渐认识到隐喻的本质是关于人们思考和行动的问题，涉及知识的形成与建构等问题。隐喻无处不在，存在于人们的思维和行动当中，成为人们认知、思维、经验、语言和行为的基础。作为人们认知世界最基本的方式之一，隐喻帮助我们建构认知系统。

概念和范畴是人们认知世界的前提，二者具有隐喻性这一根本特性。事实上，诸如时间、数量、变化、目的、情态等英语的基本概念，都来自隐喻，这些概念也被称为"隐喻概念（Metaphorical concept）"，在此基础上构建的语言表达系统叫做"隐喻概念系统"。比如"知识是建筑物"，由此衍生出"知识的学习需要打好基础""需要搜集更多资料来完善知识结构""知识框架一旦形成，就难以撼动"等，都属于隐喻概念系统。

人类的认知包括两个层次。第一，前概念（Preconception），包括感知和身体行动，具有基本层次结构（格式塔感知和感知神经活动）以及肌肉运动知觉形象图式（Kinesthetic image schemas）两种构成方式。其中，肌肉运动知觉形象图式是人们日常生活中反复出现的一种简单视觉结构。第二，概念认知，具有抽象性、意识空间（Mental space）和理想化认知模型（Idealized cognitive model）等特征。在前概念结构不多的领域，也常常被隐喻扩展以建构结构，因此隐喻在概念结构的形成作用十分明显，它将经验与认知有机地结合在一起。

范畴化能够辅助我们加深对物质世界和精神世界的理解，提升认知水平。经长期的研究发现，范畴化并非简单地将同性质的物质集中起来，它是采用基本层次、家族类别等手段进行的，通过隐喻将信息提取以加深信息之间的关联性，从而达到认知世界的目的，多体现在抽象物质和虚拟物质当中。

利用范畴化认识世界的过程，本质上也是一个隐喻性的过程。我们在不同时空节点获取的感知与我们现有的认知经验结合起来，利用隐喻概念这一媒介实现概念的建构。感知系统通过在不断的调整和适应下逐渐建立起了一个基于已有的概念图式而获得的认知结构。

第四节 篇章隐喻在英语阅读教学中的应用

一、主要概念的界定及其相关关系

（一）概念的界定

1. 篇章隐喻

隐喻包括人际隐喻和篇章隐喻，后者类似于一种认识社会现实中物质的思维方式，具有显性的语法概念。所谓篇章隐喻，指通过一定的衔接方式，以形成隐喻的基本框架和语法形式。

2. 篇章博喻

篇章博喻，指在根隐喻的基础上衍生的一系列相关子喻体，以建构篇章的过程，它不再局限于传统意义的修辞格意义，而是上升至句际层次，主动介入篇章结构的隐喻思考。从与子喻体关系的视角，根博喻以两种视角来展开整个篇章：其一，根隐喻与子喻体之间和子喻体对根隐喻接受者所呈现的语义联想网络有关联，并保证了语义的相互承续；其二，各子喻体之间虽然保持着单向映射联系，但却有着一同为所描述的主体保证语义的相互衔接性。

3. 寓言式隐喻

寓言，通过讲述神话故事，以实现说服、教化等目的的文学。关于寓言故事是否构成了隐喻式篇章，在学术界一直有着不同意见。从泛隐喻观角度考虑，比较于绘画、舞蹈等，寓言故事更具有隐喻性质。寓言式文章的隐喻方法主要有二类，第一，寓言式文章以隐性篇章形式出现，全篇都没有出现文字阐述的主题，仅是通过讲述某个虚构故事来对文章加以扩展，并循序渐进说明了某一哲理。第二，寓言故事以显性篇章的方式出现，主题或喻底多出现在篇首或者篇尾，在故事的中间部分，常常出现单项式隐喻、混合式隐喻或博喻等语段。相比来说，第一种想象更为常见，寓言故事很少出现直接阐述主题的情况。由于寓言式篇章的喻底不常出现在文本当中，呈现一种隐性状态，因此将寓言式篇章视为尚未发育成熟的隐喻式篇章较为恰当。

4. 博喻式篇章

博喻式篇章，以博喻的形式建构而成篇章，要求属于篇章的主体部分。如果仅属于次要部分，大部分内容为一致式语义，则篇章最多算隐喻式篇章的一种特殊形式。从致密性角度看，博喻式篇章分为密度高的博喻式篇章（整篇文本由连贯的博喻句构成）和密度低的博喻式篇章（博喻句贯穿文本的始终，但呈现的是分散状态）。

5. 隐喻式篇章

从某个角度而言，隐喻式篇章属于上义范畴。一切包含隐喻的文本，无论含有多少单项隐喻和混合式隐喻，都能被视为隐喻式篇章。寓言式篇章也能归为隐喻式篇章的下义项。由于其范围过于宽泛，缺乏一定的衡量标准，在研究时常选择其中一个变体。

（二）概念间的关系

1. 篇章隐喻与博喻式篇章

从语义构成来看，篇章隐喻侧重隐喻，博喻式篇章侧重篇章。但由于篇章隐喻是隐喻在文本的扩展，涉及句际间的连贯问题，也会呈现如同博喻式篇章一样的篇章性特征。因此，当提及"篇章隐喻的连贯、修辞结构"时，需要注意篇章隐喻与博喻式篇章之间的互通性。

2. 篇章隐喻与篇章博喻

篇章博喻，将隐喻与篇章有机结合在一起，能够构建起以篇章为基础的关联模式。篇章隐喻是基本定位，篇章博喻用于实务操作。在分析博喻时，需要考虑篇章和相关属性等问题，离开篇章谈博喻毫无意义可言。博喻性篇章，采用的是隐喻链方式，具有"篇章性"和"隐喻性"双重特征。相比于篇章隐喻，篇章博喻具有简洁、直接解释和代表力更强等优势。

在实际运用方面，当人们提出篇章隐喻概念时，更多重视的是文章的宏观视角。应用于文章中博喻概念时，注意其在含义方面的某种"理想化认知模式（Idealized Cognitive Model）"。对于研究篇章隐喻，有着如下优点：

第一，篇章隐喻是对传统文章博喻性的理论升华，扩大了视野。传统意义中的博喻仅是隐喻的下位项，且带有显性特征，在结构文章时多以隐喻式连贯的视角解读文章语义；而篇章隐喻则可兼顾文章的语义与句法。

第二，篇章隐喻研究和篇章博喻是目的与手段的关系。对博喻和延伸的变体进行研究，有利于剖析篇章隐喻的内部结构。

第三，篇章隐喻的研究与当今国际相关的前沿成果相衔接。现阶段，由于国内外并未出现有关语义、语法等角度的跨学科专著，掀起了对篇章隐喻研究的热潮。

第四，篇章隐喻，其实就是对文章博喻的丰富、补充与完善，除关注语义以外，作者还要通过语义突出型的模式性综合征链和句法突出型的创新性综合征链等思维，对文章隐喻展开深入分析。

二、篇章隐喻在英语教学中的实际应用

（一）在语篇分析中的应用

篇章隐喻被广泛应用于各种学术篇章。从认知语言学视角分析，分析语篇的过程类似于"解码"，是通过阅读理解的方式实现知识输入的过程。对学生来说，隐喻是学生在新旧知识之间建立有效连接的重要手段。这些结论都建立在三大假设之上，具体如下。第一，经验并非是对现实生活的直接描述，需要人们去表达和理解；第二，在学习的过程中，一定规则或图式的语境在加工的基础上影响我们的理解方式；第三，在部分场合，我们可以改变语境来提高学习效率，从而完成旧知识到新旧知识的转变。隐喻的作用在于为从已知到未知、从已给出的理解语境到被改变的理解语境提供一个理性媒介。想要完全结构某篇章的隐喻，一般流程为：语境过滤——甄别根隐喻——筛选子喻体——分析喻体之间的衔接方式——找出喻底——整合宏观结构。在此基础上将理论应用到篇章分析当中，并以此指导我们的实践活动，增加一些具有可操作性的强化训练，帮助学生摆脱思维定式，激发学生的创新意识。

1. 语境过滤——理解隐喻的前提

系统化的认知语言学研究指出，当解析某个语句的字面含义时，如果它和语境并不相符时，该语句就会被喻意替代。这也意味着在完成解码之后，又是一个概念和交际，而此时的编码结果并不正确。隐喻加工的基础，就是对组成成分的自上而下的意义观。其实，如果读者预先掌握了篇章的言外语境和言内语境，就可以大大缩短加工时限，迅速地进入到第二阶段。

2. 甄别根隐喻——扩展隐喻的基础

有学者将隐喻分为深层隐喻（Deep metaphor）、表层隐喻（Surface metaphor）和超层隐喻（Meta-metaphor）三个层次。层次隐喻好比一副指导语篇结构的蓝图，得以体现在篇章中的表层隐喻当中，这一过程被称为"主隐喻与次隐喻的搭配（A master metaphor aligning mini-metaphor）"。表层隐喻，可以明确地被表达于文本之中，通常暗示着二个事件的类比性或相似性，在潜在的深层隐喻的运作前提下与其表层结构联系在一起。而超层隐喻侧重创造性，可以拓展人们的语言空间和理解蓝图，有时也通过与具体事件和更大的原概念建立连接，可以拓展参考框架。

对于博喻体而言，当根隐喻句子在语境中得到确定后就会发散为许多语句，所以把根隐喻的基本隐喻与子喻体的部分区别出来是很有必要的。但一般来说，博喻性文章分为显性与隐含二个形式，前者常位于博喻链的起点，通常用于延伸式文章；后者则位于本体的话题与喻体之中，并作为平行式篇章，在实际使用的过程中进行了展示。而除总的字根隐喻之外，相互平行的子隐喻又具有各自的基本隐喻，并且还可以

在相互平行的状况下加以扩充与拓展。

基本隐喻具有抽象性、概括性和衍生性，属于类属层范畴，这直接导致了其"不可化约性（Irreducibility）"。隐喻之间存在一定的联系，所以不可能损失自身内容而转化为字面性描述。由此看来，基本隐喻对博喻篇章具有统领全局的作用，在这个过程中，需要将其与子喻体和非隐喻部分区分开来。

3. 筛选子喻体——分析博喻类型的依据

文章的阅读过程，也就是信息的输入过程。当作家以一定方法把基本隐喻提供给读者之后，读者也会对这一主要隐喻加以拓展，而详述的过程则是在连续的子喻体下进行，证明了该文章的隐喻密度较高，也可能被视为文章中博喻的范型，不过这种情形也是极少见的。一般来说，文章的非隐喻成分大于隐喻成分，所以博喻性文章的隐喻成分与非隐喻成分都是掺杂在一起的。另外，隐喻句的非隐喻成分是读者理解隐喻的必要信息，因此将隐喻部分与非隐喻部分区别是有必要的。在文本当中，隐喻以其新颖性吸引读者的目光，激发读者的思维。对隐喻句筛选完之后，以便更好地解构隐喻篇章。

4. 分析喻体间的衔接和连贯方式

考虑到基本隐喻的功能性，隐喻句常常一起出现，需要读者仔细甄别。基本隐喻在句中独立成篇，表层隐喻的作用在于突出中心思想。结合隐喻句的连贯性和一致性，对解构篇章的过程中需要注意平行式博喻和延伸式博喻两个方面。

平行式博喻，从看似无关联的语域构成的喻体中找出共同主题，即挖掘共同的根隐喻，进而将文本主体、根隐喻以及各喻体串联成一个整体。延伸式博喻，考虑到隐喻性信息是在一定的条件下在语域中推进，需要各个隐喻去"填空补缺"，以确保喻体的连贯性和完整性。各隐喻集中在一起，体现喻体的系统性，具有内在的规律性和逻辑性。

理解博喻篇章，需要了解各喻体的连接形式，这对读者的语言知识和文化理解具有一定的要求，要求读者从整体结构上去把握和推测篇章，提出猜想和假设，这在创新性发明中有显著的作用。

5. 宏观结构整合——完成篇章的解读

一般来说，篇章在结构和语义上都要求保持完整，概念得以贯穿全文、指向明确、条理清晰，帮助人们在一定语言环境下提取所需要的信息。因此，在解读篇章时，需要将文本结构、含义、信息等视为一个整体。由于博喻在篇章中仅对具有关联的隐喻命题进行定义，在整体上不具备连贯性，因此一个篇章隐喻不可能涵盖整个篇章的含义，需要将篇章视为一个完整的个体单位对待。在描述话题、主体、中心思想时，应当从多维度去理解篇章内容，最好根据语义结构进行说明。一般来说，在解构一份完整的篇章时，需要从隐喻和非隐喻两部分去理解，从大体上把握文本的主题。

(二)隐喻能力在写作教学中的应用

隐喻能力(Metaphoric competence),指在阅读和写作过程中,辨认和使用隐喻的能力,一般包括以下四个方面:第一,使用隐喻的创造性;第二,理解隐喻的熟练度;第三,理解新隐喻的能力;第四,理解隐喻的速度,要求能够轻松、准确理解隐喻。

写作隐喻能力,指语言的隐喻编码能力,表现为语言的输出。作为一种语言现象,隐喻在功能输出方面具有以下作用。第一,注意/触发功能,指在输出语言的过程中,读者遇到的不理解或仅理解部分的问题。第二,假定/测试功能,指出学习者在写作中产生的错误,并揭示了他们就目的语言的运作所作出的假定,这就需要学习者讲或写某些内容。第三,语言反映功能,即学习者在生产话语时,既显示假设又并用话语进行表达,允许学习者对它加以控制,并在此基础上进行内化。

对于隐喻在学习中的方式,有以下三个主题。其一,紧密性论点,指隐喻将现有经验从已知语境转化为未知语境。其二,生动性论点,指喻体创造的经验具有生动性,能够提高学习效率。其三,不可表达性论点,当部分事物的自然性无法用语言进行编码时,隐喻就派上了用场。学生在写作的过程中,使用以上三种方式能够学习用旧经验表示新内容,生动地表述出现有语言无法表达的概念。这就好比两个看似相差甚远的知识领域,在并置后能出现一个相对稳定的第三领域,发挥出"整体大于部分之和"的系统效应。作为一种思维工具,隐喻开发语义的作用在于"新形势表达旧功能,新功能用旧形式表达"。

将隐喻作为思维的元认知工具时,在以旧形式同化新功能的过程中,便于服务顺应过程。在同化时期,学习者通过改变经验以适用其理解方式,从而进行学习;在顺应时期,改变理解方式以适用经验,从而助于学习活动。

在英语写作教学过程中,应当有意识地培养学生的隐喻能力,要求学生能够区分语义概念之间的关系,提高学生的元认知技能,在增强学生记忆力的同时,激发学生的创新意识和创造性活动。在这一思路下,学生将自己和他人的知识通过隐喻转化为新的知识,提高自身的综合分析能力,为开展有效的隐喻写作奠定思想基础。

(三)写作中的博喻应用——"蝴蝶效应"

在混沌理论看来,混沌现象的显著特征在于对原初条件敏感的依赖性,即所谓的"蝴蝶效应"。"蝴蝶效应"提出这样一个假设:如果巴西热带雨林的一只蝴蝶扇动翅膀,那么美国的得克萨斯州可能在不久会刮龙卷风。在混沌体系中,即便是微小的变动都可能造成毁灭性的打击,这是因为它们内在关系网对细微的变化具有无限放大的能力。

类推到博喻内部结构,"蝴蝶效应"对于英语写作教学的启示在于:博喻的根隐喻类似蝴蝶的翅膀,只要扇动一下就可能"激起千层浪"。在写作教学活动中,需要让学生意识到根隐喻的重要性,根隐喻的扇动力决定了各喻体组成的"龙卷风"的威力,因此需要学生在写作时合理选择根隐喻。根隐喻能够引导学生初期的思维,帮助学生筛选材料把控写作的具体内容,为学生提供参考框架,在这一框架下学生的观察、思想和有关主题的信息得以整合。一方面,根隐喻帮助学生稳定文章的雏形;另一方面,对子喻体分句而言,教师应当为学生指明喻体的分类和筛选问题。示例如下。

形式一:字面词和隐喻词被同时表述。如:

"All the world's a stage, and all the men and women merely players."

形式二:字面词被陈述,隐喻词被隐含。如:

"Pride, like that of the moon, when the headlong light is loose."

形式三:隐喻词被陈述,字面词被隐含。如:

"Night's candles are burnt out."

形式四:字面词和隐喻词都被隐含。如:

"Let's eat and drink, for tomorrow we shall die."

在英语写作过程中应当避免出现以下两种错误。第一,不要在同一句或段中使用混合隐喻;第二,避免隐喻的张力过大,隐喻的事物应当具有共性,不能为"隐喻而隐喻"。

在写作的过程中,教师需要知道学生注意喻体分句之间、隐喻与非隐喻部分间的连贯,确保内容的主体和逻辑性,从而写出一篇理想的博喻性篇章。

第五章 基于其他视角的大学英语阅读教学

第一节 自主学习与大学英语教学

学生在进行英语阅读时所获取的意义是通过与阅读材料积极交流、相互作用的结果，而不是获取文字本身的意义。如果学生想要将阅读材料进行充分深刻的理解，就需要发挥自己的积极主动性，主动地去理解文章，而不是将老师所讲授的知识被动的吸收。因此大学英语教师在进行英语阅读教学时，需要加大对学生自主学习能力的培养。

在提高学生自主学习能力的过程中，可以通过采取元认知策略、认知策略和社交/情感策略这三种方式来提高学生自主学习的能力。

一、元认知策略

元认知策略是指学生通过对自己的认知过程及结果的有效监视及控制的策略。在阅读中也就是通过对阅读学习任务进行安排、监控、调节和评价，以达到提高阅读学习效率的目的。

（一）确定阅读的目的

阅读的目的在当代外语教学的教学理论中被认为主要是获取信息、学习知识、掌握技能。但是这些都不是阅读想要达成的最终目的，最终目的是为了通过阅读的教学培养出能够自主学习阅读的阅读者。自主学习的阅读者需要拥有以下技能。

1. 能够快速的对文章完成通读。

2. 在通读完成后分析出文章中心大意。
3. 通过上下文分析理清文章的逻辑关系。
4. 通过对上下文进行分析推测出生词的意思。
5. 能够根据自己的需要选择合适的工具书。
6. 通过自己已经掌握的知识去推测作者写这篇文章的意图。
7. 能够熟练的阅读各种不同体裁的文章或实用文本。

（二）选择阅读材料

在我国的英语阅读教学中，所使用的阅读材料大多是国内学者通过对国外文章进行一定的简化和改编然后编成的教材，通过简化和改编的文章一般都比较短，文章的体裁也相对统一。这些单一短小的文章对学生通过使用学习阅读策略来提高阅读水平的方法显然是行不通的。

因此学生在完成教材上的英语阅读的前提下，还可以找一些英语杂志的原文来进行阅读，在进行原文的选择时可以根据自己的兴趣爱好选择难易程度适中的文章来进行阅读。

（三）制订阅读计划

通过对阅读任务进行分析选择合适的阅读方法、阅读步骤，然后对阅读的结果进行预测，也就是制定阅读计划。

可以通过以下策略的选用来制定阅读计划。

1. 根据文章的关键信息预测文章的主题。
2. 将大脑中已有知识调动出来。
3. 对阅读过程中的环节进行自我管理自我调节。

利用这些阅读策略可以让文章理解的过程更加简单，能够更快地达到阅读学习目标，以便于下一次的阅读。

（四）监控阅读过程

读者通过一定的标准对自己阅读的过程和结果进行评价，找出过程中存在的不足之处，然后对不足之处进行修正调整，这就是对阅读进行监控的过程。在阅读中常用的监控策略有以下三种。

1. 明确阅读目标和方式的方向策略。
2. 在阅读过程中要求读者边阅读边思考的进程策略。
3. 通过读者自己对自己进行提问，然后对自己的答案进行检验的策略监控。遇到问题时要通过多个角度对问题进行分析，通过不断推理得出结果。

（五）评价阅读过程

在学生即将完成阅读任务时，需要根据自己所做的阅读计划对阅读过程进行分析，找出在阅读过程中存在的问题和成功的地方。对阅读过程的评价主要包括两个方面的内容，一个是对阅读过程中的错误进行纠正；一个是将阅读计划中不完善的地方进行修正。对阅读过程进行评价既是阅读活动的最后一步，也是改善阅读策略以便于开启新一轮的阅读活动的开始。

在学生对阅读过程进行评价时，如果没有达到期望中的阅读目标，学生就需要对产生问题的原因进行分析和总结，期望能够在下一次的阅读活动中取得成功。

（六）做笔记

学生在进行阅读的过程中可以通过记笔记的方式来加强对阅读材料的理解。

记笔记主要是对重要信息进行记录，记录尽量简单清晰。一般来说，记笔记需要注意以下几点要求。

1. 做笔记需要有选择性和系统性

在进行阅读的过程中，学生需要对与阅读相关的重要信息和阅读材料的中心思想进行记录。

2. 明确作者写这篇文章的目的

在知道作者写这篇文章的目的之后可以更好的记录与阅读有关的重要信息，节约阅读时间，下面几个方法能够帮助学生更快的确定文章的主旨。

（1）通过文章的标题、摘要和前言寻找关键信息。

（2）充分分析理解文章的第一段。

（3）找出文章的行文逻辑。

3. 明确材料中信息的组织方式

学生在做笔记的过程中，不仅要对文章中叙述的逻辑关系进行关注，还要关注自己记录笔记的逻辑关系，具体操作可以从以下几个方面进行入手。

（1）分析文章想要表达的主题思想。

（2）从文章最重要的信息到次要的信息进行分析。

（3）从文章的主旨思想分析到文章的具体思想。

（4）从描写事物的最大部分分析到最小部分。

（5）对文章中自己不理解部分提出问题，然后寻找解决办法。

二、认知策略

在阅读中，认知策略是指学生在对阅读材料进行处理或是为了完成具体的阅读任务所采用的具体的阅读方法。合理的使用阅读策略会对文章的正确理解产生重要影响。在阅读中经常使用的阅读策略有五种，分别是预测、略读、寻读、寻找主题句、推理判断。

（一）预测

预测是指学生通过已知的信息对上下文的内容进行推断。

预测策略是学生进行阅读活动的第一步，进行预测之后才能更好的对阅读材料进行理解和推断，有意识和无意识都可以对文章进行预测。当阅读材料与学生的兴趣爱好相符合时，学生想要对材料进行预测的动机就会越强烈，在理解文章的时候也就会更加全面。

在阅读中进行预测时需要遵循以下步骤。

1. 对大脑中原有的知识体系进行调动。
2. 根据原有知识体系预测文章。
3. 对文章进行阅读。
4. 首先根据字面意思理解文章，然后对其他信息进行推测。
5. 对先前所做出的推测进行验证，然后修改不符合原文的部分。

在进行预测的时候需要注意的是预测有可能是对的、也有可能是错的。预测在阅读理解中是一个重要的步骤，不因它的正确与否而改变，只要是预测都会对学生理解阅读材料提供帮助。如果学生的预测是正确的那么就可以快速的阅读下文；如果是错误的则会对学生的思维能力进行锻炼。

（二）略读

略读是学生根据自己的需要对文章进行选择性阅读，可以根据需要忽略一些词语句子或段落，不需要掌握文章中的所有细节。通过略读可以让学生用最短的时间理解文章大意和中心思想，这也是进行略读的目的。

因为进行略读的目的就是为了能够理解文章的大意和中心思想，因此在阅读前学生需要先分析出文章的题材。在进行略读时，重点放在首尾段和每段的第一句话和最后一句话。一般来说，第一段是一篇文章的总概述，可以让学生快速找到文章的主题，每一段的第一和最后一句就是文章的叙述线索。

（三）寻读

寻读是根据实际需要快速在文章中寻找到需要的信息，并不需要对文章一字一句的进行分析。学生在进行寻读的时候是有针对性的，能够帮助学生用最短的时间寻找到所需要的信息，提高阅读的效率。

（四）寻找主题句

作者写每一篇文章都是希望通过文章来讲述一个主题，这个主题句也就是作者所想要表达的中心思想。所以在进行阅读的过程中找到主题句，然后通过主题句理解作者所想要表达的思想是非常重要的。

在阅读材料中，主题句没有一个固定的位置，它可以根据作者的需要随意变换位置，它可以在段首、也可以在短尾、也可以位于段落中间，甚至有些文章没有明显的主题句。因此学生在进行阅读的过程中，需要对寻找主题句的技巧进行总结归纳，提高寻找主题句的效率。

（五）推理判断

在实际的阅读过程中，学生会发现有些信息并不能通过分析文章的字面意思得出来，这时就需要通过上下文进行推理得出需要的信息。这种方法对学生的要求较高，需要在学生理解文章大意的基础上对文章的叙述层次进行逐层分析，然后推断出文章所要表达的中心思想。

推理判断分为直接和间接两种推理判断。教师在进行大学英语阅读教学时需要有意识地培养学生这方面的能力和技巧。

三、社交/情感策略

所谓阅读中的社交/情感策略就是指学生在阅读中通过与别人进行交流或是对自己的内心情感进行调节，以此来完成阅读任务的方法。

情感因素对阅读效果会产生重要影响，心理状态属于情感因素的一部分，自然也会影响阅读效果。焦虑是一种影响阅读效果的消极变量，在阅读中表现为阅读焦虑。当学生遇到这种情况时，如果教师不帮助学生克服，将会对阅读效果产生消极影响。

因此，我们需要对产生焦虑的原因进行分析，然后寻找解决焦虑的办法。

（一）阅读焦虑形成的原因

学生在阅读时形成焦虑的原因主要有以下几个方面：

1. 日常阅读急功近利，阅读习惯不良

大学生的学习压力和学习任务都是很繁重的，英语只是众多需要学习的科目之一，因此平均分配到学习英语学科上的时间就很少，英语阅读就更少了，导致用来进行阅读训练的时间非常有限。

在有限的时间下要完成过多的学习任务、提高英语阅读水平，就容易变得急躁；过度追求学习效果，当达不到预期目标时就容易产生焦虑的情绪。比如有些学生在进行英语阅读时只要完成任务就行，不管正确与否；有的学生在课间休息的间隙用来做阅读题，两三分钟的时间完成十分钟的任务；还有的学生直接乱写来应付教师。这些做法急功近利，阅读习惯不良，对提高英语阅读水平没有半点帮助。

2. 对各项语言知识熟悉度不够

如果学生对基础知识譬如词汇、短语、句法和语法等掌握的不牢固的话对阅读也会造成不好的影响，严重的话会产生阅读焦虑。

学生需要掌握的单词在考试范围大纲里都有明确规定，学生如果对这一部分的单词掌握的不够牢固或者是已经遗忘了，那么在进行阅读的时候就会出现各种困难。在实际阅读的过程中，并不是所有的单词都是考纲里规定的单词，还有一部分是需要学生通过对上下文进行分析然后猜测词义的，以确保上下文的意思能够连贯起来，完成阅读任务。但是有些同学基础知识本来就掌握的不够牢固，还要通过上下文来猜测意思就更加困难了，这时学生就会产生比较大的情绪波动，从而产生阅读焦虑。

同样的，如果学生的语法知识掌握的不够扎实，缺乏对长难句、复杂句进行分析的能力，只能在阅读中去纠结一些短句和词语，这会导致阅读速度严重下降。在进行阅读的时候，学生一直处于担心完不成阅读任务的心情下，一直处于阅读焦虑中，进而使阅读处于一种消耗和产出严重失衡的状态中。

3. 文化认同感低，背景知识不足

大部分学生都是在中华文化的教育下成长起来的，对西方文化缺乏一定的认同感，对西方文化的背景知识了解不充分，这也会导致阅读焦虑的产生。在进行英语阅读的过程中，材料中常常会有一些经典美文、小说或是时事新闻等，但是一些学生因为缺乏基本的文化知识而使阅读难以进行下去。

例如一篇介绍马克.吐温作品的文章往往对学生有较高的文化需求，如果学生平时对文化方面的知识积累较少，不了解马克.吐温的写作风格，遇到这种类型的文章自然就会产生焦虑的心理导致学习效率降低。

（二）保持良好心理状态的方法

学生在阅读过程中如果想要克服焦虑情绪就需要保持良好的心理状态，可以从以下几个方面改善焦虑。

1. 避免急于求成

学生在进行阅读学习的过程中，学生对自己的要求一般都比较高，希望通过较少的练习获得足够多的知识技巧。这种心态会对阅读效果产生很大影响，使得眼睛和大脑不能集中在阅读材料上，阅读效果自然也不会好。所以在阅读中学生不能太急于求成。

2. 避免思想开小差

在阅读时有些学生的思想不集中，思维没有集中在阅读这件事上，经常看过的地方马上就忘了，这导致阅读效果下降。所以在阅读过程中学生的思想不能开小差。

3. 避免过度重视阅读技巧和方法

在阅读过程中，通过合理的使用阅读技巧和方法可以让阅读变得更加简单，但阅读技巧和方法的使用应该是在阅读中自然发生的。学生在进行阅读训练时如果将注意力集中在阅读技巧和方法的使用上，那么就会减少对阅读材料本身的关注，分散了注意力，导致达不到预期的阅读效果。所以学生在进行阅读训练时还是应该将主要注意力放在阅读材料上，而不是过度重视阅读方法和技巧。

第二节 多元文化与大学英语阅读教学

一、文化差异对阅读带来的影响

（一）联想意义中的文化差异

中华文化和西方文化是在不同的文化背景下发展起来的，文化渊源不同，对同一事物的理解自然也就会有所差异。不同文化背景下的人读同一篇文章往往会有不同的感受，如在《新视界大学英语》第三册课文"Here Be Dragons"中的结尾段，"Fairy tales do not tell children the dragons exist. Children already know that dragons exit. Fairy tales tell children the dragons can be killed."在受中国文化影响长大的孩子眼中是不会理解为什么西方家长要向孩子灌输要杀死龙的观点的，因为在中国人眼中龙是吉祥的象征。

（二）句子层面的文化差异

这种交流障碍不仅仅只是体现在词汇上，在句子方面也有障碍，包括一些典故、习语和谚语。句子当中所蕴含的文化差异使外国人想要理解我国的文化带来了困难。习语属于文化的一部分，在英语中有许多习语，这使得中国学生想要理解句子变得十分困难。《新视界大学英语》第一册第六单元中有一篇文章是来自国外的一篇博客，里面使用了大量的习语。如"She can talk the hind leg off 2donkey."在句子中，"talk"是一个不及物动词，后面是不能直接加宾语的，但是这句话里直接加了宾语，这就使得中国学生很难理解这句话，但是如果知道这句话是一句习语的话就很好理解了，可以理解为"她只要一说话就滔滔不绝"。

（三）成语典故中的文化背景

语言在每一国家和民族中都是处于重要地位，语言是文化的重要组成部分，是文化的载体，每一个国家或民族的语言都有着丰富的历史背景和文化内涵。每个国家在历史的发展过程中都依照当地的文化习惯、生态环境、风俗习惯产生了一些特定的词汇或是成语典故等，不是以这种语言为母语的学习者在遇到这种词语时往往很难理解它的意思。例如"My cousin is the black sheep of the family and nobody likes to talk about him."句子中的"the black sheep of the family"的意思是这个家族中最不受重视的、表现最糟糕的、也就是家族中的败家子。为什么会表达这个意思,是因为在白羊中可能会出现基因突变的黑羊,但是人们往往不想看见黑羊,因为白羊可以染成各种颜色,但是黑羊就只能是黑羊,所以黑羊只能是被放弃的麻烦。

二、多元文化对英语阅读教学的启示

(一)因材施教

不同的学生有着不同的性格和语言水平。在当今的教学理念中学生是学习的主体,因此教师在进行英语阅读教学时必须根据学生的不同开展适合他们的教学方式,因材施教。这就要求要根据学生的不同情况选择不同的教学方法,满足不同水平、不同目标的叙述的需求,提高他们的阅读水平。在进行具体实施时教师需要注意以下两点。

1. 对于英语阅读水平较差的学生来说,教师在选择阅读文章的时候应选择一些比较短、比较容易理解的文章,设置问题的时候也要设置一些相对简单的问题,这样当学生回答正确时就会激发他们的学习兴趣,找到学习的信心和动力,从而能够以更大的热情去进行英语阅读学习。

2. 对于英语阅读水平较高的学生来说,教师可以选择一些具有难度的英语文学原文,比如一些世界名著或者是期刊的原文,提出的问题也要更加具有挑战性,扩展学生的视野,提高阅读水平。

(二)多样化

多样化包括两个方面:内容和形式的多样化,也就是导入内容的多样化和导入形式的多样化。

1. 导入内容的多样化。导入内容的多样化需要教师达到以下两点要求。

(1)教师在进行阅读材料的选择时需要进行多种体裁的选择,不能仅仅只是局限在一种体裁上,这样才能让学生适应多种体裁的特点,满足多样化的需求,提高阅读理解的水平,提高准确性。

(2)教师所选择的题材不能只是一种主题的,要进行多种题材的选择,只有通过对不同题材进行练习才能增加学生的文化知识,提高阅读理解的水平。

2. 导入形式的多样化。导入形式的多样化,主要应做到以下两点:

(1)教师需要根据实际的教学需要,通过运用多种方法将文化知识导入到阅读材料中,例如比较、注释等。

(2)利用多媒体的手段,通过播放视频、音频、图片来解释某一文化现象,让学生能够在真实的环境中去体验语言中所包含的文化内涵,了解西方国家文化。

需要重点注意的是，教师不仅是教学活动的引导者和指导者，还是文化传承者。所以教师在进行文化导入的过程中除了要注意上述两个方面外，还需要加强自身的文化修养。在进行课堂教学时加入一些文化背景方面的知识和内容，更加深层次的讲授文化知识。

（三）运用多种方法导入文化

1. 差异对比

英语和汉语有着很大的差别，通过对这些差异进行对比，这在方法和内容上都能引起学生的学习兴趣。

将英国文化与中国文化进行对比，体现它们的差异化，教师要在对比的过程中让学生感受到不同的语言有着不同的文化内涵，有着不同的表达习惯。通过对文化差异的对比，让学生感悟到不同的文化，提高文化感悟力。需要注意的是，进行英国文化与汉语文化的比较不应该只是局限在课本上，就着课文讲课文，而是应该透过语言去讲解文化，理解课本材料中所蕴含的民族文化，使阅读教学课堂变得更加丰富多彩，这样才能最大限度的激发学生的学习兴趣，让学生在学习知识的同时领略英国文化。

2. 教师介绍

学生所获得的大部分英语文化知识都是通过教师来获得的，所以教师在英语教学中要充分发挥自己的作用，加强对文化知识的介绍和导入。在英语阅读教学课堂上，教师可以根据教材安排一些专题来介绍英国文化背景知识。比如英国的宗教、英国的价值观、英国的婚恋观等，对英国文化进行一个比较系统的讲解，使学生对英国文化有一个系统的了解。

3. 课外阅读

不管是什么课程的学习都不能只是局限在课堂上，英语阅读教学也是如此。一节课的时间毕竟是有限的，教师应该发挥引导作用，引导学生通过课外阅读来增加文化知识。教师可以给学生推荐一些讲述英国文化的小说、期刊、杂志等，通过不断阅读来增加英国文化背景知识。

4. 角色扮演

教师在进行阅读课堂教学时，可以根据教学内容和日常交往习俗，设置不同的情境，然后让学生分角色扮演情境，让学生参与到课堂中，享受课堂，提高对文化的运用能力。

（四）循序渐进

每个学生的语言水平都是不同的，在进行阅读教学的时候，教师不能在一开始就导入比较难理解的文化知识，而是应该循序渐进的增加难度，由浅入深、由易到难的导入文化知识和内容。另外，教师在导入知识的时候要根据学生的实际生活情况来导入知识，增加与生活的关联性，这样才能更好的让学生投入到学习中。

（五）关联性

关联性就是说在进行阅读教学的时候导入的文化知识应该与文章相关联，以文章的主题、作者、写作背景为主。因为作者是在这些信息的影响下写作的，导入这些信息可以让学生更加容易理解文章。所以教师一定要对导入的知识给予足够的重视，让学生能够更加准确深刻的理解材料。

另外，关联性原则要求教师在导入知识的时候加入背景知识的内容，但是这一部分内容不能影响材料本身的讲授，文化导入的比例要适当，不能让阅读课变成文化课。在这一前提下，教师还需要对导入知识的基础性、相关性和必要性进行考虑。

第三节 协作学习与大学英语阅读教学

一、协作学习概述

协作学习作为一种富有创意和实效的教学策略被许多国家普遍采用。协作学习关注的是教学过程中的集体性，将注意力主要集中在学生之间的互动上。在传统教学中，同伴之间的相互作用是被忽视的，为了解决这一问题，将协作学习策略纳入到课堂教学中使其成为重要步骤，帮助学生个体和群体相互协作，共同发展。总的来说协作学习就是让学生以小组或团队的形式去进行学习。每个学习者都处在一个小组或团体中，教师可以设置一些激励机制，为了能够更快更好的完成小组的学习成果，达到共同学习的目标，就需要小组组员之间互相帮助，发挥出最大的能力帮助自己和他人学习，达到共同学习的目标。

二、协作学习的理论基础

协作学习是在建构主义学习理论和认知理论的基础上建立起来的。建构主义学习理论认为，学习的过程就是获取知识的过程，学生进行语言知识的学习只是通过教师的传授是不够的，而是需要学习者在一定的社会文化背景下，通过教师和学习伙伴、学习资料的帮助，然后自己形成意义建构来获得语言知识。认知理论认为学生是教学的中心，教师在进行教学时应该以学生的活动为主，在进行外语教学时要以学生开口说为主，为学生提供大量的机会去参加语言组织活动，让学生能够熟练地运用外语。

因此，在建构主义学习理论中强调想要学好一门语言需要发挥自身的主动性，然后在社会群体的帮助下来获取知识；认知理论则对学生需要自主学习和教学活动应该以学生为中心进行强调。协作学习策略正是这两种理论的融合，它强调在学习中学生需要发挥自身的创造性、自主性和互动性，让学生可以通过多种途径、多方面的去进行自主学习以此来获得语言知识，能够掌握语言运用语言。

三、协作学习的基本要素

经过研究发现，协作学习需要包括学习小组、小组成员、辅导教师、和协作学习环境这四个基本要素。在这四个基本要素中小组划分处于重要地位。因为协作学习的完成是以小组的形式来实现的，所以协作小组的划分会直接影响到协作学习的效果。所以在协作学习的时候要遵循"组间同质、组内异质"的原则：即每个小组的成员之间特质构成差距较小，但在小组内部每个成员之间的特质又各不相同。小组成员之间的特质不同可以让小组成员互相取长补短，互相帮助共同提高。这一原则在使用时需要考虑几个因素，分别是学生的成绩、能力及性别。所以老师在使用这一策略时需要根据每个学生的不同特点进行划分，其中包括学习成绩、认知能力和学习目标等，每个小组的人数都不宜太多，一般是 2 到 5 个人为宜。

四、协作学习的协作模式

协作小组成员间的协作模式有七种，分别是竞争、辩论、合作、问题解决、伙伴、设计和角色扮演。通过小组成员之间的互相竞争可以刺激学生学习，增强学习的主动性和积极性；小组成员之间进行辩论可以互相交流观点，培养批判性思维；小组成员之间相互合作可以让学生发挥自己的长处，互相合作，培养合作精神和协作意识；问题解决模式可以让学生在解决问题的过程中获得新的思路和灵感；设计是一种对综合能力的考量，可以培养学生的综合能力；小组成员之间通过角色扮演可以了解每一个人的责任，提升学生的成就感和责任感。

五、协作学习策略在大学英语阅读教学中的应用

在协作学习策略中将课堂教学分为三个阶段，分别是阅读前活动（Pre-reading task）、阅读中活动（While-reading task）和阅读后活动（Post-reading tusk）。这里以上海外语教育出版社的《大学英语》（全新版）第三册第七单元 Emergency 为例。

（一）阅读前活动

Pre-reading task 这个阶段是准备阶段，在正式开始上课之前，教师需要将课文的主题与学生的生活相结合，然后提出问题，让学生以小组为单位将通过各种途径收集的相关资料进行加工整理。每个小组负责不同的任务，小组各个成员之间进行分工，然后讨论，最后得出答案。在这一过程中，学生主要采用了协作学习中的两种模式，分别是"问题解决"和"合作"模式。这一阶段的主要任务如下：

Collect stories, news reports, pictures or even video clips of courageous deeds. Show them with your group members, then get ready to make a presentation in class.

Croup discusses what qualities are necessary for a person to handle emergencies successfully and why. Several groups report their discussion results to the class.

Keep these qualities in mind and see how many of them are embodied in Anthory Falzo.

（二）阅读中活动

While-reading task 阶段，教师应该从四个方面着手，分别是 Global reading、Language focus、Text organization 和 Text extension，这一阶段要将训练重点放在学生发现和解决问题的能力上。在这一阶段中，学生在进行阅读时可以使用 skimming 和 scanning 这两种阅读技巧，从整篇文章的角度去理解文章，分析课文的大意；在进行小组讨论的过程中，理解清楚几个问题，分别是课文结构、段落大意、中心思想以及课文的重难点和语言点。教师在做阅读练习时需要根据不同的情况安排不同形式的练习，给每个小组安排不同的段落讲解语言点，然后到讲台上进行讲解。这种教学活动与传统的课文讲授是不同的，教师需要根据课文的要求对要点、重点难点进行总结归纳，对学生的课堂表现进行关注，并给予适当的点拨、指导和评价。学生的学习过程不再只是单一的接受知识，而是一种以学生为主导的学习过程，学生需要积极主动地参与到学习过程中。在这一阶段，学生运用了多种协作学习模式，如"合作""伙伴""设计""辩论"和"角色扮演"等。这一阶段的主要任务如下：

Read the text by skimming. Analyze the structure to get the main idea of each part.

Read the text by scanning. Find out the important language points and difcult points.

Share these points with your group members to get a better understanding of the text.

Find out the answers to the comprehension questions and exchange them with other groups in class.

（三）阅读后活动

Post-reading task 阶段，这一阶段的主要任务是教师帮助学生对课文中已经学过的知识点进行巩固，将已经学过的知识进一步扩展，对课文的深层含义进行进一步挖掘，提高对语言的运用能力。在每次活动开始之前，需要对每个人的工作有一个明确的分工；在每次活动期间，小组成员之间要定期讨论；在每次活动后期，要对活动过程进行总结，并形成书面报告，还要为小组在课堂上进行口头汇报做好准备，在这一阶段中，学生采用的协作模式主要有："合作""角色扮演""问题解决""竞争""设计"等。这一阶段的主要任务如下：

Re- read the text and find out how many qualities Anthory Falzo has. Groups report their findings to the class.

Discuss and check out the related exercises with your group members.

Write a 500 - word essay according to the organization of the text (three parts - what happened before, during and after an incident).

协作学习教学是依据学生的认知规律来开展教学的，它改革了教学内部的人际关系，让学生参与到学习过程中，激发他们的积极性，争取让他们发挥出自己的最高水平。通过大量实践证明，在大学英语阅读教学中运用协作学习策略，改变了传统的以教师为中心的课堂教学模式，使教师在教学过程中充分发挥辅助者的作用，为学生的学习适时地提供帮助，学生可以在协助小组内共同探索学习，一起进步。这是一种对学生认知能力和认知策略的训练，能够在提高英语教学质量的同时培养学生的合作创新意识。通过英语协作教学可以突出教学在情感方面的教育，让学生的理性与感性均衡发展。在英语协作学习教学中，以学生为中心，以学生的发展为本，在对学生进行英语语言运用能力方面的培养之外，还对学生的思维想象能力、协作创新能力等综合素质能力进行培养。但是，没有一种学习策略是完美的，英语协作学习教学通过实践也发现了一些类似于小组分工、教学评价方面的问题。想要解决这些问题需要我们对英语协作学习继续研究下去。

第四节 产出导向法与大学英语阅读教学

大学英语的教学时间与教学内容不相匹配，时间短内容多。在这种教学现状和传统教学模式的影响下，多数教师为了完成教学任务将单元文章和练习的完成作为教学的目标。至于所设置的教学目标有没有完成教学任务，教授的内容学生有没有掌握，掌握了多少这些问题都因为教学时间的缺少而被忽略，教师也就忽视了在教学活动中实践的重要性。在传统的教学模式下，教学过程是由教师讲、学生听组成的，这种方式占用了太多的教学时间，使教师无法去关注在教学中学生到底掌握了多少内容，以至于学生在教学过程中掌握的内容较少，不能满足实践的要求。教学内容的输入与产出不能达到平衡，这使得大众开始怀疑大学英语的教学效果到底在哪里，甚至开始指责大学英语教学是否有开展的必要。在这种情况下，本书为了解决这一问题，提出了以产出为导向的教学目标。为了能够更好的开展以产出为导向的教学目标，我们还将以《全新版大学英语综合教程》第一册第六单元作为示例，为怎样开展以产出为导向的教学目标做出范例。

一、进行尝试以实现产出

这一单元的阅读文章是一篇浪漫感人的爱情故事，故事情节十分曲折，有非常细致的感情描写。关于这篇文章，教师在设计驱动环节时就需要对教学目标和产出任务进行筛选，要在符合文章主题的前提下吸引学生并保证学生能够完成部分任务，通过这种方法可以让教学目标更加简单。教师将文章主题与学生原有的知识水平、语言能力、兴趣爱好等相结合，达到完成产出任务的目的。在文章中描写两人第一次见面的场景时，充满了浪漫和幽默的色彩，在这种情境下可以让学生回忆第一次与新同学新朋友见面的场景，将两者进行结合，然后老师布置任务要求学生对见面场景进行演绎。在学生的表演过程中，如果词汇量不够丰富就会出现心里的话表达不出来的情况。通过这样的练习，可以让学生对自己的知识体系有一个充分的了解，让学习的表达欲望更加强烈。这时教师再对学生展示这节课的学习目标就是怎样生动有趣的描述见面场景，这也是这节课的产出任务的要求。经过阅读，学生对怎样描述见面的场景有了一个更加深刻的认识，知道怎样才能让自己的描述更加吸引读者，学生之间的相互交流合作可以产生新的描述方式。这样的训练方式可以让教师的产出任务轻松完成，也能够提高学生主动学习的热情，在实践的基础上教师的教与学生的学完美融合在一起，为开展下一阶段的学习做好准备。

二、通过实践促成学习结果

第二阶段的重心是促成，教师在明确了教学目标和产出任务之后，为了达成目标，就需要在不同的部分采用不同的教学方法。以两人见面的经历为基础，教师将描述当中涉及到的语法知识进行传授，学生通过掌握这些知识点，可以对见面描写所需要的语法知识点有一个清晰的认识。为之后进行的产出练习打下理论基础，使输入的信息更加具有针对性。在这一环节中，让学生输入的知识都能够产出是最终目的。

A young woman was coming toward me. Her figure was long and slim; her golden hair lays back in curls from her delicate ears; her eyes were blue as flowers; her lips and chin had a gentle firmness, and in her pale green suit she was like spring time come alive.

这一处的外貌描写可以作为外貌描写的范本，告诉学生在描写见面的场景时加入外貌描写可以让读者感觉好像自己就在这个环境中，能够感受到作者所听到看到的一切，这样产出作品的质量自然也就提高了。

The girl in the green suit was walking quickly away. I felt as though I was split in two, so keen was my desire to follow her, and yet so deep was my longing for the woman whose spirit had truly companioned me and up – held my own.

这一处描写的是在面临取舍时约翰的心理活动。学生在学习这一段描写之后就会发现可以通过描写人物的心理活动让人物更加饱满，通过这一场围绕相遇场景的输入教学，可以为学生产出任务的完成储备知识，以便于学生顺利完成产出任务。

需要注意的是，这一阶段的产出与第一阶段的产出是不同的。在第一阶段的输入产出都是没有针对性的，因此产出的质量并不高；但在第二阶段的输入与产出都是有针对性的，教师进行有指导性的输入目的就是为了提高产出质量，完成目标任务。经过两个阶段的训练，学生在描写见面场景时人物会更加丰满，故事情节会更加吸引读者，这对学生的学习起到激励的作用。当学生完成产出任务后，教师需要根据学生的完成效果做出针对性的评价。针对性的评价可以让学生对自己的学习产出效果有一个清晰的认识，促进学生学习的进行。

第二部分 大学英语写作教学研究

第六章 大学英语写作教学概述

第一节 大学英语写作教学的目标和内容

一、大学英语写作教学的内容

（一）写作结构

1. 谋篇布局

谋篇布局是所有文章撰写的前提，英文写作也不例外，指的是作者应当结合题材和体裁明确文章和各段的大体结构，在此基础上选择合适的拓展模式，以完成写作活动。篇章的大体结构为：引段——支撑段——结论段；段落结构为：主题句——扩展句——结论句。谋篇布局需要随着题材和体裁的变化而变化，要求具备一定的灵活性。

2. 完整统一

完整统一，指组成文章的各种信息应当围绕中心思想展开，与主题无关的信息需要剔除，以确保段落的完整，这是评价文章质量的重要指标。在英语写作教学中，教师应当有意识加强相关方面的练习，比如设计与文章不相关的段落供学生修改，增强学生的完整统一意识。

3. 和谐连贯

一篇优秀的文章，和谐连贯是基本。在写作时，学生需要保证文章的逻辑性，确保内容的衔接性，要求阅读起来流畅、自然、和谐统一。想要保证文章的和谐连贯，使用合适的连词和过渡词是关键。

表示并列：and，both，not only，but also。

表示转折：but，however，while。
表示让步：though，despite。
表示相反：on the contrary，conversely。
表示比较：in the same way，equally。
表示举例或解释：for example，such as，in fact。
表示进一步关系：moreover，besides，in addition。
表示因果关系：as，so，since，for。
表示结果或总结：therefore，in short，in a word。
表示空间和方向：here，there，next，nearby。
表示时间或步骤：often，never，first of all，later。

4.写作技巧

学生在写文章的过程中，需要掌握一定的写作技巧，比如明确话题、确定主题、搜集有关的主体信息、整合素材、组织文章结构。在初稿阶段能够列好提纲，条理明晰；在修改阶段为文章润色。掌握一定的写作技巧，往往能在写作过程中如鱼得水、得心应手。

（二）写作句式

在英语文章中，句式有强调、倒装、省略等多种类型，每一种类型又包括多种形式。在英语写作教学中，教师应当有针对性地加强句式的练习，帮助学生掌握正确的表达句式，让学生写起文章来能一气呵成。

（三）写作选词

词汇包括表层和深层两种含义。当学生对词汇有足够的了解，就能合理选择词汇，顺畅地写出好文章。选词体现一个人的写作风格，是作者与读者重要的交流方式。学生在写作时，需要考虑褒贬词的选择，具体词与概括词的选择、形象词与拟声词的选择问题。

（四）拼写和符号

拼写和符号反映学生写文章的逻辑结构，当拼写和符号漏洞百出时，文章就会显得混乱。因此，写作教学需要重视学生词汇量的积累，要求学生能够准确掌握写作单词和使用正确的标点符号。

二、大学英语写作教学目标

1.一般要求

（1）具备基础的写作技能。

（2）撰写常见的应用文。
（3）能够表达个人经历、情感和发生事件。
（4）在半小时内完成不少于120词的一般性话题短文，做到突出中心思想，要求文章结构合理。

2. 较高要求

（1）可以描述各类图表。
（2）就一般性主题表达自己的看法。
（3）撰写自身专业的概要。
（4）写撰写所学的小论文。
（5）在半小时内完成不少于160词的短文，内容要求丰满，逻辑严谨，语句简洁流畅。

3. 更高要求

（1）以书面形式自由表达个人见解。
（2）撰写所学专业的简短报告和论文。
（3）在半小时内完成不少于200词的各类文章，观点明确，逻辑性强。

第二节 大学英语写作教学现状

一、大学英语写作教学现状

（一）写作在教学实践中得不到应有的重视

大学英语教学目的在于培养学生的听说读写能力，写作能力是学生语言基本素养的体现。然而，在实际的英语课程设置中，写作教学被纳入精读教学当中。由于教学课时少与讲授内容多之间的矛盾，教师常常耗费更多的时间来讲解教材和分析语言知识，对于写作教学版块不甚重视，这直接导致学生的写作水平停留在较低层次。

（二）教学任务繁重，作文批阅流于形式

随着高校扩招，大学生基数大和高校外语师资力量匮乏之间产生矛盾，外语教师承担过多的教学任务，直接影响学生的作文批阅。教师批改学生的作文常常是"蜻蜓点水"，学生无法从中获取有益的指导，打击了学生的写作兴趣，写作素养难以提高。

另外，写作教学时间匮乏。据调查显示，只有少部分高校开设了非英语专业写作课，大多数高校将写作教学穿插在精读教学当中，导致写作教学的介绍过于笼统。学生的课堂写作练习不足，难以写出优秀的文章。

教师未能给予写作应有的重视。写作对于学生而言是一件费时费力的脑力活动，加上写作分值占据的比重较低，直接导致部分学生放弃写作训练，宁可耗费更多的精力在阅读和听力当中。以上种种原因，都使得写作教学得不到足够的重视，教师和学生都没有深入到写作当中，学生的写作水平难以提升。

（三）写作教学缺乏系统的教学指导

学生在进入大学以前，就掌握了一定的外语语言知识能力，形成了一套自己的学习方法，但中学阶段并没有系统开展写作教学活动，这项职责就应当由大学英语写作教学来承担。在大学英语写作教学中，一方面，需要强化学生的写作训练；另一方面，教师在实际写作教学中应当为学生提供一些具有代表性的素材，采用科学的教学模式循序渐进提高学生的写作素养。在教学实践中，写作指导不应仅停留在布置和批改作文这一方面，应当将写作训练和指导贯穿写作教学的各个环节，在写前修改和评阅都需要提供针对性的指导。

（四）学生未能养成良好的写作习惯，学以致用的能力较差

一些学生在处理单句的语法结构时，显得游刃有余，但要求他们独立完成一篇文章时，却时常出现措辞重复、句式单调、衔接不合理等问题，这说明学生对其所掌握的语言知识做不到融会贯通。

另外，很大一部分学生在写作时没有审题，还没有进行系统思考就提笔成文，常常"想到哪写到哪"，导致文章语句不通、结构混乱，自然写不出好的文章。学生对待写作敷衍了事，在作文写完后不进行细致地检查。

二、大学英语写作教学的改革措施

（一）写作与精读、泛读教学相结合

在写作教学中，教师应当主动发挥指导作用，采取科学有效的手段提高学生的综合写作素养。阅读是写作的基础，为写作提供丰富的素材，阅读与写作相结合在提高学生写作水平方面具有重要作用。在精读教学阶段，教师应当引导学生理解语篇整体结构、分析文章体裁，总结段意和语篇中心思想，指导学生写出文章摘要。长期下去，学生的阅读理解能力和书面表达能力都会得到相应的提升。

在泛读教学阶段，教师应当要求学生进行大量的"泛"阅读，这是学生知识输入和词汇积累的重要手段。学生通过泛阅读，有效拓宽自身的知识面，认知水平也有了较大的提高。在写作教学中，将写作与精读、泛读教学有机统一起来，能够有效缓

解教学课时匮乏的问题。

（二）背诵范文与大量练习

在写作教学中，可以要求学生背诵课文以培养语感，领略文本的语言特色，掌握多种表达技巧，对文本进行熟读和记忆后，自然能将其运用到写作当中。另外，学生应当加强写作练习，实现知识的内化。

（三）改善批阅方法

在英语写作教学中，作文评改是重要的一环，能够较好地反映学生的写作水平。传统的"全收全改"模式使得教师不堪重负，效果甚微。因此，教师应当改善批阅方法，比如样本评改、同学互改等，在减轻工作量的同时，有效调动了学生的学习积极性，将结果及时反馈，逐渐提高学生的写作素养。

（四）端正学生写作动机

随着全球化的深入，各国文化呈现交融的趋势，学生掌握一定的英语书面表达能力是有必要的。在写作教学实践中，教师可以灵活使用各种教学手段，调动学生写作的积极性。比如，对进步快的学生进行表扬，对进步慢的学生耐心教导。同时，根据学生的实际水平，采用针对性的教学指导。要求基础较差的学生先积累一定的词汇量；对于英语水平较高的学生，则提供有关写作技巧的指导，实现更进一步的发展。

（五）在写作过程中提供针对性的指导

结合我国英语教学现状，我国的"任务型"写作过程可以分为以下三个阶段。

1. 任务前环节。此时教师需要结合写作目的、学习对象、文章主题等方面，精心设计写作准备活动。

2. 任务中环节。包括写作、报告和评价。

3. 任务后环节。包括修改、教师点评、总结和归纳写作技巧、加强相关问题的训练等内容。

在写作教学过程中，教师应当调动一切积极因子让学生全身心投入写作当中。过程写作法的指导流程为：写前准备阶段，教师结合写作要求，采用分组讨论方式让学生将自己的观点用书面的形式表达出来；在反馈阶段，教师从读者的角度对文章进行审视，指出学生初稿的优缺点，并提供建设性意见；到修改阶段，学生结合教师的建议，对文章进行精修。最后，学生在润色的基础上进行重写，直至写出好的文章为止。

以上各步骤相辅相成。教师应当将写作指导贯穿到每一个环节，同时让学生了解写作的基本流程，从而全面提高学生的写作水平。

三、解决大学英语写作教学问题的对策

（一）找准学生"薄弱点"，抓好语言基础教学

目前我国大学英语写作的通病在于无法克服母语思维定式的束缚。在大学生英语等级考试当中，学生的写作题得分普遍较低，作文存在内容匮乏、表达不够流畅、中式英语多、语法错误多等问题。

写作教学中的语法诠释并非简单的语法灌输。教师在讲解语法规则时，重点在于归纳，而非演绎，要以学生的感性认知为基础，学生在此基础上完成学习任务。因此，教师在布置学习任务时，坚持任务型教学的信息差原则，以确保任务设计的合理性。开展任务型语法教学过程中，教师需要侧重引导学生体验语法规则，语法的用法次之。此外，要有明确的教学目标且有可操作性，将语法规则与学生的现实生活联系在一起，让学生在实践活动中领会语法的表意功能，增强语言的实际运用能力。

比如在讲解动词规则时，可以借鉴以下几个步骤：首先，在文本中找到典型动词；其次，分析不同语境下动词的差异性；最后，由学生寻找规律，教师总结归纳。在实践写作教学中，引导学生进行针对性练习，进一步把握词汇的用法，掌握语法规律，提高写作水平。

另外，教师也需要适当开展任务型语法实践课程，结合学生的身心特点和现实生活，将学习任务融入情境当中，这对教师的设计能力有较高的要求。采用异质分组的形式，让学生进行充分交流讨论，在教师的指导下领略语法的规则，并运用到写作当中。实施任务型语法活动课，有利于调动学生学习语法知识的积极性，帮助学生建立相对系统的语法知识框架。

（二）运用多媒体网络辅助写作教学，增加语言信息输入量

无论何种教学手段，想要满足全体学生的学习需要是不现实的。随着互联网的发展，现代多媒体和网络技术广泛应用于教学领域，并发挥着独特作用，深入影响了英语教学活动。在设计教学环节的过程中，教师应当结合学生的身心和现有基础，利用现代多媒体技术，合理开展"任务型教学法"，充分发挥学生的主观能动性。多媒体网络辅助写作教学的方法，打破了时空束缚，学生的写作有了更多的网络素材，满足了学生个性化发展需要，同时便于师生进行互动和评价。在课堂教学环节，师生能够就话题进行充分讨论，让学生各抒己见。对于学生提出的问题，教师需要给予必要的指导，引导学生主动探究问题答案，也可以通过电子邮件对学生进行针对性指导。在成文的过程中，利用计算机检索文章的拼写、语法错误，大大减轻了教师的负担，同时锻炼了学生自主学习的能力。此外，计算机的复制、粘贴功能省去了学生大量重

写的时间，提高了学习效率，写作水平不断提升。

长期的教学实践证明，多媒体和网络教学手段在写作教学方面有良好的促进作用。从理论的角度看，提高英语写作水平的关键在于读和写。因此，教师在适当调整阅读训练手段的同时，强化写作训练加强指导，以满足学生多样化和个性写作需求，提高学生的综合写作水平。现代多媒体教学手段有效增加了学生的信息输入量，较好地解决了学生母语思维桎梏问题，从根本上解决了写作教学过程中"重理论、轻实践"的倾向。

英语写作教学理论和实践研究是一个系统的过程，提高学生的英语写作素养是一个循序渐进的过程。在写作教学过程中，教师需要有意识地强化教学内容，注重教学过程，完善教学理论，在教学实践中总结出能够满足学生写作学习需要的各种科学教学方法。

（三）了解汉英思维的差异性

语言是思维的外延，文化背景和语言素养的差异决定了人们的思维方式存在不同，反过来影响语言的学习。在大学英语写作教学中，学生的写作技能是其外语思维和表达能力的反映。然而，许多大学生在用外语表达思想时，常常先借助汉语进行思考，再通过翻译的方式来表达，这就使得英语作文充斥汉语思维，这源于汉语思维在英语写作中的负迁移作用。比如，在回答英语中反义疑问句时，英汉两种语言的思考角度是不一样的。单纯依赖翻译下的英文写作无法体验汉英文体的差异。为了改变这一思维定式，要求学生熟悉英汉语言的词汇、习惯用法、句式等，在写作过程中有意识地抑制汉语思维，锻炼英语思维，从而写出一篇地道的英语范文。

因此，对汉英文化差异的了解是有必要的，有利于培养学生英语写作思维，更好地理解英语语法规则。英汉文体的区别在于：从本质看，英语写作侧重围绕主题句开展讨论，要求论据充分；汉语写作追求含蓄，往往借助归纳等方法间接表情达意。从组织结构看，英语写作强调条理性和逻辑性；汉语写作注重感性认知。从写作技巧看，英语写作善于演绎法，注重行文的连贯；汉语写作偏爱归纳法，引用名人名言论证自己的观点。

（四）把握英语语篇特点，培养学生文体写作意识

教学实践表明，多数大学生仍沿用的是中学阶段所学的英语方法和技巧，语言学习方法不够系统，英语学习仍停留在词汇和语法这一基础阶段。事实上，大学英语学习应当过渡到语篇知识阶段，要求学生能够掌握篇章的语法结构，以便迅速了解作者的观点和篇章布局方式等内容。当学生明白了这一点之后，才可能树立起科学的语言学习观。

此外，学生应当了解各种体裁，培养良好的文体意识和英语思维能力。在英语

写作教学过程中，教师要指导学生熟练撰写各种体裁文章，同时要求学生在阅读的过程中分析文体风格，积累相关知识，拓展文体意识，从而形成良好的英语思维水平。

（五）利用翻译训练避免汉语思维的负迁移作用

由于汉语思维对英语写作的负迁移作用，学生在写作时常出现语言错误，这就需要采取必要的措施来规避这一负面影响。在教学中，要求学生熟知汉英语言和思维模式的区别。大量实践表明，强化相关翻译练习，引导学生对比汉英问题的差异，以增强学生的语感，熟悉汉英语言的表达技巧和篇章布局等因素，在大量练习下将汉语的负迁移作用转化为良性迁移。

在大学英语写作中，写作活动受到汉英思维差异的影响，这就需要指导学生分析不同民族思维之间的联系性和差异性，引导学生勤加练习，锻炼英语思维能力，提高写作水平。

学生必须对自己的学习行为负责，具体到写作，就是要写作主动练习，在实践中完善自己的写作技巧，培养良好的英语写作习惯，树立自主合作意识。一篇优秀的英语作文，并非一朝一夕就能撰写出来，需要学生在长期的积淀中，深刻把握文章语法和布局，勤学苦练，唯有如此写作水平才能稳步上升。

四、大学英语写作教学滞后的原因

（一）对写作认识不足

在多数大学生眼中，只要积累了足够的词汇量和一定的语法知识，就能撰写出一篇流畅、地道的英语范文。这种观念导致学生在写作时不加思考，不甚关注措辞、语篇和语法，导致写出的文章逻辑混乱，缺乏完整性。

（二）作文评改工作量繁重

教师对学生作文的评改，在培养学生英语写作水平方面具有良好的效果。然而，在实际的评改工作中，教师需要耗费大量的时间来检查学生作文的拼写、标点和语法等错误，同时写评语，在课堂进行讲评，加上课时的紧张，英语教师不堪重负。

（三）写作教材缺乏、课时不足

大学英语教材类型多样，却独独没有写作教材，写作往往作为精读教材的附带内容，这直接导致写作教学缺乏系统的结构框架。学生匆匆学完精读教材中的写作部分，写作水平得不到实际的提升。

据调查显示，大部分高校未开设写作课程，究其原因，一方面，对写作的认知性不足；另一方面，大学英语教学课时少、任务繁重，导致写作知识讲解和实操时间被精读课挤占；此外教师在阅读、语法、口语、翻译等方面的任务量大，很难有余力兼顾写作教学。

（四）阅读与写作脱节

长期的英语教学实践，存在"重知识、轻交际，重阅读理解、轻写作训练"的倾向。学生由于长时间没有接受系统的写作教学指导，导致掌握的句子、段落和文章写作理论、技巧十分匮乏，写作水平始终停留在一个较低的层次。

五、大学英语写作教学实践路径

（一）重视写作教学，适当增加课时

考虑到当代大学生英语写作水平普遍较低，我们理应认识到写作教学的重要性。一方面，师生需要给予写作教学应有的尊重和重视，对待写作不再像之前那般敷衍了事；另一方面，编写专用的英语写作教材是有必要的，要求教师在课堂系统讲授写作基础理论知识，通过写作训练强化学生的写作基础。此外，考虑到大学英语课时紧张，作文批改任务繁重等因素，可以适当增加教学课时，为提高学生的写作水平创造条件。

（二）写作教学与阅读课相结合

实践证明，阅读与写作相辅相成，阅读为写作提供丰富的素材，写作能够提高阅读的效率。在阅读教学过程中，教师可以考虑从写作角度对文本进行再利用，分析篇章的结构和布局。另外结合课文开展针对性地写作练习不失为一个好方法。学生在练习的过程中，在巩固课文内容和词汇的同时，有效锻炼了自身的写作水平。大学英语教材富含大量经典的范文，学生可以进行背诵，便于在今后的写作中采用相似的表达方式。此外，精读教材中的文本都是标准的书面语，教师可以让学生观察书面语与口头语之间的区别，把握书面语的使用规则，切实提高英语写作水平。

精读课文后的汉英翻译练习也能被视为训练写作的有效方法，这样做既能复习所学的语言知识结构，同时培养学生的英语思维能力和书面表达能力。进行翻译练习，帮助学生认识到汉英文体的差异性，培养英语语感，避免出现使用中式英语的情况。教师还需要鼓励学生进行大量文本阅读，以积累语言素材，拓宽知识面，调动学生的写作积极性。

（三）培养文化意识，加强背诵输入

在大学英语写作教学中，教师需要有意识培养学生对文化差异的敏感性、宽容性，以避免汉语思维方式的干扰。学生在写作的过程中，应当树立英语思维，借助英语参考资料来解决语言难点。

加强背诵输入能够有效克服英语写作的负迁移作用。学生通过背诵大量经典文本，知识输入不断增加，对目标语言现象的敏感度自然会上升，语感也会有显著的提高。随着学生隐性知识不断拓展，较熟悉地掌握了目标语的语言形式和规则知识，自然能够写出一篇优秀的英语作文。

（四）转变教师角色

写作的过程具有迂回性、复杂性、动态性，受到认知和社会因素的束缚，不同人、不同情境下写出的文章都是不同的。此外，写作反映一个人对语言知识的综合运用能力，承担多种教育和社会功能。在写作教学中，教师应当转变教学理念，充分尊重学生的主体地位，由从前的"知识灌输者"转变为"知识的引导者和组织者"，给予学生充足的独立思考时间，综合使用现代多媒体教学手段，确保写作教学的顺利开展，全面提高学生的写作水平。

第七章 大学英语写作教学与相关理论

第一节 人本主义理论与大学英语写作教学

一、人本主义理论概述

（一）理论背景

有关人本主义学习理论的研究在上世纪五十年代就在国外兴起，并取得较大进展，其最初用于心理学领域，产生于对人类行为的基本原理和假设相关的应用研究。

在人本主义心理学下，人的心理体现在人的直接经验和内在感受两个方面，重视人的价值、尊严、理念和个性发展，批判了精神分析学派的性本能倾向和行为主义倾向。人本主义理论认为人的行为取决于旨在实现某一目的而进行的创造活动，在人的进步和社会发展方面的研究具有较大的突破。

在人本主义理论看来，只有从行为者的角度来理解事物，才能理解其行为，从而体会行为者所感知的世界。延伸到学习领域，要求所学内容在学习者看来富有一定的意义，否则学习就无从谈起。人本主义学习理论强调人的学习潜能、动机、自我定位、认知情感等，尤为重视学习者的信念、情感和意图，认为这些要素是决定人与人之间差异的根本原因。同时，人本主义理论提出应当为学习者营造一个良好的学习环境，以便发挥学习者的潜能。

(二)主要理论成果

1. 学习的实质

(1)学习在于"理解"。人本主义者认为学习并非刺激和反应之间的简单联结,而是人对现实世界的感知,对于不同认知水平的人来说,对同一事物的反应是不同的。由此可见,想要了解学生的学习过程,首先要明确学生对外界情境的解释。

(2)学习在于"形成"。在人本主义学习理论看来,学习的关键在于掌握一定的学习方法,在学习过程中积累知识和经验,要求学习者通过实践活动来提高自身的认知水平。在学习的过程中,学生进行自我发现、自我创造,从中获取成功的经验,最终实现自我的发展。

(3)学习在于"发挥潜能"。人本主义理论指出,人类具有学习的内在潜能,他们的学习活动实质上是一个自发的、有意识的选择性学习过程。此时的学习者被视为塑造自己行为并获得满足的人,教育者要做的是为学习者提供激发内在潜能的情境。

(4)学习本质上是一种有价值、有意义的活动。学习的过程应当是愉快的,学生的学习行为不应当受到强迫、惩罚;学习的内容应当是有价值、有意义的,能够被学生用于创造活动当中。一般而言,当学生认为某项学习内容十分有趣,同时对自己有帮助时,学习效率较好;当认为某些知识或技能价值小且意义不大时,则学习难度较大。因此,在教学的过程中,教师要尊重学生的兴趣爱好,为学生实现个性发展创造条件,最大限度激发学生的学习潜能,从而确保教学工作的顺利开展。

2. 学习的动机

有关学习的动机理论,具有代表性的是"马斯洛的需求层次理论",其将人的需求由低到高分为五个等级:生理需求(Physiological needs)、安全需求(Safety and security needs)、爱和归属感(Love and Social needs)、自尊需求(respect needs)、自我实现需要(Self-actualization needs)。人们的需求,经历一个低层次到高层次的转变过程。在这一理论下,"自我实现需要"指人类充分开拓自身的潜能,从而将潜在东西转化为现实东西,而人具有"自我实现"的动机,他们的学习是愉快的。以马斯洛的需求层次理论为基础,有学者提出了关于"自我实现"的三大阶段。

(1)"映射"阶段。人的自我发展是有外界要求的"映射"导致。比如学生说:"我要勤奋学习,因为这是父母的期望"。

(2)混乱阶段。在这一时期,学生的自我意识逐渐产生,而教师的要求与学生的个人看法存在矛盾,导致学习无所适从。

(3)自我实现阶段。当学生的自我意识逐渐占据主导地位且对自己的价值和能力有一个定位时,他们就能独立、辩证地进行判断,在努力学习的过程中实现自我价值。

3.学习的类型

（1）无意义地学习。无意义学习不涉及人的情感或个人意义（Personal significance），无关于完整的人，而是一种"颈部以上（From the neck up）的学习活动"。在这种学习状态下，学生的学习难度较大，在他们看来这种学习枯燥乏味、价值不大，认为课堂许多学习内容对自己而言是没有意义的，在很短的时间就会遗忘。

（2）有意义的学习。有意义的学习在丰富学习者知识的同时，使学习者各部分经验实现融会贯通，对个体的行为、态度和个性发展都具有一定意义的学习活动。它将理论与情感、逻辑与直接、概念与经验有机结合，有利于帮助学习者成为完整的人，具有自发性和自我评价性特征。自发性体现在学习者在内在愿望的驱动下，主动探究事物的本质，并投入自身的认知和情感开展学习活动；自我评价性体现在学习者该部分学习内容能否满足自己的需求，是否能够实现自我价值追求，并针对不足之处加以调整。

二、人本主义学习理论对英语写作教学的启示

（一）尊重人生来具备学习的天性

人本主义者提出，每个人都有内在学习的潜能，学习是人类自有的自我实现过程。在人本主义学习理论的指导下，开展大学英语写作教学活动，能够为充分发挥人的内在潜能奠定基础。

（二）注重学生知识经验的学习

知识的根源在于个体主观的知识经验，学习活动能够使个人感知进行发展变化。在写作教学活动中，要重视学生经验的学习，要求为学生选择符合其认知水平的英语写作教材内容。

（三）满足学生的个人需求

教学活动在受到外部环境的制约时，更取决于学生内在的自我主动学习。在教学过程中，学生起着决定性作用，教师则是一个指导性作用。学习活动旨在满足学生的自我需求。因此，在写作教学中，教师需要尊重学生的意愿，围绕学生的学习需要，为学生提供其较为感兴趣的相关知识。

（四）培养学生的创造性

人本学习理论将学生的创造性分为学生特殊才能的创造和学生自我实现的创造。前者并非人人都有，不是传统教育就能实现；后者强调的是心智健全的学生应具备的处理经验和能力，具体从以下两个方面入手。

1. 为学生提供充足的学习机会

良好的学习机会对激发人的潜能具有重大意义。在大学英语写作教学中，教师应当尊重学生的受教育权，确保每位学生的学习机会，指导学生对学习、生活的体验。同时，教师需要给予学生充足的独立思考时间，为学生创造更多的体验机会，培养学生的自主学习能力。

2. 关注学生的生理健康状况

学生出色完成学习任务的前提，在于充沛的体能、饱满的精神、敏锐的感知和迅速的活动力、积极乐观的学习态度。因此，在英语写作教学中，教师不仅要关注学生的文化素养，还需要重视学生的身体状况，对学生的生活习惯、运动情况等有一个大致的了解。

三、人本主义学习理论在英语写作教学中的应用

（一）"讲"

"讲"要求教师的"讲"与学生的"讲"相结合。具体到英语写作教学当中，教师无须告知学生既定的结论，而是给予学生独立思考的时间，让学生结合自身的写作实践和经验进行归纳。因此，英语教师应当摒弃传统的"知识灌输"式教学模式，积极引导学生回忆以往的学习知识，发挥学生的主观能动性。在"讲"的过程中，注意以下几点。

首先，教师要充分熟悉教学内容，同时对教材内容有自己的见解，对学生的学习状态和预期有所了解。

其次，教师应当精心设计教学环节，合理设计教学主题，提出针对性的问题供学生讨论，充分调动学生的学习主动性。

最后，教师需要结合学生的回答和讨论情况，合理处理一些争议问题，确保教学效果。

（二）"练"

"练"是英语写作教学的落脚点。教师应当结合学生的学识经验和生活需要，科学安排写作技巧训练。比如，在训练的过程中，采用观察日记、写影视评论等方式切实提高学生的写作水平。

（三）"评"

"评"是评价学生学习效果的关键环节。由于写作活动是一种没有标准答案的创造性活动，因此教师在教学评价的过程中应当注意以下几点：

第一，教师不应当将自己的构思的偏好强加给学生。

第二，教师应当把握评价尺度，结合学生的实际情况，对学生文章的内容和技巧进行分析，与学生保持互动，营造和谐的学习氛围。

第三，在评价的过程中，教师可以找出具有代表性的范文，与学生一同对作品进行赏析和点评，把握作者的思路，了解作者的意图，锻炼学生的综合写作素养。

综上所述，在英语写作教学过程中，综合采用"讲、练、评"相结合的教学模式，活跃课堂氛围，充分发挥学生的主观能动性，激发学生的创造热情，实现学生的全面发展。

第二节 建构主义理论与大学英语写作教学

一、建构主义理论概述

随着心理学研究的深入和对人类学习过程认知规律的深刻把握，建构主义学习理论也得到了长足的发展，其重视学习者主动发现和探索知识，在此基础上实现意义建构，强调学习者的主动性、社会性和情境性，提出了许多有关学习和教学的内容。

（一）建构主义理论特征

1. 强调个体的社会经历与语言学习的联系

在建构主义理论看来，语言知识的获取不在于个体的记忆和背诵教学内容，而是个体结合自身经验去实现意义建构，重视个体的社会经历，使得个体的语言学习更有现实意义。

2. 强调学习素材对学生的作用

建构主义者提出，"素材"是一个动态发展的概念。具体到写作教学当中，就是结合学生的现有写作基础，同时考虑学生的潜在发展水平，以提高学生的综合写作素养。

从某个角度来看，教学设计在建构主义理论指导下，有了新的时代意义，有利于优化教材编写方式，能够为学生建构会话意义的情境问题，将情境创作视为学习的重要方式之一。

3. 强调交往的作用

建构主义学派重视学习者对学习内容自我建构的同时，也强调学习者在学习过程中与他人交往的作用，将教学活动视为一种交往活动。在开展写作教学活动时，教师应当突出学生的主体作用，认识到交往的重要性。在教学过程中，交往具体表现在以下方面。

（1）师生之间的互动。教师应当转变教学理念，在发挥自身教学主体地位的同时，重视与学生之间的互动，构建平等和谐的师生关系。

（2）生生之间的互动。互动以语言交流为基础，学生之间进行讨论和交流，能够提高语言学习的有效性。

在写作教学过程中，重视师生之间、生生之间的交往，有利于让教师和学生全身心投入写作教学当中，共同为实现教学目标而努力。在互动的过程中，学生的主体性和独立性得以增强，有利于培养团结协作意识，同时满足自身的个性需求，实现全面发展。

（二）建构主义理论观点

1. 学生是学习的主体

建构主义理论指出，学生在入学之前就已经具备了一定的经验和认知图式结构，在新知识的构建中具有重要作用。考虑到学生的认知和经验存在差别，他们对外部世界的理解也存在不同，教师需要承认这种差异性，将其视为一种珍贵的学习资源，确保教学活动的顺利开展。

学生以自己的方式构建新事物的意义，得出的结论存在不同，通过协作对话的方式共享思维成果，则能够丰富自己的知识面，提高理解水平。故而在写作教学中，教师要做的就是指导学生，调动学生的学习主动性，为学生养成良好的学习习惯，鼓励学生之间进行交流，实现共同进步。此外，教师应当合理设计教学环节，帮助学生在意义建构的过程中把握新旧知识的联系。

2. 知识是相对的

情境有着自身的特性，知识在情境下的运用并非简单的套用，学生在学习的过程中，应当把握教学内容在具体情境中的差异变化。由此可见，教学为知识的处理和转化提供了媒介。在这一过程中，教师不应将自己的观点强加给学生，而是要倾听学生的意见，在此基础上给予学生适当的引导，以便实现知识和意义的建构。

3. 重视学习过程的一切因子

（1）情境为语言学习营造了真实的交际活动和语言场景，强调情境在教学过程的重要性。

（2）协作指学生之间在语言交流下的合作活动，包括共享学习资料、评价学习成果、实现意义建构。

（3）对话是协作的一个重要环节，学生之间的会话和交流，是按时完成学习任务的重要因素。

（4）意义建构是语言学习的目的和归属，指事物的属性、规律以及内在的本质联系。

4.发挥教师的主导作用

建构主义理论一方面重视学生的学习主体地位，让学生在复杂的情感体验中完成学习内务；另一方面也提出教师的作用不容忽视，应当充分发挥教师在教学过程中的主导性作用，帮助学生建立起相关知识的有效建构。具体包括以下几点要求：

（1）教师应当转变自身角色，主动对学生提供指导，逐渐成为学生学习的引路人。学生在实现知识建构的过程中，其需要采用一种全新的认知加工策略，对此，教师可以提供适当的元认知工具和心理测量工具，不断提高学生的批判性思维和认知水平。

（2）教师应当明确教学目标的内容，包括认知目标、情感目标等多种目标。同时，教师需要关注学生的心理情感，实现真正意义上的教学相长，推动学生的发展。

（3）教师为学生展现与现实生活有关的问题，对结论不要求标准答案，言之有理即可，有利于锻炼学生的思维能力，帮助学生从多个维度认识现实世界。

二、建构主义理论对英语写作教学的启示

建构主义理论将写作教学视为一种社会行为，认为环境对写作教学有着重要影响，甚至决定了智力发展方向。因此，在写作教学过程中，应当充分重视师生之间、生生之间的互动和交往，具有显著的社会性特征。学生的写作活动正是在学校这一特定情境下，以及教师的直接指导下进行的。

学习活动需要教师与学生组成的"学习共同体"的共同参与，具体而言学生的写作行为成为学习共同体行为，是个人行为与共同行为之间的相互依赖的辩证过程。此外，学生的学习活动也受到社会环境和传统文化等因素的影响。建构主义理论强调"教师——学生——环境"三者在写作教学的作用。

在建构主义学习理论看来，写作教学过程本质上是学生主动建构知识的过程，学生不再是知识信息的被动接受者，而是积极探索信息意义的建构者。由于每个人的认知水平和文化背景存在差异，导致信息加工的过程有所不同，因此知识的建构只能由自己完成，这对学生有了更高的要求。

相比传统的英语写作教学，建构主义理论指导下的英语写作教学要求学生承担更多的管理职责，对自己的学习负责，否则就无法成为自主的学习者。学生在教师的指导下形成控制自身学习过程的能力，养成自主学习的习惯，同时主动融入建构主义英语写作教学日程当中，在此基础上掌握新的学习策略。这就要求教师和学生都要转变角色定位，一同参与到写作教学当中。

三、建构主义理论在英语写作教学中的应用

（一）小组合作学习和辅导模式

在写作教学过程中，采用小组合作学习和辅导模式，对学生的询问、解释和讨论等环节具有重要意义。学生在合作下写文章，能够获得不同于独立完成文章的感悟和经历，对写作内容和方法都会有新的认识，写作活动更具有创造性。在小组合作中，教师的期望被弱化，学生与学生之间相互辅导、共享知识经验，实现双赢。

（二）脚手架模式

支架式教学为学生知识建构提供概念框架（Conceptual framework），有利于加深学生对问题的理解，因此需要将复杂的学习任务进行分解。在脚手架模式中，支架依赖于教师的指导，属于一种抛锚式教学方法，"锚"指真实问题，能够为学生提供一个生动形象的宏观情境。

支架式教学模式，建立在"最近发展区"理论之上，能够为学习者提供真切的描述。学生在教师的指导下，主动管理学习任务，自主掌握、建构和内化知识信息，掌握一定的知识和技能，促进自身的认知发展。

在英语写作教学中，教师通过对学生进行直接指导，指导频率随学生能力的提高而适当减少。大量教学实践表明，在合作学习中采用脚手架教学方式，能够大大提高学习效率。因此在英语写作课堂当中，教师应当主动寻找脚手架情境，关注学生的学习过程，为学生提供必要的指导。

第三节 主述位理论与大学英语写作教学

一、主述位理论

在语言功能学中，主位和述位是两个重要概念。主位一般位于句子的起点，其叙述的信息多为已知信息；述位陈述的多是新的信息。具体而言，主位是句子的最左边部分，是叙述的起点；述位是对主位的说明和补充。句子的主位形式多样，主语、谓语和状语等都能充当主位，这些词承担主位的情况被称为"主位化(Thematisation)"。根据复杂程度，主位可以分为以下几类：

1. 单项主位（Simple Theme）。多指一个整体，无法继续分类，一般是名词词组、

副词词组。

2. 多项主位（Multiple Theme）。指主位的前面还有诸如语篇成分（Textual Elements）、人际成分（Interpersonal Elements）等多种成分。

3. 句项主位（Clause as Theme）。指由主从句中的从句或由动词的非谓语形式构成的短语。比如以"ed"或"ing"结尾的短语。

主位分为标记主位和无标记主位。在现实生活中，人们多根据语言习惯进行交谈，句子的开头多无标记。对于一般的陈述句而言，主语部分就是主位，当说话者想要强调某一成分时，会对主语进行预设。

综上，标记主语仅在句中占据主位的位置，并非句子主语；无标记主位多属于句子的主语。在句子中都有主位，当其单独存在时，主位和述位位置不变；当句子组成语篇时，句子主位之间、述位之间、主位与述位之间的关系会随之变动，这一现象被称为"主位推进"。

主位推进（Thematic Progression，TP），指语篇随着主位的推进展开，各句子的主位先推进，从而形成一个完整的语篇。

二、主述位推进模式

（一）平行型主位推进模式

平行型主位推进模式，指语篇的各句子围绕中心思想展开，主位是一致的。具体而言，就是语篇第一句的主位是篇章的主位出发点，之后各句以第一个小句的主位为主位，以引出不同的述位，对同一主位进行多个角度的描述。这一模式的特点在于"主位相同，述位不同"，如图 7-1 所示。

$$
\begin{array}{lll}
T1 & \longrightarrow & R1 \\
T1 & \longrightarrow & R2 \\
T1 & \longrightarrow & R3 \\
& & \cdots
\end{array}
$$

图 7-1 平行型主位推进模式

平行型主位推进模式例句如："...but a surgeon（T1）needs conceit（R1）.He（T2=T1）needs it to Encourage him in trying moments when he's bothered by the doubts And uncertainties that are part of the medicine（R2）.He（T3=T1）has to feel that he's as good as and probably better than any other surgeon in the world（R3）."

（二）并列型主位推进模式

并列型主位推进模式特征有：语篇的第一、三、五小句主位一致，第二、四、六的主位相同，依次推进，该模式常用于对比类语篇，分别阐述事物的特征，如图 7-2 所示。

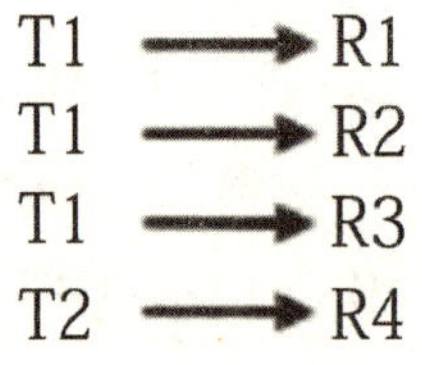

```
T1 ——→ R1
T1 ——→ R2
T1 ——→ R3
T2 ——→ R4
```

图 7-2 并列型主位推进模式

并列型主位推进模式例句如："The play（T1）was interesting, but I（T2）didn't enjoy it（R2= T1）.A young man and a young woman（T3）troubled me（R3= T2）.I（T4）turned around and looked at them（R4 = T3），but they didn't pay any attention to me."

（三）集中型主位推进模式

集中型主位推进模式的特征为：前后各句主位不同，全部或一部分述位相同，如图 7-3 所示。

图 7-3 集中型主位推进模式

集中型主位推进模式例句如："The best solution to the problem of overpopulation（TI）is to exercise birth-control（R1）. And many countries（T2）have birth control policies（R2= R1）.China（T3），for example, has been practicing the one couple-one-child policy for along time（R3= RI）.It（T4）is quite possible that birth control can help the world to solve it s problem of the population explosion（R4= R1）."

（四）延续型主位推进模式

延续型主位推进模式特征为：前一句的述位或述位的一部分为后一句的主位，以此推进构成语篇，如图 7-4 所示。这一模式能够展现各句子之间的联系，保证篇章的连贯性，方便读者把握文章脉络。

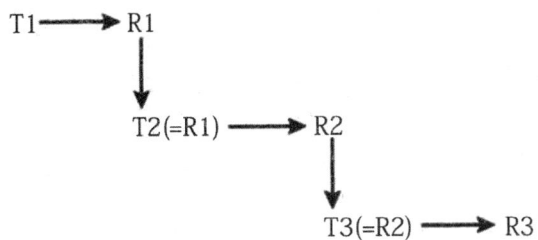

图 7-4 延续型主位推进模式

延续型主位推进模式例句如："Some people（T）think money 18 the source of all happiness（R1）.With money（T2= R1）you can do whatever you like（R2）. You（T3= R2）can buy a beautiful home，a luxurious car，famous brand clothing and even a pretty wife（R3）."

在英文语篇当中，影响语篇连贯性的要素很多，比如主谓结构、衔接手段以及句子的逻辑关系等。上述四种主位推进模式都能较好地展现语篇的结构，能够合理安排语篇内容。

三、主述位理论对英语写作教学的启示

在英语写作教学中，文章的逻辑布局对语篇发展至关重要。因此，陈述观点必须按照一定顺序，语篇中的每一句话都需要推进文章的主旨，而不是将文本信息进行简单堆砌。

把握主述位理论，有利于提高学生谋篇布局的能力，增加知识输入，通过分析文章的主位和述位，从而更好地把握文章的脉络和结构，进而理解文章的主题。例如：

I went last week to the theatre.My seat is very good.The play was very fun.I don't like it.A young man and a young woman sat down behind me.They were talking loudly.I was very angry.I can't hear what the actors say.I turned around.I looked angrily at the man and a woman.They did not notice it.Finally, I couldn't stand it anymore.I turned around again. I can't hear a word!I said angrily.It was not your business, the young man said rudely.This is a private conversation!

上述语篇中，每一个小句的最前面的词组都是主位，能够对文章内容有大致的了解。上文的事件发生在 last week，主人公有 I 和 the young man and the young woman，围绕 the play 展开，直至结束 Finally。

综上所述，在英语写作教学过程中，教师应当有意识地为学生讲授主述位理论的有关概念、特征和使用技巧，以提高学生的阅读效率和写作水平。

四、主述位理论在英语写作教学中的运用

（一）使学生学会使用标记主位

在英文语篇中,主位是句子传递信息的起点,对整篇文章的理解有着重要的导向作用。在谋篇布局中,作者需要考虑句子的主位,做到不影响读者阅读理解的同时,反映文章中心思想。

具体到英语写作教学当中,教师需要帮助学生学会使用标记主位和无标记主位。例如:

1 am sitting near my window. A big lawn surrounded by trees is outside my window and a flower bed is in the middle of the lawn. It was full of daffodils and tulips in the spring. You'd love it here if you come to visit it.

作者旨在用这段话向读者描述某一空间,所有的句子都是无标记的,篇章中各信息分量相等,导致文章显得混乱、无序,不利于读者对空间的定位。结合主述位理论对这段话进行修改则能得到较为清晰语篇。

I sit near the window.Outside my window is a large lawn surrounded by trees, with a flower bed in the middle.In the spring, it's full of daffodils and tulips.If you visit, you'll like it here.

在这段话中作者灵活运用了标记主位,通过将第二句中的两个小句的位置状语分别置于句首,让其成为标记主位,使叙述条理清晰,便于读者对空间的把握,文章显得生动活泼。

因此,学生在选择主位结构的同时,需要考虑读者的心理倾向和文本的体裁等因素。

（二）使学生正确使用主位推进模式

在语篇中,每个句子都有自己的主题结构,相邻句子的主位和述位相互联系,从而确保文章的完整性和逻辑性。利用主位推进模式,便于读者理解文章中心思想,把握文章脉络发展。

在英语写作教学中,想要让文章节奏明朗、主旨鲜明、衔接连贯,学生需要在考虑读者倾向和体裁的同时,正确使用主位推进模式。然而看似衔接良好的文章也可能是杂乱无章的词语组合。例如:

There are both external and internal factors contributing to the dramatic increase in teenage smoking.Teenagers now have more pocket money to buy cigarettes.They are easily tempted by the advertisements around them.

这段文章采用平行型主位推进模式,以 teenagers 为出发点进行论述。语篇看似工整对仗,但细读却发现语言寡淡、形式单一,词语的组合缺乏连贯性。因此,可以

稍作如下修改。

There are both external and internal factors contributing to the dramatic increase in teenage smoking.On the one hand, with the improvement of living standard, teenagers have more pocket money to buy cigarettes.On the other hand, with so many advertisements around them, teenagers are easily tempted.

修改后的语篇穿插使用标记主位和非标记主位，同时将介词短语 with the improvement of living standard 和 with so many advertisements around them 置于句首，既避免了句式形式的单调，又很好地强调了青少年吸烟的主题。另外，On the one hand 和 On the other hand 的使用，使句子之间的结构脉络清晰，承上启下，前后呼应。

在英语写作教学中，教师需要培养学生使用主位推进模式写作的意识，加强有关方面的训练，有效克服学生在写作过程中出现的句式单一和结构杂乱无章等问题，全面提高学生的综合写作素养。

第四节 元认知理论与大学英语写作教学

一、元认知与大学英语写作教学

掌握正确的学习方法，是提高学习效率的关键。在英语写作教学过程中，教师应当重视培养学生有关写作的学习方法。元认知策略逐渐深入运用到英语学习中，对于英语学习者而言，掌握一定的元认知策略，能够主动根据自己的发展需要选择学习课程，制订学习计划。同时对自己的学习方式进行监督和评估，并结合实际情况对学习方向进行调整。学者普遍认为元认知在英语写作中发挥重要作用，然而当前的大学英语写作教学活动，仍沿用的是传统的英语写作教学模式，学生整体的写作水平较低。在所有的英语语言学习中，英语写作的复杂程度高，对学生的综合英语语言能力要求高，对教师和学生来说都是相当头疼的一大难题。

早在上世纪七十年代，对元认知的研究就在经过探索和完善的过程中，逐渐获得了较重要的成就。当时学术界已经把元认知界定为：对自己认识的过程、产物以及自己对事件的认识与理解。不仅如此，元认知还可以对计划和数据加以跟踪、调整并进行相应操作，分为元认知内容、感悟、规划和战略等四部分内容。在这些内容中，以元认知内容和感悟的形式联系非常密切，同时也和战略保持着彼此独立、互动密切的关联。而元认知内涵中，以元认知感受或策略的形式，用以达到元认知目的。元认知感悟，通过一系列的增减改动，对元认知内容施加影响，二者是相辅相成的关系。在英语教学活动中，需要对元认知持有足够的重视。

掌握元认知策略，有利于提高学生的语言展示能力，调动学生学习的主动性，学生在不断地总结和反思中提升自己，实现自身的全面发展。

二、元认知在大学英语写作教学中的现状

长期以来，写作部分都是大学英语教学的重要内容，在英语等级考试中占据相当的比重。英语写作有利于提高学生的整体英语水平，锻炼学生的书面表达能力。然而，现阶段的大学生并未掌握科学的英语写作方法，没有制定合理的学习计划，对自己的写作素养不够重视。对于大学生来说，已经经历了长期的写作练习，但词汇不当、语法错误、布局不规整等问题仍没有得到改善，甚至多数学生写的文章出现常见的逻辑错误。

从目前大学英语写作教学现状分析，导致出现上述现象的原因在于：第一，相比中学时期的英语学习，大学英语教学课时大幅度缩短，而教师却布置了较多的词汇、阅读、口语等学习任务，学生的写作时间被严重挤占，加上课后英语学习的主动性不强，写作水平的提高无从谈起。第二，当代大学生缺少有效的英语写作学习方法，对元认知策略意识不足。在英语写作学习的过程中，不少学生采用的是"死记硬背、背所谓的模板"，在写作时缺乏新颖性，导致写出的文章生硬甚至漏洞百出。尽管部分学生认识到灵活运用有关知识的重要性，由于被"模板思维"束缚，写作水平得不到实质的提升。以上原因，大部分可以归结于学生的元认知策略观念淡薄，加上教师也没有意识到元认知策略的重要性，这些都阻碍了学生的英语写作能力的发展。

三、元认知在大学英语写作教学中遇到的问题

（一）学生对元认知在英语写作教学中的应用观念不强

从目前大学英语教学现状来看，英语教学活动存在短时间突击和强化的现象，以应对英语测试。词汇量不够，在英语写作中憋不出有效的词组、中式英语等是许多大学生的通病、此外，加上大学英语课时相对较少，学生学习的自主性不强等，都导致学生难以写出一篇优秀的文章。

（二）缺乏科学英语元认知写作认知和策略

在英语写作学习当中，学生没有掌握合适的学习方法，无法有效监督和调节学习进程，学习效率可想而知，长期可能会对写作产生抗拒心理。在传统大学英语写作教学过程中，教师处于绝对的主导地位，采用的是"灌输式"的教学模式，抑制了学生的主动性。然而，英语写作技能提高的关键在于让学生独立思考，发挥学生的主观能动性。由此可见，传统的英语写作教学导致英语学习主体失位，严重阻碍了学生英语写作水平的提升。

(三)英语写作元认知监控机制不完善

元认知策略应当贯穿语言写作的全过程,这就要求写作人捋清思路,同时从阅读者的角度思考其能否理解并支持自己的观点,这表明元认知的知识和实践都渗透到了实际的英语写作过程中。在写作时,元认知具体表现在以下几个方面:作者以自身和写作为意识目标,在写作任务的依据下,选择最适合的写作方法和策略;同时对整体的文章结构进行监控,提取一切能够运用到的写作信息;最后对所采用的写作方法进行审视,避免以后的写作出现类似的问题。作为英语写作学习的一个关键策略,元认知只有被科学地利用,才能切实提高学生的英语写作能力。

四、元认知在大学生英语写作教学中的应用

(一)增强学生的元认知观念

想要提高学生的英语写作水平,就要让学生意识到元认知策略的重要性,具体来说就是要求学生对写作目标具有一个良好的定位,能够选择最适合的写作策略。第一,学生应当了解自身的写作实际情况,客观分析自身的写作能力与大学英语课程要求的写作水平之间的差距。教师在英语写作教学中,需要让学生掌握大学英语课程大纲关于写作水平的一般标准和更高标准。在实际写作训练中,采用教师评改和学生互评的方式,让学生对自身的英语实际写作水平有一个中肯的评价。

第二,在了解自身实际水平的基础上明确英语写作目标,教师的职责在于帮助学生确立合适的写作方向,要求制定的写作学习目标与其他目标相一致,这样做能够帮助学生清楚自己写作学习的发展重点,充分调动学生学习英语的积极性。在英语写作教学过程中,教师既要帮学生制定长期的写作目标,同时结合学生的现有写作基础制定阶段性的写作训练计划。比如,日掌握的词汇量、周阅读量、月末的模拟训练等。制定阶段性的写作计划与目标,学生对自己的学习情况有了大致的了解,在此基础上进行总结和反思,在长期的积累中稳定提高写作水平。由此可见,强化元认知观念,有利于激发学生英语写作的自我管理、自我监督意识,调动学习的主动性。

(二)丰富学生的元认知策略与知识

英语写作的教与学都是一个长期的积累过程,元认知在逐步提升学生的写作水平方面具有重要意义,因此学生应当培养一定的元认知能力。在实际的写作教学当中,指导学生对英语写作有一个科学的认知,包括语言知识、目标知识和策略知识等方面的认知。通过直接授课等方式,为学生讲解有关元认知的基本概念、性质和作用,同时传授学生常见的元认知方法和策略,切实提高学生在不同情境下对元认知策略的运用能力。此外,结合学生的具体学习效果,有针对性地开展写作训练,注重对学生进行指导,并对训练结果进行总结,及时将情况反馈到学生手中,让学生在实际的操作

过程中逐渐把握元认知的精髓。

(三)提高学生英语写作的元认知监控水准

在实际的英语写作教学过程中,教师需要主动监督学生的写作练习,指导学生自主开展英语写作训练。

首先,在写作的初始阶段,引导学生逐渐树立正确的英语思维观,帮助学生了解母语与英语之间的联系和区别,树立良好的英语阅读和写作习惯,制定阶段性地写作学习计划。

其次,监督学生的英语写作过程。在写作教学过程中,教师对学生英语写作进行监督,为学生指点出写作中的问题和不足,并提供针对性的指导,提高学生英语写作的学习效率。

最后,树立学生互动意识。写作教学过程实际上也是师生之间的互动过程,具有交流性和社交性。因此,教师应当帮助学生摒弃以往的机械式学习模式,引导学生之间进行沟通,切实提高写作的实际运用能力。

第五节 合作学习理论与大学英语写作教学

一、合作学习理论概述

上世纪七十年代,国外兴起一种崭新的教学理论和策略——合作学习模式,这一模式以小组为单位,通过发挥自身和其他同学的学习优势,以提高合作能力。合作学习融合多个维度的教学模式,具有较高的包容性。其理论基础来源于认知心理学、语言交际功能和建构主义理论。

(一)认知发展理论

在认知发展学者看来,同伴的相互合作和交往推动了个体的认知发展和社会性发展,将人的发展水平分为人的现有发展和人的可能发展水平,二者的差异就是个人的发展,这一理论被称为"最近发展区"。小组合作在组员的最近发展区之间进行交流,在提高彼此的认知水平和发展语言运用能力等方面具有积极的促进作用。

(二)语言交际理论

语言交际理论提出,口头的交际活动是有利于书面交际的。由于各种客观条件的限制,我国英语学习缺乏必要的交际环境,学生的英语交际局限在英语课堂。此外,传统的英语写作教学多采用"灌输式""填鸭式"的教学模式，忽视了学生的主体地位，学生鲜有机会进行口语练习。而采用小组合作学习模式能够有效弥补这一缺陷，学生之间通过相互沟通和交流，在交际的过程中确定写作的提纲和初稿，提高学生的写作水平。在这一过程中，教师应当采取相应的措施，对学生的交流过程中进行监督，避免出现交流流于形式，以确保合作学习的顺利开展，提高教学质量。

（三）建构主义理论

建构主义学派强调教师角色的转变。第一，由知识的灌输者转变为学生主动学习的引导者；第二，转变教学理念，采用全新的教学模式；第三，尊重学生的主体地位，承认学生的个体差异性，积极帮助学生实现意义建构，培养学生的自主学习能力和协作意识。合作学习恰好能为学生提供一个自主学习的平台，实现写作教学目标。

综上所述，合作学习模式指在教学活动中，将学生分成若干个小组，以小组为单位开展学习活动，完成教师布置的学习任务，确保组员之间分工明确、相互配合，共同完成学习任务。合作学习强调集体的重要性，同时重视学生个性的发展，培养学生的合作意识。学生通过小组交流和讨论，实现取长补短，从其他同学获取有效的学习方法，全面提高自身的学习能力，实现知识信息的拓宽、认知水平的提高。

二、合作学习理论对英语写作教学的启示

合作学习理论注重培养学生的合作写作意识，充分发挥学生的主观能动性，最终实现提高学生写作水平的目的。在今后的英语写作教学中，教师应当以合作学习理论为指导，尊重学生的主体作用，坚持以学生为中心的教学理念，切实提高写作的有效性。具体启示如下。

第一，合作学习理论让学生在主动参与的过程中，了解到元认知策略和培养合作意识，提高英语写作的自主性，科学安排自身的学习计划，提高写作素养，提高学习的积极性。

第二，合作学习理论重视培养学生的情感调控能力，树立学生的写作自信。在合作学习理论指导下的英语写作教学中，学生成为学习的主人，教师为学生提供主导，从而构建良好的学习氛围。

第三，合作学习理论注重语言的相互交流。同时师生互动、生生互动，有利于实现资源共享、互帮互助，在完成写作任务的同时，提高了学生的社会交际能力。

第四，合作学习理论要求采用班级授课和小组合作相结合的教学方式，如此一来，学生有了充足的交流探讨机会，有利于锻炼学生的思维，激发学生的求知欲，通过小组合作摸索出更多有效的学习方法。合作学习模式有利于提高学生学习的主动性，对英语听说教学都有一定的促进作用。

三、合作学习理论在英语写作教学中的应用

（一）合理分组

采用异质分组原则，将全班学生分为4~6人小组，考虑组合的层次性、差异性和互补性，确保分组的科学合理，以调动学生的学习积极性。分组之后，由小组内成员一同完成教师设计的写作任务，最后以小组为单位进行表现评价。教师可以不定期对小组成员进行重组，以促进合作形式的多样化，不同的学生彼此了解，优势互补。

（二）做好写前活动

1. 语言输入

语言输入环节分为两个部分。第一，教师指导。由教师引入写作话题，引导学生进行思考，以激活学生的图式，为其构思成文奠定基础；第二，小组讨论。组内成员就话题展开交流、讨论，每位组员都需要发表自己的看法，深入挖掘主题内容，同时做好相关信息的补充工作。

2. 列提纲

学生就写作主题进行构思、列提纲，在此基础上写出主题句，从而确定支撑文章的主要内容，最后列出关键词和短语，为写初稿做准备，做到层层递进，保障文章的连贯性。

在小组讨论中，教师可以采用自由讨论、信笔畅书、分类等形式激活学生的思维，由学生自行搜集资料，保障写作活动的有序进行。

（三）鼓励学生独立写作

在写作教学中，教师可以鼓励学生独立写作。当小组讨论结束后，组内根据讨论结果，在选定的题目下写作。在写作过程中，学生有疑问可以向教师或其他同学求助，但应当确保文章由自己独立完成。

（四）重视写作后的评价和反馈

写作评价是写作教学的重要一环。在文章写完后，可以采用教师点评、学生自评、小组成员互评等方式对组员文章进行点评，并对结果进行及时反馈，切实提高学生的写作水平。

写作评价应当贯穿写作教学的各个环节，学生需要结合教师和同学的意见和反馈对文章进行修改，最后进行归纳和总结，以加深自己的印象。

第八章 基于生态化视角的大学英语写作教学

第一节 生态化概述

一、生态化教学定义

生态化教学，指在实际教学过程中，坚持以学生为中心的教学理念，课堂各生态因子协调运转，构建相互促进、共同合作的学习环境，最终实现教学目标。具体来说，生态化教学是在生态学原理和方法的指导下，创设情境，由师生共同参与教学活动，调动学生的学习积极性，营造良好的教学环境，最终实现学生的全面发展。

生态课程观指导下的教学活动，将课堂教学与生态环境紧密相连，借助生态学研究方法剖析课堂教学的内外部系统，从而揭示生态教学的基本规律，推动课堂教学的可持续发展。

二、生态化教学特点

（一）整体性

整体性是生态课程的一个显著特征，此时教学活动被视为一个整体的生态系统，以群体组织形式展开教学，在集体的共同参与下推动生态课程的平衡发展和良性运转。

（二）多样性

在生态化课程中，多样性体现在学生的思维方式、现有知识基础、教学环境、学生身心特征、教师教学模式等多个方面。为了方便与学生进行互动，教师可以采用如微信、QQ、微博等多样的现代化通讯手段。

（三）互动性

生态课程下的互动性指师生、生生之间的交流与合作。在教学活动中，师生都是教学的主体，学生和教师处于平等的地位，有利于构建平等和谐团结互助的师生关系、生生关系。

（四）情景性

在生态化教学活动中，由教师创设相关情境，并设计针对性问题，供学生进行讨论和交流，营造生动愉悦的学习氛围。在情境探讨的过程中，学生利用现有的知识对教师的问题进行回答，发表自己的观点和看法，有利于激发学生的创造性思维，推动生态化教学改革。

（五）生成性

学习活动是一个主动过程，教师的职责在于指导和引导学生的学习，学生需要主动建构知识，对提取的信息进行推断，遵循的是生态主体的发展性原则，体现了生态课程的生成性。

（六）多元共存与和谐共生的统一

在认识世界和改造世界的过程中，人类应当遵循自然界客观规律，认识到自然界的丰富性和多样性，不能为了眼前利益而肆意破坏生态平衡。具体到课堂教学领域，教师和学生的个性丰富，教师应当尊重学生的个体差异性，允许学生的个性化发展，尊重教学的客观规律和学生的身心特点，围绕着学生的发展需要开展教学活动，回归生命的本质，实现学生的全面发展。

（七）开放性与交互性的统一

生态化教学系统是自然界的一部分，各生态因子相互联系、相互作用，具有开放性特征。这表明系统内外各要素相互独立、又相互渗透，与外部环境存在密切的联系。生态教学系统存在方式在于相对独立的开放性与交互性的有机结合。作为一个交互且开放的生态系统，生态课程内部的物质、能量和信息处于不断地交换当中。因此，教师在传授知识内容时，应当考虑学生的认知能力和接受范围，让学生得以在新旧知识之间建立联系，实现知识的内化。

生态课程指导下的教学活动，学生的发展过程在于师生之间、教学环境之间的交互作用下的活动，教师和学生都能体会到成长的快乐。在生态教学中，教师应当重视学生的生命价值，构建教师、学生各自发展与互动的生态链条，建立起开放性与交互性相统一的生态化教学有机体。

（八）有限性与无限性的统一

学生的价值资源与自然界的物质资源是一样的，都是有限的，要是一味向学生灌输知识，将学生视为能够无限填充知识的容器，会打击学生的学习主动性，让学生的学习兴趣趋近"枯竭"。人的发展要求全面与个性化的统一，可持续与终身发展的统一，无限度对学生进行潜能挖掘会严重制约学生的未来发展。因此，在教学活动中，教师应当结合学生自身发展规律，尊重学生的个性发展，为学生的终身发展奠定基础。随着学生生命的成长，学生认知水平也在稳定上升，这符合生态化教学理念，在帮助学生生成新的认知的同时，也应当坚持生态教学知识有限性与无限性的统一。

三、生态化教学基本要素

生态化教学，要求以生态的视角看待课堂活动，坚持以学生为中心的教学原则，协调一切积极的生态因子，营造良好的师生互动、生生交流的学习氛围，实现师生的共同协调发展。生态课程教学过程是教师、学生以及教学环境之间的互动对话过程，应当致力于实现学生的全面发展。

生态化教学的生态因素多种多样，主要包括人的因素、物质因素和精神因素三个方面，各个要素之间相互渗透、相互影响，其中一个要素的变动都会使课堂发生某种变化。生态课程各因素之间的能量、物质和信息交换，构成了一个生态课程有机体。

（一）人的因素

课堂教学主体包括教师和学生，二者相互依存、相互促进。教学的过程实际上就是师生之间、生生之间的互动过程，是一个有机的整体，缺一不可。师生在教学目标的指导下，利用现代教学手段，在遵循教学客观规律的基础上一同参与到教学活动当中。在生态化教学中，教师指导学生学习知识、掌握技能，在提高文化素养的同时，人格也在不断地健全。学生的努力和教师的栽培推动了自身的成长和发展。同时，教师也在一定范围内受到学生的影响，学生对教师的尊重、认可和爱戴，都很好地满足了教师的职业获得感。

（二）物质因素

物质因素指课堂教学的物质环境，包括自然因素、时空因素和教学设施等，为开展教学活动奠定物质基础。课堂自然因素包括室内温度和明亮度等；时空因素包括课程设置、教学活动安排、教室的布置等。课堂自然因素和时空因素构成了学生能够感知到的"主观空间"。教学设施指教师和学生在课堂使用的教学和学习工具,包括黑板、多媒体、教材、纸笔等。

(三)精神因素

1. 制度因素

课堂教学活动是个体社会化的重要途径,刻上了较深的社会制度和学校制度烙印。在教学过程中,教师会对学生提出各项要求,以维护课堂秩序,确保教学活动的开展。班级作为学生的基本学习场所,也存在若干非正式的小群体,是师生需要共同爱护和遵守的空间。

2. 文化因素

文化因素指影响课堂教学的各种行为理念,包括信仰、价值、习俗等,具有以下方面特征。一方面,具有潜移默化性,文化因素通过各种形式,比如教室的布局等隐性文化,潜移默化地影响学生的行为方式;另一方面,具有相对性。不同地区的学校、不同班级的学习方式、价值观念和习俗等文化倾向都存在一定的区别。此外,文化因素具有普遍性,存在所有课堂教学一同追求的教育价值理念,体现了文化认同感。

3. 心理因素

在生态课堂中,心理因素包括教师教学和学生学习的心理因素,前者包括教师的角色意识和心理意识,上课时的仪表、言行、专业素养、人格魅力等;后者包括认知、情感、学习态度、学习能力等内容。

人的因素、物质因素和文化因素共同构建了一个由师生共同参与的复杂生态课堂系统,实现了教学功能的平衡发展。在生态课程观下,系统各要素相互联系、相互促进,在解决课堂问题的过程中实现协调发展,构建起以人为本、追求生命共生和个性化发展的生态课堂有机体。

四、生态化教学心理的创设

(一)构建师生和谐对话的生态化教学环境

1. 确立学生的主体地位

在生态课程教学中,教师应当充分尊重学生的教学主体地位,指导学生的学习活动,让学生成为学习的主人翁,对自己的学习负责。同时,鼓励学生积极参与话题讨论,调动学生学习积极性。

2. 发挥教师主导作用

将教师的主导作用与学生的主体地位有机结合起来,耐心引导学生发现问题、思考问题,与学生一同探究问题的答案,能够使学生从以往的被动式学习转变为主动构建知识，锻炼学生的创新精神。

3.满足学生的实际发展需要

在生态化教学设计过程中，应当坚持以学生为本的原则，围绕学生的实际学习和发展需要，结合学生的现有知识基础，在教学中有的放矢，最终实现学生的全面发展。

（二）构建学生自身和谐的生态化学习环境

1.扬长避短，全面发展

在生态化教学中，教师应当充分了解学生的基本情况，包括学习情况和心理状态，挖掘学生的优点，帮助学生树立学习信心，养成健康向上的学习态度。通过和谐的学习氛围潜移默化地影响学生的思想道德观念，培养学生正确的价值理念，实现学生的综合发展。

2.关爱学生，因材施教

由于各种主客观原因，部分学生受到集体的忽视，内心脆弱敏感，影响自身的学习和心理健康。因此，教师需要高度重视这部分学生的心理状态，做好思想工作，让学生放下心理负担，主动投身到生态化学习当中。

（三）构建学生和谐互动的生态化教学环境

教学实践证明，民主管理和科学的教学模式能够拉近师生之间的关系，开展课外活动则能改善学生之间的关系，营造一个互帮互助、积极向上的学习氛围。在生态教学中，学生的交流过程体现学生思维和学习状态，有利于加深学生对知识内容的理解。

生态教学模式下的互动式学习，能够激发学生的求知欲，锻炼学生的探索能力和分析问题的能力，在开发学生心智、拓展思维等方面具有积极的意义，同时拉近学生之间的距离，构建和谐的生态化教学环境。

第二节 大学英语生态化写作教学对传统英语教学的影响

一、从封闭型教学转变为开放型教学

在生态视域下，课堂教学系统受到外部环境影响，同时在信息的输入和输出过程中与外部保持紧密关系。开放型教学课堂，得以吐故纳新、为教学活动注入生机和活力，具体表现在以下几个方面。第一，教学目标多元化。大学英语教学目标不限于完成大纲的要求，更重要的是培养学生的综合素养；第二，教学视野扩大化。教学从以往注重"语言技能"培养转变为培养学生的"跨文化交际"能力；第三，教学模式的多样性。生态化英语教学打破了传统英语僵化的教学模式，通过实现"课内与课外""教与学"的统一，形成了一个全新的"设置问题——定向引导——小组讨论——概括总结——布置作业"的新教学模式；第四，教学手段开放化，随着多媒体在教学中的广泛应用，听、说教学不再限于课堂上；第五，教学评价多元化。形成了以过程性评价为主、总结性评价为辅的多元教学评价体系。

二、教师"一言堂"转变为师生互动教学

生态化教学需要围绕学生的学习和发展需要，尊重学生的生命价值。教师需要转变角色，主动成为教学活动的"导演"，引导学生的学习活动，给予学生充足的独立思考时间，调动学生学习英语的热情。

三、营造生态化教学环境

首先，优化课堂环境。英语学习要求环境相对安静，这样有利于集中学生的注意力；教室的布局也会对学生的外语学习产生潜在影响。这是因为学生的学习途径不仅来自教室，也来自所处的环境。另外，高校应当适当增加基础设施投入，扩大教室空间。

其次，优化师生生态位，实现师生的多向交流。采用可任意组合的移动式桌椅，根据实际的教学活动布置座位。比如，讲解新知识采用行列式，组织讨论采用圆形等，以促进师生讨论。

最后，合理控制班级规模，实行分层分级教学模式。一般而言，小班的情感体验要优于大班，学习兴趣相对浓厚。因此，每班人数应当尽可能锁定在一定范围内，营造良好的课堂氛围。有条件的高校，可以结合学生的实际英语水平进行分级教学，以提高教学的针对性，构建和谐有序的课堂生态环境，切实提高大学英语教学效果。

四、构建网络环境下自主交互式教学模式

不同于知识型课程，英语教学活动不局限于语言知识的传授，还需要锻炼学生的语言交际能力。在生态化英语教学中，坚持理论与实践的统一，转变以往单一的教学模式，活跃课堂氛围，这就需要建立起网络环境下的自主交互式教学模式。在教学规则下，借助互联网，选择具有代表性的生活话题供学生进行讨论，为学生提供真实的外语交际环境。

网络背景下的自主交互式教学模式，要求教师掌握一定的计算机知识和运用能

力，创设相应情境，供学生进行语言对话和讨论。同时，加强听说方面的训练，提高学生的阅读和写作素养。教师利用网络为学生提供丰富的英语素材，在增强教学趣味性的同时，调动了学生学习英语的积极性。

五、开发英语学习的新资源

生态课程教学想要实现可持续发展，就需要具有包容性和开放性，为学生提供语言训练所要求的真实自然的语言情境。生态化英语教学突破了时空的束缚，教学活动置于开放的生态环境下，教学拓展到社会，实现了课堂教学与外界社会的有效联动。在有限的课堂教学中，教师需要重视学生的体验，全面加强学生听说读写等基础能力，同时鼓励学生大胆开口，就时政热点发表自己的观点，通过一系列的语言实践活动，学生的英语思维和表达能力得以增强。此外，生态化英语教学要求为学生提供多样的课外活动，比如英语角、英语沙龙等，创设真实自然的外语交际环境，锻炼学生的语言运用水平。

六、形成性评价体系

教学评价是英语教学中的一个重要环节，应当采用多元化、发展性的综合考核方式，重点考查学生对知识的运用能力，确保评价的科学性、系统性和全面性。一方面，学业测评与水平考核相结合，在考核学生英语水平的同时，为学生学习英语增添了动力，能够全面考核学生的接受能力、产出能力和互动能力；另一方面，实行弹性的教学制定。结合学生的实际英语水平和专业特点，在制定整体教学进度的同时制定个人学习进度。评价因人而异，尊重学生的个性化发展，为创新人才提供合适的环境。

生态化课堂教学，要求让课堂回归自然，为学生的全面发展和个性发展构建一个健康的课堂生态系统。具体到大学英语教学，应当重视培养学生的语言运用能力，促进学生听说读写的全方位发展。学习英语是一个互动、体验的过程，也是语言知识全面发展的过程。生态视角下的大学英语教学，要求遵循教学的客观规律和学生的身心特点，营造开放、民主、和谐的教育循环体系。

第三节 大学英语生态化写作教学的实施途径

一、帮助学生认识到写作的重要性

在英语学习的过程中，学生应当对写作有以下几点认知。首先，写作并非应付考试，英语写作不应当以通过英语考试为目标，否则写作就容易陷入僵化；其次，写作并非为了完成作业任务。如果将写作视为一项任务，学生可能敷衍了事，文章质量得不到保证；最后，写作是"人性"的趣味性教学。生态化英语写作教学，具有人性化色彩，此时的写作成为情感交流，师生在写作的过程中进行思想碰撞，实现共同发展。

二、充分考虑学生个体因素

任何教育教学活动，都以实现学生的全方位发展为目标。大学生的英语写作水平之所以不高，主要有以下原因：词汇量薄弱，选词能力较差，词语搭配能力较差；语法能力不足，内容单调。在许多学生眼中，英语课堂枯燥乏味，针对这点教师应当唤醒学生对写作的认知，培养学生良好的写作习惯。在写作教学中，教师应当为学生树立自信，采用阶梯式教学将知识逐步传授给学生，设置的写作练习难度不宜过高，提供多个写作练习，由学生结合自己的兴趣加以选择，缓步提升学生的写作水平。

三、调整写作教学内容

生态化教学的开放性决定了教学内容的开放性。教学内容不应局限在教材，还需要结合学生感兴趣的方面，与学生的生活贴切。教学内容可以是有助于实现教学目标的一切教学资源。

在对话写作教学中，教师就可以要求学生结合某个场景撰写对话，也可以为学生提供一些经典影视和著作中的对白，以加深学生的印象，调动学生的学习兴趣，比如《泰坦尼克号》男主的深情告白，《大话西游》中的经典独白等。教师也可以让学生找出自己认为经典的对白，供大家一起探讨，之后便结合内容对作文进行修改。在这一过程，教学内容高度开放，很好地激发了学生的创造思维，从而写出一篇优秀的文章。

四、写作练习的设计、辅导与批改

写作练习的设计、辅导和批改是英语教师的重要职责。在设计写作任务时，作文主题应当结合学生实际生活和教学内容，这样熟悉的写作任务相对轻松。布置的写作任务具有可选择性，学生根据自己的兴趣爱好进行写作。在任务布置完后，教师应当给予学生必要的指导，比如要求学生写周记时，讲解有关周记的格式、注意事项等。最后，教师需要对学生的作文进行批改，考虑到学生人数多、精力有限等因素，教师在批改时可以寻找文章的亮点以激发学生的信心，适当性指导学生的错误，让学生在反复的练习中切实提高写作水平。

第四节 生态化大学英语写作教学的优化措施

一、构建可持续发展的、开放的最优化写作环境

生态化英语写作教学环境包括自然环境、课堂环境和网络空间环境。在网络信息时代化，以计算机为基础的新生态因子为构建最优化的写作环境提供了可行性。

自主学习平台、数字化教学平台、网络学习平台等新网络平台的出现，为学生创设了自由、交互、可持续发展的生态写作环境，学生得以实现真正意义上的自由、独立创作。因此，高校需要加大这方面的投入，将这些写作软件运用到写作教学当中，以改善写作环境。

二、设计生命化、生活化的最优化教学内容

根据最优化教学理论，最优化教学内容与周边生活息息相关，社会性较强。因此，在生态化写作教学中，教学内容不再拘泥于课本，应当充分挖掘社会生活中的写作学习资源。

随着全球化的深入、互联网的普及，生态化写作教学对大学英语教师有了更高的要求。教师需要调整教学理念，充分利用现代信息技术，设计出富有时代性和与现实生活密切相关的教学素材。同时邀请学生一同组织多样化的写作实践活动，促进写作教学的生命化、生活化，鼓励学生进行创新，发挥主观能动性。在写作的过程中，学生从生活中寻找灵感，实现写作与生活的和谐，全面提高自身的写作素养。

三、构建和谐平等、互利共生的最优化师生关系

在大学英语写作教学系统中，教师和学生是最重要的两个生态主体，二者之间的关系直接影响写作教学的效果。通过建立"合作化"网络学习共同体，依托网络信息技术构建以学生为中心、师生关系和谐发展的写作教学环境，为师生、生生之间进行平等交流提供平台，拉近二者的距离，利用网络信息技术这一生态因子构建和谐共生的最优师生关系。

第五节 生态化大学英语写作教学评价体系构建

一、转变大学英语写作教学评价观念

观念指导教育方针的落实，不同的观念，评价的出发点和落脚点都有所差异，导致评价的范围和角度也相应改变。在传统的英语写作教学评价中，忽视了学生的个性差异，难以满足学生个性化发展需要，这与教育的初衷相背离。人本教学理念要求教学应当注重培养学生的个性，为学生的个性发展提供条件。只有教师拥有健全的品格，才能培养富有个性的学生。

生态课程观指导下的大学英语写作教学要求以学生为中心，实现社会、学生、教师、学生的有机统一，协调并进，最终实现学生的全面发展。要求教学评价充分发挥导向、激励和完善功能，建立合理的反馈和调控机制，教师在总结和改进教学方案的过程中不断提高写作教学质量。

二、丰富教育教学评价内容

以往的教学评价过分重视知识和技能的习得，忽视了学生的创新和实践能力，与现代教育宗旨不相符。生态学视角下的教育评价要求评价内容更丰富、评价主体多元，注重学生创新、探究、合作和实践等综合素养的发展，以满足社会主义现代化建设的需要。高校英语写作教学目标，追求学生的认知、情感和价值观念的形成，实现感性认识到理性认识的转变，完成知识的内化。因此，写作教学评价内容应当坚持学生的全面、均衡发展，为学生的终身学习奠定基础，使之成为独立、和谐、自由发展的现代化人才。

三、重视大学英语写作教学的过程性评价

高校英语写作教学评价过程具有动态性、发展性和形成性。传统的评价过于单一，学生的学习过程受到忽视，评价不具有科学性和客观性。建构主义理论指导下的大学英语写作教学评价是一个统一的有机体，要求采用认知分析的方法来评价学生的学习效果，确保评价的多角度和多元性，以更好地促进学生的知识建构。

生态化写作教学评价更加重视学生的生命价值体验，关注意义建构过程，培养学生主动探究知识、形成认知策略和自我发展的能力。因此，在评价的过程中，应当坚持以形成性评价为主，过程性评价为辅的原则，将学校、教师、学生和课堂体系都纳入评价体系，确保评价的公正客观。

第九章 基于大数据视角的大学英语写作教学

第一节 英语写作教学角度下的大数据特点

一、写作者身份的多重性

近年来,英语写作者身份的多重性这一话题逐渐进入公众视野,且备受专家学者以及社会各界人士的关注。对写作者身份相关领域的了解与把握,有益于推动英语写作教学与改革的发展。在大数据的影响下,写作者身份有了更为丰富的内涵。大数据时代,网络和数字化平台成功地实现了写作者与大众的深度交流,也进一步扩张了传统写作主体的内涵,主要体现在以下方面:

(一)写作者的自主程度提高

写作者在学习上有了很大的自主性,可依据自己的兴趣爱好、时间、地点等,灵活设置学习任务和学习进度。

(二)师生关系转变

大数据技术打破了时间和空间的局限,实现了信息与资源的共享,使人们可以自由地获取各类学习资源,由此教师的绝对地位受到挑战,写作者也可以参与知识的协商和共建。

(三)写作者与社会的关系更为紧密

借助数字化平台,写作者可将自己的作品推向广阔的市场,供人们参阅、借鉴、品评，还可以以有偿提供的形式获得一定的回报。在这种频繁的互动中，写作者与社会大众的关系也逐渐紧密。

（四）写作者可实现身份的自由转换

在数字化平台中，写作不再是一种单向的行为，可实时实现互动。写作者既是新作品的提供者、反馈者，也是其他作品的读者、评价者。这种身份的互换无形中会增加写作者的写作兴趣，促使写作者更加注重提升自己的写作能力和思辨能力。

二、教学管理者身份的多重性

教师身份是教师这一特殊社会群体依据社会的客观期望并凭借自己的主观能力，为适应所处环境而表现出来的特定行为方式。大数据时代，催生了教育教学模式的一系列革新行为，这也同时撼动了教师教学管理者的身份。过去，教师的主要职责是传道、授业、解惑。传统课堂里的教师是讲授者、课堂活动组织者、信息资源提供者，而今教师的身份日趋多样。

（一）学习资源的管理者和数据的整合者

大数据技术逐渐走入教育领域，成为教师、学生获取知识的快捷、便利且有效途径，学生从中可获取大量的英语写作学习资源与地道的英语学习材料。国内外一流大学开发的精品写作课程和慕课（大规模开放的在线课程）等为他们构建了一个庞大、丰富多彩的英语王国。在这一前提下，英语写作教师已不再是单纯的信息提供者，而是学习资源的管理者和数据的整合者。在学生面对纷繁多彩而又杂乱无章的庞大数据，而又难以从中择取合适的作为英语学习资料时，英语写作教师能够为他们拨开"云雾"，挑选对英语写作提升最有价值的部分。然后再将这些资料罗列整合，根据学生特点和需求，明确授课的内容和形式。如此一来，便对英语写作教师的信息技术应用能力有了更高要求，如何充分利用大数据的便利，为学生提供更高水准的写作教学服务，成为了所有英语写作教师亟需解决的问题。

（二）知识的协商者和互动学习的指导者

丰富的网络资源和数据决定了学生和教师在知识信息获取上具有同等的身份。由此也打破了英语写作教师的权威身份，使他们变为知识的协商者和互动学习的指导者。在英语写作中，师生之间通过文本的传递实现交流与互动。针对不同的写作任务，教师引导学生获取大数据下的有效信息，并以此实现各类英语写作范文、范例的共享。组织学生以小组的形式进行线上、线下的互评互议，增强他们的合作意识，促进其精益求精习惯的养成。激发学生的写作兴趣，了解"对话"与"交流"对于语言表达的重要性，在真实的语言环境中，逐步提升他们的写作技能。

（三）写作过程的诊断者和写作成果的评估者

写作教学中的"师生交互"，最为明显的体现便是作业的批改与反馈。传统的写作教学模式为：学生写作——提交书面作业——教师评改、反馈——学生根据要求修改完善。当学生修改的效果不太理想时，教师本着精益求精的治学态度，往往会让学生再次修改，有时甚至三次、四次等多次评改反馈。这本是教师高度负责的表现，但却忽略了自身的工作量和学生的心理承受能力，以至于让自身和学生都很疲惫，不但达不到教学预期，也会打击学生的写作热情。作文评改与反馈作为英语写作教学的重要一环，对提升学生语感与写作技能有着不可小觑的价值。在大数据时代，通过数字化和网络平台，可有效解决传统英语写作教学中的难题。主要体现在以下两方面。

其一，学习者可以借助于学习语料库提供的海量优质资源，选择适合自己水平和进度的语言输入量，譬如喜欢旅游的学生可以从旅游路线规划、风景、美食、特产等话题中找寻资料帮助自己写作；喜欢运动的学生，可以从运动项目、运动器材、运动员、比赛等话题中寻找合适的写作素材。

其二，写作者完成习作后，通过数字化平台的自动评分与评改系统，可以及时获得充分的反馈信息，根据评改建议修改完善。还可根据自身的需求反复修改、多次提高，以此获取更多、更为全面的意见反馈，从而逐步提升写作者的语言丰富度和写作技能。

在英语写作教学中运用了大数据这一工具后，学生对教师的需求有所下降，教师作为评价者和反馈者的身份被削弱，但这并不意味着教师可以被取代。对于数字化平台写作的研究表明，自动评分与反馈系统还存在一些问题，如不能识别结构较复杂的句子，无法评估语句的流畅性和逻辑性，对疑为中式英语的用法未能给出参考用法；评语概括性强，未给予针对性强且具体的改进建议。但这些于英语写作而言却十分重要，以上方面诊断和指导的缺失或不当，均难以有效提升学生的写作能力。这也正是写作教师在学生的写作过程和习作评测反馈中还需要扮演诊断者和评估者角色的重要原因。教师评改和反馈更灵活、更全面、更有针对性、对全局的把握也更强，也就具有更高的信度和效度。大数据时代英语写作教师的诊断和评估结合网络平台的技术手段，能弥补单一反馈模式的不足，切实提升学生的写作能力。

第二节 大数据对大学英语写作教学的影响

大数据是当今世界发展的趋势，其主要特点为容量大、类型多、存取速度快、应用价值高，也因此成为各国各民族各行业所热议的话题。在大数据的浪潮下，人们的行为习惯、思维方式等均产生了不同程度的变化，而英语写作教学也不例外，在大数据背景下正酝酿着革新。

一、变化

在大数据的影响下，使大学英语写作教学中的各个组成要素从观念到行为等多方面均产生了变化。

（一）写作资源丰富化

过去，英语写作教学的推动主要依靠"一支笔""一本书""一张嘴"，这一教学模式较为单一、僵硬，一定程度上限制了学生写作视野的开阔。但在运用大数据以后，这一切发生了改变，学生可借助互联网、数字化平台获得丰富的写作资源。如文本、音频、视频、课堂录像等，都可为学生提供多种多样的写作素材和多样化的写作指导。写作语料库及强大的数据检索引擎能在英语写作内容方面提供如词汇选择、词语搭配、单词使用频率、语境使用等个性化的帮助。跨学科、跨课程的信息资源又能帮助学习者极大地拓宽视野，丰富写作材料。

（二）写作目的明确化

中国学生受母语思维的干扰程度非常大，这些均见诸在英文写作上，如注重词语词句的华丽生僻，不注重语言形式和思想性，写作总体缺乏目的性，往往是为了写而写，态度较为敷衍。大数据时代自动写作软件和智能写作平台弥补了学生在语言形式和细节上的不足，使他们有了更多的精力可以放在文章内容组织与谋篇布局上。同时，作为数据和信息的产出者和使用者，写作者成为了写与读的中心，在相互品评与建议中，他们与社会的交流与合作日益加强，自然而然写作的目的便更加明确。

（三）写作内容可视化

有了大数据的支撑，写作者不仅可以看到自己所有的写作记录，还可以借助互联网、数字化平台将这些内容与其他人交流、共享。在网络的全面覆盖下，信息数据的产生、加工、传递、整理已形成了一体化的流程，信息数据有了开放共享的特性，也为人与人之间的相互交流与学习搭建起桥梁。而这种交流互动是产生内容的重要途径。通过师生之间、生生之间、网友之间的讨论交互，写作者的写作兴趣和创意逐步被激发。在数字化的写作平台中，他们还可以获取丰富的写作素材以及相关软件系统的帮助，如各种图片影像资料、各种文字记录、各种图片绘制流程图等，这些都可以让写作的内容更为直观、可视。

（四）写作手段智能化

过去的英语写作手段，主要依靠纸和笔。随着电子信息技术的发展，计算机、笔记本电脑走入千家万户，文字处理系统逐渐取代纸和笔的写作，写作者的劳动量大大降低，写作效率也得到稳步提高。大数据时代各种应用软件、智能写作平台、自动评估系统、移动写作系统、语料库系统，在线搜索引擎等从词汇、语法、句型结构、作文体裁、语篇欣赏等角度提供全方位的写作辅助。在这些系统和技术的支持下，写作手段变得丰富多彩，写作者也不再受时间、空间的限制，只要有需要，随时随地都可以写作。

（五）评估和测试方式多样化

在过去，英语写作教学都是以单一的评估过程进行着，即学生写→老师改→老师反馈→学生修改。同伴反馈、生生互评的尝试丰富了评估主体和反馈方式，但到了大数据时代，写作教师才算真正从繁杂的评估和反馈过程中解脱。信息技术和数字化智能平台已实现评估英语作文的功能，可按照一定的标准自动测评，且能够及时给出同步反馈。互联网又进一步实现评估者和反馈者的身份互换，人机互动、生生互动、师生互动都改变了单一的评估反馈模式，丰富了评估反馈的内涵。测试方式也丰富起来，机测、网测的技术日益成熟，且得到了大规模的推广运用，大有取代传统的纸笔测试的趋势。

（六）写作结果数据化

在大数据未盛行的年代，英语写作的传递主要依靠作业本、试卷等纸质材料，这些材料的保存与存档较为麻烦，因此很多学生用完之后往往直接将它们丢弃，极少有人能够保存完整且定期去翻阅。但在大数据时代，这一问题迎刃而解，所有的写作资料都可以按一定的规则，分门别类地保存，写作者在需要时可轻易地调取出来。写作活动从确定主题和内容，到如何写、怎么写好、互评反馈、修改完善、分享发表等，均成为了人们相互交流的话题，且都可以以数据的形式保存在网络或共享平台上。对写作结果进行的数据分析，又可以作为分析学生语言能力、评估写作能力发展情况的重要依据。

（七）写作教学社会化

大数据时代将英语写作教学延伸到校园之外的社会，使教师与学生的写作交流与学习的天地更为广阔。数据共享、技术支持、智能互动等极大地延伸了课堂的时间和空间。移动写作、协作写作、同题写作等新的写作模式把教师的教学活动和社会有机连接起来。教师利用QQ、微信等社交媒体，将其作为写作工具，发布写作任务、分享教学内容、鼓励生生互评、激励成果发表等行为都促成了写作教学与社会环境的无缝对接。此外，丰富的社会实践活动也为学生写作能力的提升创造了许多机会。譬如，公共媒体设置的读者反馈与讨论的专门栏目、国内外交换生项目、国际学术交流、英语写作竞赛等社会活动均涉及到英语的写作，可为学生创造各种形式的写作机会，丰富他们的写作经验，同时这些活动也促进了各国、各校学生与学生之间的交流与合作，他们相互学习、共同促进，进一步打破英语教学的时空、地域界限，加深了英语写作的社会属性。

二、挑战

在英语教育领域引入大数据之后，传统的英语教学逐渐演变为一个综合立体、开放式的学习系统，教学速度、教学效率与教学体验等都达到了较高水平。慕课平台对优质教学资源的开放共享，网络交互式、集体式、开放式、即时性的激发型互动学习体验逐步打破教师在知识上的权威地位。大数据时代为人们的学习方式带来新的理念与突破，同时也对传统的英语写作教学提出了挑战。教师技能和素养必须与时俱进，才能应对大数据带来的挑战。

（一）课堂翻转，挑战英语写作教学课程内容

在大数据时代背景下，英语写作教学的教学资源呈现海量网络化的特点。慕课平台名师名课程的共享开放性给学生提供更多获取专业知识的途径。若教师仅仅依靠传统的纸质教材，采取面授方式，课程计划因循守旧、单一扁平，授课内容照本宣科，势必会引起学生的反感和质疑，降低他们的学习热情。因此，面临这样的挑战，英语写作教师应当做如下努力。

第一，构建多元化的教学方案，适应数据化网络环境下的写作教学。

第二，不断优化英语写作的教学目标、教学模式和教学内容。对于教学目标，教师可以依据学生的实际写作水平来设置，明确他们在英语写作练习、英语写作实践和写作课堂的互动性交流中所需达成的阶段性目标，引导他们逐步提升英语写作技能。对于教学模式，教师可以将课内理论知识的学习与课外实践活动相互结合，鼓励学生进行师生交流、生生互动，教师还可以将慕课优质写作课程分享给学生，充分探索翻转课堂，采用个性化教学模式，鼓励学生的写作热情。对于教学内容，可以扩张到网络精品视频资源、语料库检索共组、写作辅助手段等多元化的教学资源。教学模式可以把课内讲授、课外自主学习、师生交流、生生互动等结合起来。

（二）角色翻转，挑战教师写作评估方式

传统的英语写作评估，主要是以批改作业本的方式完成。教师收集学生的写作本然后翻阅，并在词句间注上修改意见，这样的评估方式不仅速度慢，而且效率低，效果也并不理想，很多学生往往粗略地看一下，鲜少有人后期会再次查看。在大数据时代，自动在线写作评改系统、智能写作平台都能提供作文评估和反馈，并根据语料库对比数据提供修改建议。写作者提交作文后，可以及时通过数字化平台的自动评分

与评语系统获得反馈信息，根据评改建议修改完善。若有需要，他们还可以反复修改、多次提交。迅捷的在线反馈、人机互动、同伴互评使教师作为评价者和反馈者的权威身份在这一过程中被削弱。自动评估系统在推广与运用中日趋成熟，给教师和学生的英语写作的教与学带来了极大的便利，已逐步得到大家的认可。但必须承认的是它自身仍存在着诸多不足，如无法识别结构复杂的语句、无法理清全文是否流畅、难以评估上下文的逻辑关系与关联度、对文章修辞没有反馈等，这些都意味着教师的评估方式依旧非常重要且难以逾越。所以在应对这一挑战时，最好的做法是把教师评改和反馈与在线反馈、同伴互评、师生互改相互结合，打破师生之间身份的界限，使评估方式走向多元化、立体化。

（三）挑战教师知识体系建构

传统的英语写作教学，主要是沿用固定的教学模式，在教授内容和形式上缺乏创新，对学生的吸引力十分有限。教师作为资源的占有者和知识的传播者，知识体系相对固定。大数据时代对此类封闭的知识传授方式产生了巨大的冲击，打破了传统的安全模式，此时此刻无法与时俱进的知识体系是岌岌可危的，随时都有可能被淘汰。当学生已经开始习惯用网络和现代技术搜索数据、观看视频课程、网上阅读、评论互动、获取最新资料时，教师若还保持着照本宣科的教学习惯，不能向学生展示丰富、新颖的教学内容，不能提供有趣、富有创意的课堂实践练习，不能激发学生的创新思考和思辨能力，毫无疑问这样的课堂肯定死气沉沉，这样的教师在学生心目中的地位也将一落千丈。由此可见，在大数据时代，教师应当充分利用先进的技术和平台，开阔自己的文化视野、丰富教学经验，不断更新知识体系，实现教学方式重构。也唯有如此，教师这一群体才能在大数据的挑战下站稳脚跟，保持永久的地位。

（四）挑战教师信息技术应用能力

大数据时代，各项信息技术逐渐进入英语教育领域，随着两者交叉融合程度的加深，引发了英语写作教学方式的变革，由此也对相关教师的信息技术应用能力带来了挑战。大数据技术让教师角色发生了颠覆性的变化，北京外国语大学英语系教授刘润清教授，在其著作中对此做了如下阐述：教师从 God 变成 guide，从 sage on the side 变成 guide on the side，从 teacher 变成 helper, councilor 和 facilitator。写作教师要承担课堂的组织者和学习的引导者、学习资源的管理者和数据的整合者、知识的协商者和互动学习的指导者、写作过程的诊断者和写作成果的评估者等角色。譬如，今日的英语写作教师为了开展一堂生动有趣的写作课，必须历经这三个步骤：1. 课前，了解学生写作水平，并挑选合适的教学素材，布置写前任务；2. 课中，根据学生学习反馈，组织课堂教学和讨论，布置写作任务；3. 课后，利用智能化平台或自动写作评估系统监督学生写作过程，结合在线反馈或生生互评等方式进行写作评估。而教师要顺利实现这一过程,必须要掌握一定的信息技术,并善于将其运用到教育教学中。正如温州大学英语系陈冰冰教授所言,要应对大数据时代英语教学变革的挑战,教师应该具有驾驭技术(信息技术与教育技术)、自主设计与实施课程的核心能力。

三、机遇

(一)基于大数据的英语写作教学使个性化的自主学习成为可能

大数据给教育领域带来的重要变化,正是对学习者复杂学习活动之海量数据进行个性化分类研究的重要机遇。基于大数据的英语教学的教育理念,教师和学生都成为教学的主体,传统的教师教、学生听的模式被打破,学生在课堂、课外的学习中有了更大的自主权,在这其中教师更多地充当的是一个引导者的角色。例如,学生可以主导慕课的讨论,发布讨论结果,与教师和同学交流信息;教师指导学生通过自主学习获得的数据挖掘和分析,寻求最符合自身需求的写作方法和手段。各种智能化写作平台、优质在线资源、在线反馈和互动频繁的同伴反馈、生生互动和师生互动,打破区域界限的协作写作、随时随地学习的移动写作,等等,都是实现个性化自主学习的有效途径和保证。在数字化平台上,不同学校、不同层次的英语教师和学生以及相关领域的专家学者共同构成一个庞大的英语写作交流互动的群体,各类英语写作素材、方法等均实现了双向的流通。而在这个群体之中又有以校园、年级、班级为单位的小学习群,通过这类以学习者为中心的教学模式,学校领导和英语教师可以更好地把握学生的具体写作情况,从而采取更为针对性的教学措施,满足不同学生的多样化写作需求,给予他们更为专业且有效的写作指导,进一步提升他们的自主写作热情和写作能力。

(二)基于大数据的英语写作教学使新型写作课程体系得以优化

基于大数据的在线教育、网络课程的核心竞争力就是课程内容。Coursera 和 edX 这些慕课平台的数字化课程资源涵盖了不同学科领域,且开发了多种语言。edX 所使用的课程语言多达 15 种,总课程数量 2124 门,其中英语为中介语的课程为 1913 门,占 90%(见表 9-1、表 9-2)。Coursera 的课程总数达到 2700 多门,他们在短短一个月时间内收集到的数据,多到人们无法想象,甚至超过了我国以往任何一个时期教育数据之和。

表 9-1 edX 平台 MOOCs 课程前 10(按数量分类)

课程名	数量/个	占比 %	课程名	数量/个	占比 %
Computer Science	584	27.5	Data Analysis & Statistics	223	10.5
Business Management	436	20.5	Science	202	9.5
Engineering	313	14.7	Economics & Finance	197	9.3
Social Science	287	13.5	Biology & Life Science	158	7.4
Humanities	240	11.3	Physics	145	6.8

表 9-2 edX 平台 MOOCs 课程（按语言分类）

语言	课程数量/个	占比 %	语言	课程数量/个	占比 %
English	1913	90	Portuguese	5	0.2
Spanish	188	8.8	Dutch	3	0.1
Chinese-Mandarin	57	2.7	Turkish	3	0.1
French	47	2.2	German	2	0.1
Italian	26	1.2	Korean	2	0.1
Russian	5	0.2	Arabic，Hindi		
Chinese-simplified	1+1+1	0.1			

21世纪，互联网与教育间的关系日益密切，随之涌现出大量的慕课平台和网络精品课程，近年来这类线上教育平台和课程的价格日趋平民化、服务也愈加优质，就好比一个大型的国际化超市，有着来自世界各地的"课程商品"，学生可以尽情地选购。也由此，学生不用出国、甚至走出家门就可以接触到国外最为优质的教育资源，且各类课程还在不断丰富、优化。线上课程教学如此方便、快捷，意味着给传统的授课模式带来了巨大的挑战和机遇，教师必须重构课程体系，在授课中加入更多的大数据元素，才能与线上教学相抗衡，实现写作课程的最优化。写作课程的优化之处，就在于在线课程的不足之处。全球有无数学子，无论在线课程如何深化发展，都难以满足所有学生的所有需求，只能满足某类或某几类典型的写作需求，课程设计明显缺乏针对性。再者，在线课程的互动性和完成率很低，远远不及面对面的课堂教学。基于此，教师可以结合技术手段和大数据分析，结合在线课程的优势，依据教学对象的特点和个性化需求，设计更合理的课程内容，构建更加完善的课程体系。

（三）基于大数据的英语写作教学促进教师向专业型、复合型发展

大数据盛行的时代，无论是哪个行业抑或是哪个人都无法避开它的影响，英语写作教学自然也不例外。对于一名想要稳稳立足于英语写作教学讲坛之上的教师而言，不仅要提升自己的专业知识，还要优化写作课程设计，更要提升信息技术能力和综合素养。在人机一体化的数字化教学环境下，除了传统的课堂组织和管理、学习引导和激励外，教师还应对教学技术和手段、网络媒体和平台、资源建设和开发、数据收集和分析等熟练掌握和运用。这也就意味着教师以前不太要求的专业能力和综合素养都可以因为大数据环境而得到孕育、发展。以数据的产生、收集和分析为例：学生对写作任务或授课视频的点击率以及完成度；写作内容；写作任务是否按要求完成、是否修正、修正次数、花费时间；在互动评论里写了些什么，获得了怎样的反馈，等等。通过对各类数据的分析与解读，教师对学生的学习有了更为全面地了解，也因此能够

更有针对性地构建写作教学方案和写作培养模式。同时，这一过程中的实施与完善，也给予了教师更多思考与反思的机会，让他们对自身的教学水平与效果有了更为清晰地认识，从而为他们指明未来教学能力提升的方向，补齐他们的教学短板。

基于大数据的新生态教学环境，让封闭落后的个人奋战的教学模式逐步退出教学舞台。教学可以依靠智能化的写作系统和数字化教学手段，把个体劳动转化为团队合作，最大限度地减轻教师的重复性劳动，促进专业团队建设发展。大数据环境也使跨空间、国际化的合作形式成为可能。

第三节 大数据背景下大学英语写作教学模式重构

一、大数据时代，我国英语写作教学模式弊端凸显

英语写作不仅是英语考试中的一个重要得分点，也是学生英文素养的具体体现。对于母语非英语的中国学生而言，英语写作确实存在一定的难度，不仅要掌握英语写作的基本技巧，还要克服中文逻辑与情感的束缚。但英语写作能力的提高关键还在于英语写作模式的重构。在大数据时代，海量资源和智能写作系统、在线反馈和移动学习模式等，均对我国英语教师的写作教学和学生的写作学习产生了巨大冲击，也使我国英语写作教学模式的弊端日益凸显，如教学目标不够明确、教学内容单一扁平、写作课堂缺乏互动、评价反馈费时低效等，这也给我们敲响了警钟，提醒着我国英语写作行业模式的重构正当时。

二、国家对教育信息化发展的重视

大数据时代的狂潮，让我国党和政府意识到信息化的重要性，为了推动我国教育信息化发展颁布了一系列政策文件，主要内容见下表9-3。

表9-3 我国教育改革及教育信息化建设的政策（部分）

时间	政策和部署	内容
2010年7月	《国家中长期教育改革和发展规划纲要（2010-2020年）》	指出"信息技术对教育发展具有革命性影响，必须予以高度重视"，要"提高教师应用信息技术水平，更新教学观念，改进教学方法，提高教学效果，鼓励学生利用信息手段主动学习、自主学习，增强运用信息技术分析解决问题的能力"。

续表

时间	政策和部署	内容
2012年4月	刘延东委员关于全国教育信息化工作电视电话会议	确定基于"三通两平台"模式的教育信息化发展导向,即实现"宽带网络校校通""教学资源班班通""网络学习空间人人通";加强数字教育资源公共服务平台、教育管理信息系统平台的建设。
2012年11月	教育部正式公布第一批教育信息化试点单位名单	56个地区教育部门或政府部门成为区域信息化试点单位,360余所中小学、170余所职业院校成为信息化试点单位,70余所高校成为本科院校信息化试点单位,30家单位成为专项试点信息化试点单位,32家单位成为国家数字教育资源公共服务平台规模化应用专项试点。
2013年7月	《关于进一步加强教育管理信息化工作的通知》	明确建设目标:建设覆盖全国教育的学生、教师、经费、资产等管理信息系统,建成国家教育管理公共服务平台;加强两级建设,推动五级应用;加大推进力度,保证经费投入。
2015年11月	刘延东出席第二次全国教育信息化工作电视电话会议	认真学习贯彻党的十八届五中全会精神,大力推进信息技术与教育教学、创新创业的融合发展,促进教育公平,提高教育质量,为培养现代化建设所需高素质人才提供有力支撑。
2018年4月	教育部关于印发《教育信息化2.0行动计划》的通知	新时代赋予了教育信息化新的使命,也必然带动教育信息化从1.0时代进入2.0时代。为引领推动教育信息化转段升级,提出教育信息化2.0行动计划。

在教育信息化发展的推动下,英语写作教学模式的重构问题也被提上日程,成为了各大院校以及英语专业、英语写作教师的职责和使命,也是应对大数据冲击的必经之路。"互联网+教学"的英语写作教学模式,是提升学生写作能力的有效途径,但并不是两者间简单的叠加。形式上的先进,并不意味着效果也会同步提升,如今日的英语写作课堂,大兴Word、Excel、PPT之风,教案非常精美,课堂也很活跃,但学生的写作能力并未得到实际提升。这样的课堂曲解了信息化教学的初衷,自然无法达到理想的效果。基于大数据语境的英语写作模式重构,是信息技术和英语写作教与学深度融合的产物,有利于扩大英语写作课堂教学的深度和广度,是充分能动地培养学生自主学习能力、提升写作能力的有效途径。

三、国内专家学者对英语写作教学模式重构的积极探索

（一）英语写作教学模式重构的设想和尝试

在大数据背景下，英语写作模式的重构也引起了我国英语教育行业专家学者的深思，而在他们的积极探索中，也涌现出很多有价值的意见和看法。以下，便是一些较有代表性的英语写作教学模式重构的设想和尝试。

吴晓蓉建议可从写作主体、写作客体、写作文本、写作受体四个维度重建英语写作教学模式，以应对数字化冲击。

陈庆斌指出可从培养新型读写能力，整合教学内容及资源，更新传统教学方式，建立新型师生、生生关系，健全新型考评体系等方面进行写作教学的重构。

胡加圣、靳琰从跨学科的角度出发，以外语教学和语言学理论、教育学及心理学等教学法为基础，以教育信息技术等为基本构成要素，构建跨学科的教学体系。针对英语写作技能，设计"英语读写"课程模式（见图9-1），将读与写紧密结合起来，以读促写、以写促读。这样的教学设计将课堂内的读写功能与网络读写的优势有机地结合了起来，有利于扩大学生的知识面，提高他们的写作兴趣和效率。学生通过阅读解码输入，然后整合分析语言现象并输出。学生之间的语言输入和输出又可以进行交互反馈。在强大的语料库支撑下，采用多元化写作机制，提供给学生大量写作素材，建立有效评估机制以促成写作能力的提升。

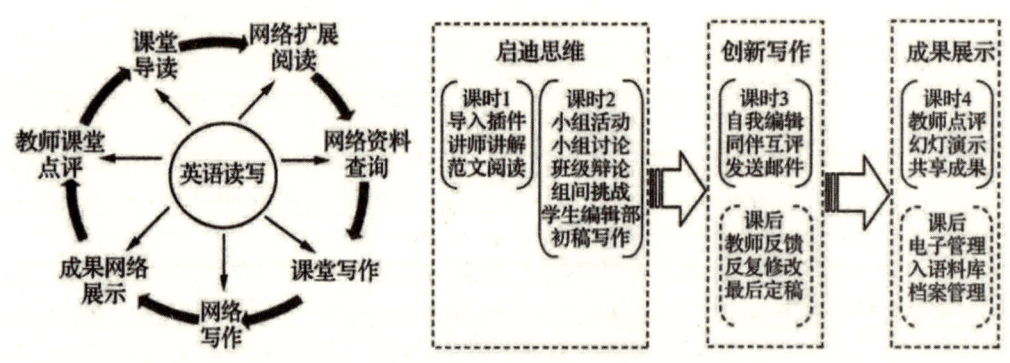

图9-1 读写课程动态图

（二）英语写作教学新模式的实证研究

基于大数据背景下，我国很多研究者不仅提出了英语写作新模式，还对其进行了实证研究。

邵春燕基于社会文化理论和英语专业写作教学的特色出发，提出了多角色参与

的英语写作教学模式,并抽取了两个水平相当的写作班级展开了长达16周(该学期共16周)的实验研究。通过创设不同的活动情境,促进学生的社会互动与合作,创建最近发展区,尽可能发挥学生在写作中的主体性作用。其研究过程及结果表明,此模式对学生写作质量的提升是有益的,且能够对他们写作能力的发展和自主性学习产生长远、持续的促进作用。

某学期,北京科技大学英语系"数字化英语写作教学团队",尝试开设数字化英语写作实验课程(我国第一所开设此课程的高校)。该课程体系基于清华大学杨永林教授所带领的体验英语教学团队主导开发的"TRP"(体验英语写作教学资源平台),构建数字化英语写作教学模式。这种教学模式充分利用了TRP的特点,把信息技术和英语写作课程进行深层次融合,探索数字化写作教学对学生写作能力及写作动机的影响及对传统写作教学模式的创新重构。(见图9-2、图9-3)

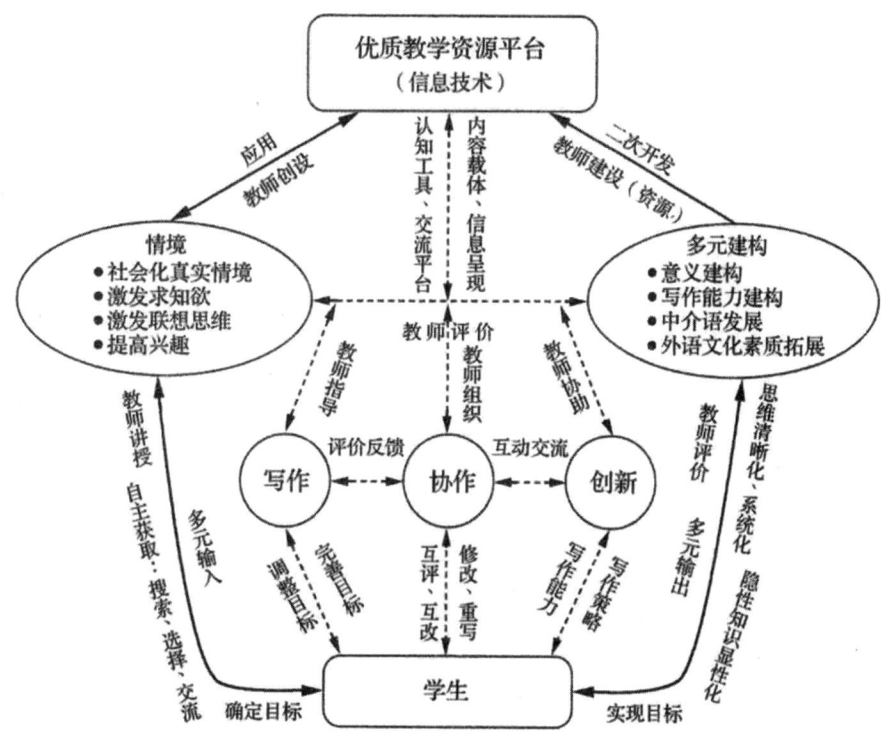

图 9-2 数字化英语写作教学模式图

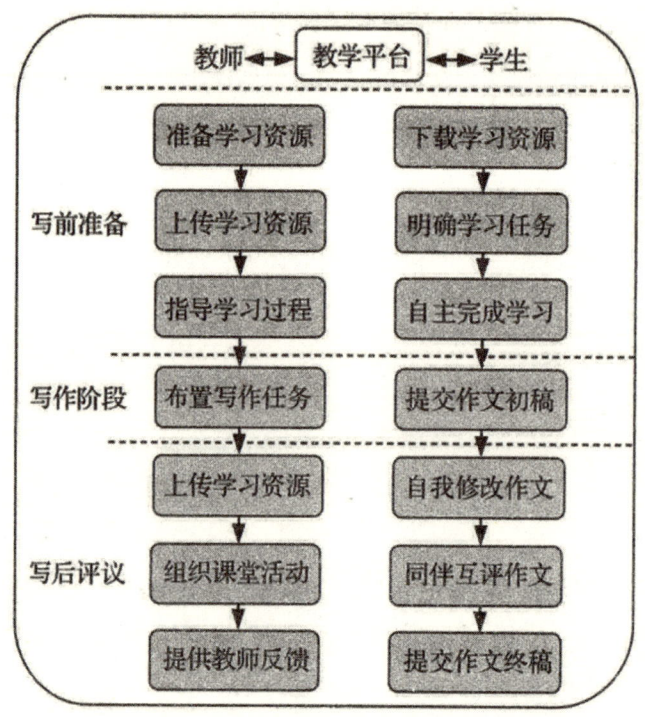

图 9-3 数字化英语写作教学模式—写作过程图

  数字化英语写作教学模式以建构主义的学习理念为基础,采用过程体裁教学法,将数字化学习资源与英语写作紧密结合,创建真实、自主、交互的学习环境。授课教师通过平台将资料分享给学生;学生借助平台的搜索、浏览、分享、写作、测验、互评等功能完成学习任务。以数字化学习资源建设为起点,师生互动、协作开发生成开放性资源。教师评改的课堂范文、学生提交的多稿作文、同伴互评的赏析妙语、平台自动评改系统的三级评议等都是语料库来源。借助于 TRP,数字化英语写作教学团队建构了 300 余万字的中国学生英语写作语料库。通过对这些原汁原味的真实文本的分析,形成了基于海量数据的错误类型语料库。

  大数据时代的数字化英语写作教学的新模式,突出了学生在教学中的主体地位,强调教师与学生在数字化资源平台构建过程中的通力合作。这一模式,不仅丰富了写作资料库,同时也让师生关系更加融洽,师生、生生间对于写作学习、感受的交流也日益频繁,教师的写作教学更有针对性,学生的写作学习也更加轻松有趣,由此写作教学进入一个良性循环的趋势。数字化英语写作教学模式是在线学习与课堂教学、自主学习与互助学习的有机结合,不但减轻了教师的负担还提高了工作效率,还激发了学生自主学习的热情,提高其写作能力。它的构建和成功实践,为大数据时代英语写作教学改革与研究提供了更广阔的发展空间。

第四节 大数据背景下大学英语写作的评价与反馈

一、英语写作反馈的理论基础

在英语写作领域，关于英语写作的评价与反馈的问题一直备受专家学者的关注。21世纪以来，关于二语写作的评价与反馈研究取得了突破性进展，从最早的书面修正性反馈，到同伴互评反馈/同伴互评，再到如今大数据时代的在线反馈与自动评估，从中便可看到研究内容的一步步深化与多样。计算机和网络技术的迅猛发展，使自然语言技术愈加成熟，由此也扩展了英语写作评价和反馈的内涵与外延，其研究手段也日益丰富、科学。

在英语教育研究领域，写作反馈始终被视为提高学习者能力和巩固学习成果的关键途径，其质量高低往往决定着学生写作水平的提高程度和教师的写作教学成效。写作反馈包括两个要素，一是评分，即教师（评估者）在综合考虑全文的语汇质量、内容完整度、思维深度、行文规范等所评的分数；二是修正，即教师（评估者）关于文中错误的解释与指导性修改建议。最早的英语写作教师反馈，主要有口头反馈和书面反馈两种形式。随着相关研究与实践的深入发展，逐渐涌现出了新的反馈模式，如同伴反馈、基于自动写作系统的在线反馈、线上线下的多稿评改与反馈等。多种反馈形式的产生与发展，促进了英语写作反馈领域的繁荣，同时也给教师写作反馈带来了机遇和挑战，教师反馈充分利用了这一机遇，不断强化自身的职能与功效，成为学生写作能力培养中不可撼动的力量。

在长期的理论研究与实践中，英语写作教学法历经了数次革新。过去占主导地位是"结果教学法"，它强调教师对学生语言形式上的辅助作用，教师的反馈主要是终结性的单向反馈。20世纪中后期，注重写作过程和师生互动、生生互动的"过程教学法"出现并逐渐流行，此时作为过程写作理论中的一个重要组成的反馈理论，实现了与写作教学法的融合。随后Swain提出"输出假说"，论述了语言输出对于二语习得的价值。英语写作的实质是一种语言输出技能，写作者借助英语词汇和语句阐述自己的看法、表达自身的情感，经过内外部反馈的综合作用，又能够对自身语言上的缺陷有更为深刻全面地认识，从而去探寻更为精准的表达方式，由此逐步提升他们的自我反思能力和语言学习主动性。20世纪80年代，Long提出"互动假说理论"，经过了10余年的发展，他又对这一假说进行了更新。他认为以意义协商为形式的言语互动能够修正并调整互动结构，使语言输入可理解，从而促进语言发展。在语言学习进行"输入—反馈—修正—重新输入"的过程中,反馈对英语写作的作用尤其明显。借助写作反馈,学生可以认识到自身语言表达的错误和缺陷并及时修正,以此克服语言的错误假设,掌握正确的表达方式,逐步提升自我的写作能力。

二、教师反馈

(一)教师反馈的基本概念

在二语习得领域,教师对学习者的语言错误做出的回应被称为修正性/纠错性反馈。写作教师对学生写作内容中错误点的反馈,则称为书面修正性/纠错性反馈(英文简称为 WCF)。国内外关于二语写作的修正性反馈的研究由来已久,对它在英语写作教学中所起的作用也不乏争论。Lennon 将"错误"定义为:"Is a linguistic form or combination of forms which in the same context and under similar conditions of production would, in all likelihood, not be produced by the speakers' native speakers counterparts"。有学者指出,纠错过程是学生捕获新知识的有效渠道,它可以提升学生对自身语言输出水平的了解程度,强化他们的语言理解和产出能力。

(二)关于纠错性反馈有效性的争论

对于纠错性反馈的有效性,研究界涌现出两种大相径庭的看法,正方肯定其积极作用并大力推崇;反方认为它无用甚至有害因而反对使用。站在反方立场的主要人物 Truscott 数次发表文章,用以强调纠错性反馈是"ineffective""harmful"。他认为语感与语法能力的获得是一个循序渐进的长期过程,写作纠错对学生此等能力的提高作用并不明显。相反,为了防止因多写多用而引发更多的错误,他们会尽量使用英语短句,或者严格把控文章篇幅,如此一来文章的结构、语意以及情感定然会受到限制,其写作水平势必难以提升。他对研究书面反馈有效性的文献做了回顾后,指出这些研究存在严重的方法论错误,因此其研究结论缺乏说服力。语言纠错只会带给接受方沮丧和挫败感,教师不做纠错反馈节省下来的时间可以花在其他更有益的事情上。他的观点遭到了很多学者的反对,并且越来越多的人采用实证性研究来证明纠错反馈的益处,其中最具代表性的学者为 Frris。Feris 认为,纠错性反馈可有效提高学生写作中词语、语法的准确度。而于写作教师来说,写作者写作过程中出现的错误,正是他们基础薄弱之处,针对这些错误可以采取更为精准的辅导措施,以此稳步提升学生的写作水平。许多学者以及常年扎根于一线的英语写作教师证明学生在完成下一篇写作任务时,往往习惯于参考以往写作中教师给出的纠错性反馈,尤其是近期的纠错性反馈。Bichener 和 Knoch 更是指出,反对者在数据分析、研究工具等方面存在缺陷将导致研究结果不准确。

（三）纠错反馈策略

对纠错性反馈持有肯定态度的专家学者，还对纠错反馈的策略做了深入的研究，他们指出写作教师可以直接反馈和间接反馈（非纠错性反馈）这两种方式对学生的写作问题进行反馈。直接反馈是用书面语言直接修正他们的错误之处；间接反馈是用彩色笔将他们的错误点着重标识出来，但不修正。对于教师在写作纠错时的策略选择，专家学者团队中也出现了两种声音。在肯定两者各有优劣的基础上，一部分学者认为直接纠错的效果更为明显，如 Chandler 提出，直接反馈将学生写作中的不足和错误之处点出来并做出正确引导，是一种能够有效且快速改变学生语言规范、用词准确度的方式方法。与之相反，其余的学者则认为间接纠错整体上更有利于学习者写作水平的提高，因为反馈的间接性可以促使学生更关注语言形式，引导和激励学习者参与问题的解决。

（四）影响纠错反馈策略选择的主要因素

1.写作教学的理论背景

教师在选择纠错策略时，应当考虑写作教学的理论背景，有理论支撑的反馈对学生写作能力的提升成效将更大。写作教师在批改文章时，究竟是选择哪种策略进行反馈，其实受到了诸多因素的影响，而且其选择并非一成不变的，有时候会依据学生不同的写作能力或语言学习环境的变化而调整。但公认的一点是，系统性的、有选择性地和针对性地纠错反馈更有效果。学者们对反馈方式做对比性研究的结果表明，直接反馈更适用于语言规则性的学习，间接反馈则多用于类别。辅以示例的直接讲规则的反馈，比间接地给出词汇比较、相似语音对比类的反馈有效。此外，直接反馈似乎对长期的学习效果更为重要，比如对过去式和定冠词用法会有正面影响。国内学者也对两种反馈方式进行了对比分析，李竞的研究发现间接反馈（非纠错性反馈）主要针对学生作文的思想内容，同时兼顾作文的其他方面，随后他对此进行了个案研究，进一步证实了间接纠错具有引导学生关注文章内部结构和思想的功效。吴雪峰在探讨直接反馈、间接反馈对英语写作词汇、句法层面复杂度影响的研究中发现，直接反馈对从句长度的促进作用较明显，而间接反馈更能帮助学生提高从句的使用率。

2.学生犯错误的频率

英语写作教师在选择纠错策略时，应当充分考虑学生在日常写作中所犯错误的频率情况及特点。为此，教师可将学生在写作过程中的错误进行归纳总结，引导并帮助学生建立个人写作错误层级表。学者们在分析写作高频出错点之后，将这些错误归结为三种类型，分别是：动词错误、拼写错误和其他类型错误。构建错误层级表，可将学生的写作错误统计起来，方便区分出纠正性错误和不可纠正性错误。通常而言，对其中的可纠正性错误，教师可选择直接反馈方式，对其中的不可纠正性错误则选择间接反馈方式。

3. 学生对不同反馈方式的喜好和接受度

大量研究数据显示，面对不同的语境学生会做出不同的选择，如有时选择间接反馈、有时选择直接反馈、有时两种反馈方式都可以接受。如在 Ferris 和 Roberts、Rennie 的研究中，学习者偏向于直接反馈。Lee 的研究对象则更喜欢间接反馈，认为这种反馈方式更有助于他们语言正确率的提高。

4. 学生学习第二语的目的

学生学习第二语言的目的，也是写作教师在选择纠错策略时需要考虑的重要因素之一。一般而言，对于想要在短时间内熟悉一门语言的学生，教师可以采用直接反馈，因为这一方式的进步更为明显，可起到立竿见影的效果。而对于想要深入掌握一门语言，尤其是以后想要长期从事这一行业并做出成就的学生，教师可选择间接反馈，为他们指明改进的方向，给予他们更多地发挥空间。

5. 学生的语言水平

英语写作教师在选择反馈方式时，还不得不考虑学生的语言水平，对于不同层次语言水平的学生应采取不同的纠错方式。一般而言，对于那些刚接触英语写作，尚不具备发现错误、改正错误且语言水平较低的学生，应当采用简单明了的直接纠错；而对于那些语言水平较高，能够一点就通的学生，教师只需指明错误之处即可。此外，学生的学习态度、性格特点等，对于纠错方式也有一定的影响，教师也应对其有所了解。

综上可知，英语写作教师纠错方式的选择受到诸多因素的影响，教师必须全面、详细地考虑各类影响因素才能不断提升反馈的有效性，稳步提升学生的写作水平。在大数据背景下，教师对于各类影响因素的调查与分析更为便利，在写作反馈上也取得了不错的效果，但同时互联网也催生了同伴反馈、在线反馈等反馈形式，而在反馈方式多元化趋势愈演愈烈的情形下，教师反馈唯有不断改进、优化才能应对其他反馈方式的威胁，有效提升学生的写作能力。

三、同伴反馈

（一）同伴反馈的基本概念

20 世纪中后期，同伴反馈这一形式被引入英语写作教学中。同伴反馈，这一词汇有多种中英文表达方式，如英文：peer response，peer feedback，peer evaluation 等；中文：学生互改、同级反馈等。Liu 和 Hansen 把同伴反馈定义为"用学习者作为信息来源，通过学习者承担传统意义上教师或导师角色，对同伴的文本进行口头和书面的评价和反馈的交互过程"。

近年来，学术界对于同伴反馈的关注度与日俱增，但专家学者们对其作用和有效性依旧众说纷纭。持赞同看法的人认为它是写作课堂的一种有效尝试和补充，能促进学习者学业成绩的提高及社会情感策略的增强。此外，同伴反馈对培养学生的批判思维能力，分析和解决问题的能力有所助益，能降低他们的写作焦虑，更好地激发写作兴趣。与教师反馈的不同之处在于，同伴反馈中的主体地位更为接近，反馈者与被反馈者都是熟悉的同学，反馈过程中的气氛往往轻松、活跃、有趣，他们也能够更加直观地看到自身写作中的长处与不足之处，从而及时、快速地修正错误，提升自我的写作水平。

（二）同伴反馈的相关研究和教学实践

同伴反馈的研究涉及面非常广，主要包括：对反馈视角和有效性的研究、反馈中学生角色和作用的研究、反馈策略的研究、反馈影响因素的研究，和其他反馈方式的对比分析研究等。很多研究者将目光聚焦在写作文本的前后改变程度上，以此探讨反馈的方式类型及在反馈过程中的学生互动对写作能力的影响。对于同伴反馈的双方谁更受益的问题，有学者认为提供反馈者要么受益更多，要么就与被反馈者同等受益。但值得一提的是，在同伴反馈中，反馈主体间的语言能力对反馈的成效几乎起着决定作用。若写作者的语言能力明显低于评阅者/反馈者，那么这一互评活动，对反馈者写作能力的作用是微乎其微的。

越来越多的研究关注同伴反馈中学习者的态度：他们是否接受这种反馈模式？这种同伴反馈对学习者的帮助究竟有多大？大量研究结果表明，并非所有学生都乐意参与到同伴反馈中，他们对于同伴反馈持有诸多疑虑。如有的学生认为同伴反馈的效果比不上教师反馈，因此不愿意尝试；有的学生觉得自己的评估能力太差，不能够胜任反馈者这一角色；也有的学生觉得自己的写作能力比较糟糕，让同伴评估会变得焦躁不安；还有的学生担心同伴看到自己的写作内容后会产生借鉴、抄袭或嘲讽等不良行为……由此可见，学生对于同伴反馈的特色特点的了解并不全面，和教师反馈相比，同伴反馈可以是一种"less threatening, less authoritarian, friendlier, more supportive"的模式，比教师反馈更能减轻写作焦虑和压力。

在同伴反馈中，其反馈质量如何一直备受专家学者的关注，为此他们也展开了有力的探索。Hyland 认为，学生对非母语语言的反馈并非易事，如反馈技巧、语言能力水平等，都对反馈成效有着重要影响，且不论错误修正，有些学生甚至都难以发现错误，反馈的基本功不扎实，其反馈效果自然可想而知。若要保证反馈的质量，首先这些参与者必须拥有高度负责的态度，正视反馈的所有过程，并认真、严肃的对待写作中大大小小的问题。此外，写作教师在同伴反馈发生前应该提供系统的指导和培训，让学习者知道如何有效地参与互动反馈过程。Berg 基于自身的实践教学经验，综合了其他研究者对于同伴反馈训练的提议，经过多年的实践研究，逐渐开发出一套特色化的训练方法，并将其付诸到具体的教学实践中，以此证明了其有效性。若在一次实验研究中，Berg 从一所高校中选取了四个英语写作班级进行同伴反馈效果的对比分析。她将学生分为实验组和对照组（各两个班级），实验组中的所有学生均接受她的训练方法进行训练，而对照组则不进行训练。经过一段时间后，她发现原来写作水平均等的实验组和对照组的写作水平不再平衡，实验组的写作能力已明显优于对照组，且这组学生的反馈质量、反馈速度也得到了一定提升。

同伴反馈训练能解决学习者在实践过程中的一些问题，但是仍然有学生觉得同伴反馈的协作本质难以达成。这也就意味着接受了同伴反馈培训后的同伴反馈质量不一定能达到培训者期待的效果。为此，Rollinson 认为对学生进行同伴反馈培训时，理应包含如下内容。

第一，awarenessraising，主要目的是逐步强化学生对于反馈原则和目的的熟悉程度。

第二，productive group interaction，让学生理解协作、同伴支持、技巧、礼节等概念。

第三，productive response and revision，主要目的是训练基本的反馈步骤、有效的点评方式、作者—读者如何对话及有效评改反馈。对于这一阶段的培训，有研究者认为最佳方法是为学生创建一个内容全面详细的同伴反馈量表，将每次的同伴反馈目的、反馈进度、反馈方法、反馈常用术语以及反馈过程中常见问题等均以文字的形式记录好，并供学生查阅分析，以此逐步改进他们的同伴反馈能力。

综上可知，国内外写作领域的专家学者们一直致力于同伴反馈的相关研究与教学实践中，也取得了许多可喜的研究成果，作为教师反馈、在线反馈的一种有益补充，共同丰富了英语写作教学的内涵。但，在大数据背景下，同伴反馈的发展有着无限可能，我国写作领域对于同伴反馈的探索工作依旧任重而道远，只有同伴反馈模式的不断升级与优化，才能充分发挥其在学生写作能力提升与激发学生自主学习性上的强大功效。

四、在线反馈

（一）在线反馈的产生与发展

在线反馈是伴随着信息化技术的成熟而逐步发展壮大的一种英语写作反馈模式。计算机技术、网络、自然语言处理技术三者之间的有机结合，催生了英语写作在线反馈方式，而大数据的背景更是加速了其发展与完善，也因此使其知名度、信誉度等大大提升，成为了深受各大高校英语写作专业教师和学生喜爱的教学活动之一。在线写作反馈基于自动写作评改系统和大数据，从不同维度将学生提交的写作文本和语料库中的标准文本进行分析对比，然后评出分数，并对错误之处进行修正，同时提出一些写作建议。此外，还将写作中出现的错误进行数据的加工与处理，指明写作者错误分布、词频等问题。

在线反馈方式的产生基础是各类自动写作评估系统的开发以及推广运用。目前，国内外研发出多种AWE系统，且其规模日益庞大，均拥有海量用户。相较于我国，国外的自动评估系统产生较早，推广更快，类型也更为多样，在相关研究的深度和广度上也大有优势。自动评估系统于20世纪中后期出现，是由新西兰教授Rod Ellis（有"二语习得之父"的美称）及其团队共同开发的，名为自动评分系统PEG。不久之后，各种自动写作评估系统如雨后春笋般在各国涌现，如IEA，BETSS，Criterion等。而当时的我国，在软件系统的开发上还较为薄弱，因此自动写作评估系统的开发与推广较晚，选择性也有限。使用最为广泛的是句酷批改网（即批改网），于2010年正式上线，自正式投入英语写作领域之后，其用户不断增加，有数据统计在2018年上学年，累积批改篇次突破4.4亿。此外，还有一种基于智能平台（体验英语——写作教学资源平台，英文简称为TRP）的在线反馈方式，使用者相对较少。这种在线反馈方式一般是由高校的写作教师团队引导，在平台上进行互动反馈和评价。

（二）基于大数据背景下，在线反馈系统的相关研究

随着各种自动写作评估系统的开发和成功运用，它也吸引越来越多专家学者的目光，他们纷纷展开对在线自动评改模式的探究，在深入研究过后，学者们对其褒贬不一，并在不断实践中验证各自的看法和观点。

国外学者们的研究，有基于AWE系统在写作测试场景可靠性的研究，这种可靠性得到了研究人员的肯定。更多的研究者关注自动评改系统在教育领域的运用和价值，通过基于写作课堂的实证研究来探索在线自动评改系统对教学的积极影响。这些研究证明了在线反馈方式的合理性以及它独有的优势：①可以迅速提供较为合理的语言质量反馈；②没有次数限制，允许学生多次修改反复提交；③不受时间限制，学生可依据自己的时间安排，随时提交；④修改和提交十分方便，省略了纸笔书写与传递的麻烦，用电子文档写作提交即可。正是因为以上优点，使英语写作的反馈速度和效果得到了大幅提升。Lai对在线反馈有效性的研究情况做了研究，具体内容见表9-4。

表9-4 近年来国内外专家学者关于在线反馈有效性的研究情况

类型	研究方向	具体内容	研究人员
第一类	对学生写作结果的影响	分数、错误率、文本长度等	多
第二类	对学生写作过程的影响	修改所用时间、错误修改率、学生与系统间的在线互动率等	较少
第三轮	反馈的有用性	如词语搭配、语法使用等	较少

由上表可知，现在英语写作领域对于在线反馈的作用结果较为重视，而对其作用过程以及有用性关注较少。但，这两方面对于学生写作能力的提升也有着重要的影

响,写作结果的最终呈现往往都是由一点一滴的努力过程拼凑而成,其中有用性又可以进一步提升他们的写作规范性。由此可见,未来在这两方面的研究还有较大空间。此外,有学者对学生在线反馈的参与度做了调查研究,他们发现参与度高的学生更愿意花费时间和心血理解消化在线反馈的内容,并主动将这些方法和建议运用到后期的写作中,写作热情和写作态度极佳。在线反馈对学生的有效性取决于每个学生和系统如何实现行为上、情感上和认知上的互动。

当前国内对在线反馈的研究主要集中在两方面:一是,关于在线反馈有效性的实证研究;二是,在线反馈与其他反馈方式的对比研究。在线反馈中的语法错误是基于大量语料的分析和总结而归纳所成,因而可信度较高。英语写作的在线反馈,对于英语写作教学实践也有积极作用。基于批改网的在线反馈,能及时为写作者提供反馈,不仅给出评分,还能给予修改建议。此外,写作教师也可以随时对学生的作文进行人工评阅、布置学生进行在线同伴互评和群批。

近年来,在线反馈的热度持续高涨,国内外各大高校都鼓励英语写作教师和学生参与到在线反馈中来,而此做法也取得了可喜的成就,推动了英语写作的发展,但不得不承认的是这种反馈模式存在一些缺陷。如系统技术存在短板,因此给出的反馈较为片面且缺乏针对性,特别是无法分辨文章的结构是否完整、上下文的衔接是否合理通顺、句子表达是否符合逻辑等。有研究者发现,很多学生依照在线反馈的修改建议对文章修正后再次提交,可分数并没有变化。此外,其人机互动的频率(在线反馈),远低于师生互动(教师反馈)、生生互动(同伴反馈)的频率。

总而言之,国内外关于在线反馈的研究表明,这一反馈模式对于英语写作教师和学生而言确实存在益处,既能够减轻教师的批改负担,也能够提升学生自主学习和写作的兴趣,但它自身的缺陷也不可小觑,如精准度。若教师能够在具体的写作实践中,综合运用教师反馈、同伴反馈、在线反馈这三种反馈方式教学,充分利用三者的所长、规避其不足,那么学生的写作能力的提升将指日可待。

第十章 基于其他视角的大学英语写作教学

第一节 过程写作法与大学英语写作教学

一、过程写作法概述

在西方教育体系中,过程写作法较为受欢迎,受到交际语言教学的深刻影响。过程写作法,顾名思义相比写作结果而言,更加强调写作的过程,旨在写作教学中构建良好的师生、生生合作关系。在写作的过程中,教师的教学要求在于指导学生选择主题、过滤信息、突出中心、撰写提纲、引导成文。对学生的写作进行针对性指导的好处在于,直接影响学生首稿质量具有关键性作用。然而,传统的写作教学模式过分重视学生的写作结果,对学生的指导也多是在成文之后,对学生的文章"只评价不指导"。而写作法教学核心环节在于重写,即学生在教师的指导下进行词句和结构的修改,不断重写,直到师生都满意为止,在重写的过程中学生得以掌握各种写作技巧。

二、过程写作法在大学英语写作教学中的运用

(一)重视指导学生的写作过程

过程写作法的直接目的在于帮助学生掌握一定的写作认知策略,将写作过程分为写前阶段、写作阶段和修改阶段。在写作教学中,教师对学生的指导应当贯穿教学的始终,学生要做的就是不断审视自己的文章,结合教师的意见进行修改,从而不断

提高写作水平。

写前阶段，教师应当展示拟定好的作文题目，此时要做的不是让学生立刻动笔成文，而是要求学生根据提供的标题信息进行独立思考，并搜集有关素材和文本，在小组内进行交流和讨论。在讨论的过程中，学生需要记录讨论成果，并列好提纲，打好腹稿，这样做有利于拓宽学生的写作思维。

写作阶段，学生根据之前记录的讨论要点和腹稿写出初稿。在这一阶段，学生暂时不需要考虑语法句式和用词等问题，首先注重文章内容的中心思想和完整表达。此外，教师应当要求学生对初稿反复修改直至完成，之后再由教师和其他组员认真阅读初稿，找出问题所在并提出意见。同时教师需要对学生的初稿进行肯定，帮助学生树立写作信心。

修改阶段，学生根据教师和其他同学反馈的意见，不断修改初稿，以深入明确文章中心思想，把握文章脉络。在修订的过程中，学生要从宏观上把握文章结构，同时从微观上进行细致调整，在逐字逐句中定稿。

（二）转移写作教学重心

教师和学生都应当充分认识到写作技能在英语学习中的重要作用，写作教学是大学英语教学课程的重要一环。在英语写作教学中，教师应当不断更新教学理念，树立以学生为中心的教育教学观，综合使用现代多媒体技术锻炼学生思维，激发学生写作热情。在教学的过程中尊重学生的主体地位，注重发挥学生的主观能动性，只有这样，才能引导学生写出一篇优秀的范文。

（三）改善传统的评阅方法

传统的大学英语写作教学，教师过分强调词汇量的积累、语法和句式的格式和标点的使用，却往往忽视了学生写文章时主旨的明确性和内容的流畅表达，导致学生无法得到针对性的指导。这导致教师耗费了大量的时间和精力，却得不到显著的效果，可谓得不偿失。而过程法教学中的评价方式，要求教师从读者的角度出发，对学生初稿进行评阅，针对文本内容对学生进行提问，并指出问题所在，由学生课后进行修改。另外，也可以采用同学互评的方式，教师采用分组方式，学生在教师评阅的基础上与其他同学交换初稿相互点评，并提出意见和建议，有利于加深学生的写作印象，避免下次出现类似错误。在教师点评和同学互评的过程中实现写作水平的全面提升。

第二节 分层分组教学法与大学英语写作教学

一、分层分组的概念

在英语写作教学中，分层分组法指教师结合学生的现有英语基础、学习爱好和策略等条件，将学生分为若干个英语学习讨论小组，以确保写作教学的顺利展开。分层分组的前提在于，教师对学生的学习成绩、学习策略和性格有相当的了解，以保证分组的合理性。

二、分层分组的理论基础

（一）语言"输入假设"理论

语言"输入假设"理论前提在于"输入是可理解的"。根据"i+1（略高于学习者现阶段语言能力的语言）"语言输入量原则，当语言输入的是学习者早已滚瓜烂熟的陈旧知识，那么学习者对语言输入的内容就会持有一种消极的态度，学习效率十分低下。如果输入的信息远超学习者的理解能力，容易打击学习者的信心，学习效果也不理想。在写作教学的过程，需要为学生提供必要的可理解的语言输入。考虑到高校扩招后大学生的英语写作基础参差不齐以及师资匮乏等现实情况，开展分层分组教学是有必要的。

（二）语言"输出假设"理论

由于长期受到语言"输入假设"理论的影响，语言输出的作用被严重忽视，相关的研究较少。国外学者在对语言学习者进行大量调研的基础上，提出了与"输入假设"理论相对应的语言"输出假设"理论。

在语言"输出假设"理论下，学习者的认知处理能力从语义为基础转变为以句法为基础，对掌握句法和语法有重要作用。此外，在学习者反思目标语的用法中，输出承担"无语言"能力，能够控制学习者的语言知识，并完成内化。学习者在分析中建立起有关语言形式、结构和系统等方面的知识框架。学习者想要说出一口流利且准确的英语，语言输入和语言输出都需要被重视。写作过程作为一个重要的信息输出过程，在巩固学习者已学知识方面具有重要意义。因此，在进行分层分组的过程中，需要结合学生的心理特点和现有水平等因素，为学生提供良好的语言输出平台。

三、分层分组在大学英语写作教学课堂中的应用

在布置写作任务环节中,教师需要结合学生的英语水平进行分层分组,针对各组实际情况分别设置写作任务。

在教学方法环节,对于英语水平相对较低的小组采用结果法,先提供范文给组员,由组员讨论范文的结构、语言特点,在此基础上尝试完成初稿;英语水平较高的小组可以采用过程法。

在小组集体修改环节,大致有两种设计方案。第一,由各组内的成员在相互讨论的基础上进行修改;第二,由小组对其他组员的文章进行讨论修改。在修改的过程中,组员需要结合教师的评阅反馈和指导意见,对初稿的结构进行分析,把握文章纲领,对文章内容与主题的相关程度、句子的增删减改进行讨论,同时分析作者的写作目的。之后对作者修改后的文章再次讨论,分析内容与形式的相关程度,讨论内容包括但不限于句式结构的正确性、用词的恰当性等。如此一来,各组成员能够深入理解写作内容、文章组织和结构,在对他人提出修改意见的过程中扩大自己的词汇量,增强造句能力。同时,小组在其他组的组员文章进行修改的过程中,能够接触其他组的写作内容和结构;英语水平较低的小组能够从水平较高的小组中获取一些不错的表达方式,水平较高的小组则在修改中巩固自身的语言知识。

四、分层分组在大学英语写作教学课堂中的意义

1. 分层分组教学方式,将英语水平相当的学生纳入一个小组,有效避免了在讨论过程中因为英语水平差异较大而出现的极端现象,为每一位学生提供适当的语言输出机会。

2. 分层分组方式,有利于克服学生语言输出的心理障碍,降低"情感过滤"。一般来说,情感过滤过强容易在大脑形成障碍,从而限制语言输入。将水平相当的学生集中在一个小组,能有效降低学生的心理顾虑,培养学生的学习自信心。

3. 各层次小组成员在相互评改的过程中,小组之间也能互相学习,通过知识和经验的共享,实现共同进步。

第三节 自主学习与大学英语写作教学

随着社会的高速发展,人才市场对大学生综合素质要求越来越高。大学生的英语水平成为胜任某些岗位的重要衡量标准。因此,大学生应当提升自主学习能力,主

动掌握写作知识和技巧，不断提高自身的综合英语素养。写作水平的提高，不能拔苗助长，需要学生在逐步的知识积累中实现。

一、写作前

（一）审题

任何写作活动都需要仔细审题，结合已知的材料来确定篇章的体裁，在此基础上思索作文的基本结构和框架，明确中心思想。

（二）构思

构思要求作者合理安排文本内容，确定文章的布局，包括文章开好头、进行展开、过渡和结好尾。在英语写作中，常用的构思方法有五官启发式、思绪成串式、自由写作式。

1. 五官启发式

五官包括视觉、听觉、嗅觉、味觉和触觉，写作时可以从这五个感官入手，思考和搜集相关的材料信息，在撰写的过程中不一定每种感官都需要用到，需要结合实际情况合理筛选。例如，在介绍某位朋友时：

视觉：He looks very sunny；He walks as if on wings；He is tall and thin.

听觉：He recites the English words every night；He is elegant in speech.

触觉：He plays basketball with great strength.

嗅觉：I can smell his sweat when he enjoys sports.

2. 思绪成串式

思绪成串时，要求学生在一张纸上写上文章主题，并以此为中心画个圆圈，再在纸内列出与主题有关的词语也画上圈，最后对词句进行整合，以明确写作框架。

3. 自由写作式

自由写作式，指在观察文章题目后，针对题目进行审视，将脑海中观点记录下来，再阅读所记下的信息，并从中筛选对写作有帮助的信息，剔除其余信息。这种构思策略不受限制，能够打开学生的思路，激发学生的想象力，在脑海逐渐构建出写作的框架。

（三）列提纲

构思文章之后，采用书面的形式将思路固定，列出作文提纲，为作者行文提供指导，直接反映文章的质量。列提纲有标题式和句子式两种方式，前者采用短语形式，后者采用完整句子的形式。需要结合具体的写作情况来合理选择列提纲的方式。

二、写作中

（一）选词

1. 选择生动的词汇

多数大学生写的文章不具有观赏性和吸引力，较大一部分原因是学生的词汇量匮乏，选用的词汇不够生动。针对这种状况，学生平时应当注意积累词汇，在写作的过程中多选择形象的词汇。例如：

We can't stomach the moral sliding.

我们无法忍受道德的滑坡。

The old people stumbled along their way.

老年人走起路来步履蹒跚。

The dawn will follow.

黎明终将到来。

2. 巧妙使用代词

在英文写作中，常用代词替代名词，因此学生在使用代词时要注意避免指代不明的情况。代词的使用也需要结合实际文本内容。在写作教学中，教师应当指导学生合理正确使用代词，让文章显得生动、活泼。

3. 使用成语或俗语

英语作文中使用成语或俗语，给人眼前一亮的感觉，文章表达起来清晰明确、生动形象，具有一定的艺术价值。因此学生在行文的过程中，可以适当选用成语或俗语，丰富文本的含义。例如：

a friend in need is a friend indeed!

患难见真情！

The book is certainly food for thought.

这本书耐人寻味。

（二）造句

1. 句子保持简洁

英语写作时切忌赘述，言简意赅的句子往往才具有吸引力。要让句式保持简洁，在行文时就可以删除一些可有可无的句子。例如：

Repeat（again）what you have said.

The car is black and white（in color）.

上述句子括号词语是不必要的，应当剔除。

另外，在行文的过程中避免一直使用同一个词汇，导致语言啰嗦，结构臃肿。此外，还需要删除一些冗余的词汇，以保证句式的精炼。例如：

Here are many people who are on duty.

改为：Many people are on duty.

2. 句式保持连贯性

学生在写作的过程中，在表达句式时要注意句子与句子之间的连贯性，保证时态、语态等一致，从而写出流畅的文章。

3. 句式保持多样性

多样性的句子能为文章润色，使文章更具有吸引力。比如，在文章开头时常常结合多种句式结构，交替使用长短句。例如：

名词开头：Gourmets from all over the country gather here.

同位语开头：Oxygen and water, that is the essential conditions for survival.

宾语开头：My advice you give up; my helps you laughed at.

状语开头：Shabby and dirty, the garden looks different from the way I remember it.

（三）开篇

1. 下定义。下定义通过对某一概念进行说明，便于读者理解整体文章内容，把握文章脉络。

2. 提问式。提问式指借助问题引入话题，能引起读者阅读兴趣，同时让读者产生共鸣，在使用时视具体情况而定。

3. 故事引入。为了提高文章的吸引力，激发读者的阅读兴趣，还可以通过描写故事的方式开篇，并以此引出下文。

4. 故事导入。采用故事导入的方式能够吸引读者注意力，让读者产生良好的阅读兴趣，以引出下文。

5. 开门见山。开门见山是一种常用的写作方式，开头点明主题，观点明确，单刀直入。

6. 数据式。数据法指在开篇引用具有权威性的数据，以增强文章的说服力，有"先主题后数据"和"先数据后主题"之分。

（四）段落展开

段落展开即文章的主体内容，由多个小段组成，能够直接反映文章主题的宽度和作者的思路。段落展开方式有按时间展开、按空间展开、按分类展开、按定义展开、按过程展开、按因果关系展开、按实例细节展开等。

1. 按时间展开。根据时间顺序开展文章。

2. 按空间展开。在展开段落时，从上至下、由左及右地展开。

3. 按分类展开。根据需要说明的事物的特征进行段落展开。

4. 按定义展开。说明文常按定义展开内容，用于解释一个抽象或复杂的概念，通过举例子、打比方等方式便于读者理解。

5. 按过程展开。在写作时，根据事件的经过进行逐一说明，多用于记叙文。

6. 按因果关系展开。说明文常按因果关系展开文章内容，包括三种形式。（1）先写结果，后分述原因；（2）先给出结果；（3）同时分析原因和结果。

7. 按实例细节展开。这种展开方式能够将抽象概念形象化，给读者留下深刻的印象，多用于说明文的开头，例子的数量不限。

（五）结尾

1. 总结式。总结式结尾是对文章中心思想的归纳，以达到升华主题的作用，给读者留有深刻印象。

2. 警示式。警示式结尾起到强调主题的作用，引发读者思考。

3. 建议式。在文本结尾就某个话题提出建设性意见，为解决问题提供参考。

4. 展望式。展望式结尾用以表达自己对未来的期望，能够引起读者共鸣。

5. 重复式。重复式结尾将文中已经提及的观点再次提出，起到强调主题的作用。

三、写作后

写完作文并不意味着完成写作任务，因为作文可能存在很多错误，需要仔细修正，对文章进行加工和润色，直至写出满意的文章为止。在长期训练下，写作水平必将逐步提高。

（一）语法方面的检查

1. 检查字母的拼写。
2. 检查句子的语法。
3. 检查标点符号的使用。

（二）段落方面的检查

1. 检查段落的流畅性。
2. 检查内容的饱满度。
3. 检查句式的连贯性。
4. 检查能够合理使用过渡词。

（三）主题方面的检查

1. 检查主题的完整性。
2. 检查文章与题目的一致性。

3. 检查主题句是否清晰。
4. 检查内容是否与主题联系。
5. 检查语气、时态的使用。

第五节 多元文化与大学英语写作教学

一、英汉写作中的文化差异

（一）词法方面

1. 词汇的虚实

汉语思维具有系统性，倾向于种概念的词汇，用词较为模糊；英语思维具有独立性，倾向于属概念的词汇，用词具体明确。

2. 词性的差异

汉语写作中，词语的词性体现在文本中，而英语词汇在放入文本之前的词性就较为明确。我国学生长期受到汉语思维的影响，在使用英语词汇时常常因为忽视了词性导致语法错误。例如，将介词 against 当作动词使用，将动词 regret 误以为是形容词：

误：They against this advice.

正：They are against this advice.

误：She is regret to by car.

正：She regrets to by car.

3. 词语的搭配

在汉语文本中，一些词汇在不同的语境下需要借助多种英语表达方式，否则就会导致搭配不当，容易出现语言错误。比如将"acquire knowledge"误写成"learn knowledge"。

4. 词义的文化差异

由于中西文化背景和思维方式存在差异，语言折射的文化内涵也不一样。因此，在文本翻译和写作文的时候值得注意。

（二）句法方面

汉英在句式的基本区别在于：前者重意合，借助词序和语义关系进行表达，不苛求形式的完整；后者重形合，注重形式和逻辑上的严谨。一般而言，英语包括语态、时态、人称和数等多种变化，英语句式中心明确，逻辑结构分明，多是以主谓宾为核心，借助从句和短语进行修饰。

1. 句子的词序

英语词序由近及远、由小到大、由轻到重、由特殊到一般、由客观到主观，汉语则相反。我国学生常出现词序错误。比如在汉语里"我"总是在前面，而英语里"我"永远在最后。

误：I remember everything that happened to me and she.

正：I remember everything that happened to she and me.

2. 句子的时态

汉语在表示时间和动作时，多借助词汇完成，比如"着""了""过"，分别对应英语中的进行时、完成时、过去时。英语时态类型多达16种，有着详细的分类，为句子增添感情色彩。例如：

He is always asking me such question！（用现在进行时表示厌烦）

3. 句子的语态

汉语很少使用被动语态，而英语只有被动意义的句子都需要使用被动语态，多出现在英文科技类文献和新闻报道中。例如：

误：The apple is her mother gave her.

正：The apple was given by her mother.

4. 句子的结构

通常而言，汉语句子的主语较长，在英语中主语要求精炼，以确保句式平衡。例如在翻译"明天天黑之前能否找到帮手并完成工作是我们必须面对的问题"时：

中式英语：Whether we can get help and finish the work by tomorrow evening is the problem we have to face.

英式英语：The problem we have to face is whether we can get help and finish the work by tomorrow evening.

（三）语篇方面

西方文化重视理性思维，我国重视悟性和辩证思维。在写作中，英语写作强调开门见山，有严谨的逻辑、行文连贯。因此，英语作文多将主题置于句首，在此基础上进行论证和分析。汉语文章则倾向于进行层层铺垫，在最后揭示文章主旨，有种"守得云开见月明"之感。由于学生在写英语文章时受到汉语思维的影响，导致文章结构混乱。

二、文化差异对文章的影响

（一）措辞

同一个事物和概念用不同的语言表达，所用的词语可能只有一个，也可能有多个。

比如英语中的"sister""brother",用汉语就难以明确"是姐姐还是妹妹,是哥哥还是弟弟"。因此,学生想要写出一篇优秀的英语作文,需要在用词上下功夫,明确了解中西文化的差异,掌握用词技巧,避免在用外语交际时的尴尬现象。

此外,成语、谚语和格言作为社会语言文化的缩影,运用不当很容易产生歧义。比如"look out"本应当是"当心"的意思,却常常被中国学生误解为"往外看"的意思。

从分类看,汉英词语存在相似之处;从词的功能看,二者又存在很大的差异。比如在汉语作文中,动词用的较多,而英语作文名词用的更多,以展现严谨性和庄重。需要学生注意。

(二)造句

在造句时,汉语需要先行铺垫以此向主题推进,而英语更倾向开门见山,采用主句在前、从句在后的结构。此外,汉英句式在成分之间、分句之间的连接方式也不一样。英语句式注重"以形统神",注重句子之间的严密性,以保证句式的紧凑;汉语句子强调意合,借助语义和内在逻辑关系进行表达。这就使英语句子呈现的是一种"树型结构",而汉语句子具有灵活性,呈现的是一种"线型结构"。

(三)文体

汉英写作存在共通之处:揭示主题、精心设计内容、合理选择素材、强调真情实感。不同之处在于,相比于英语文体,汉语文体善于使用形容词,运用得当,则使文章栩栩如生,给读者留下深刻印象。英语文体强调直接了当。

三、多元文化对英语写作教学的启示

(一)文化导入

想要尽可能减少汉语思维给英语写作教学带来的负迁移作用,教师需要利用各种手段帮助学生了解中外文化差异,领会汉英在写作中的区别,切实提高语言实际运用能力。

我国学生处于汉语教育大环境下,英语学习的过程受到汉语思维的影响。针对这种情况,教师可以利用现代多媒体信息技术,通过音频、影视等形式为学生营造良好的英语学习环境,帮助学生了解西方文化生活,增强学生的语感,以便写出地道的英语作文。

(二)英汉写作对比分析

在英语写作教学中,教师需要有意识引导学生发现汉英在造句、语篇结构等方面的区别，讲授英语写作的表达习惯和相关文化。尤其是在讲解精读教材时，教师可以深入剖析文本的题材和体裁，帮助学生构建一个立体的、系统的英语语篇结构。

在英语作文批改时，教师需要及时指出学生不恰当的英语表达句式，同时展示更合适的表达方式，让学生直观地了解其中的差异，在以后的写作训练中避免出现类似错误。

（三）读写结合

阅读是写作的基础，为写作提供丰富的素材，指导学生的写作思路。在写作教学中，教师要求学生进行广泛阅读英语素材，了解西方的思维方式、表达技巧和价值观念，在此基础上培养语感，提升学生的写作水平。

此外，在平时的学习中，教师要引导学生养成读书做笔记的良好习惯，以便吸取经验、总结教训，在积累的过程中提高写作素养。

（四）仿写训练

在英语写作中，我国学生往往下意识遵循汉语思维，通常先用汉语构思文章，再将其翻译成英文，这样写出来的作文不够地道，同时严重影响写作效率。为了改变这一状况，教师可以要求学生对英文素材进行仿写，仿写的内容不限于课本和经典著作。学生可以借助工具书，这样一来既丰富了学生的写作素材，同时写出一篇地道流畅的英语作文。

第六节 语块教学模式与大学英语写作

一、语块理论概述

语块，最初被视为一种在语法和词汇之间、模式化的块状结构。随着研究的深入，语块被认为是一种具备一定语法功能的、相对稳定的多词词汇现象，结合功能特性，分类如下：第一，多词语块。指规定的多词组合，比如 by the way, in fact 等；第二，习惯表达语块。多是整句或句子开头，或谚语等，如 as the old saying goes 等；第三，短句框架型语块。指词的横向与纵向替代和插入的结构，如 to one's surprise/delight 等；第四，句子框架型语块。指半固定的句子框架结构，比如 it is reported that……在英语写作教学的过程中，了解以上语块类型，对学生的写作起到事半功倍的作用。

二、语块教学在大学英语写作的作用

(一)克服汉语思维的负迁移作用,增强外语表达的地道性

我国学生在英语写作过程中常常受到母语思维的干扰,而汉英的表达方式有着较大的不同,导致学生写出的英语文章不够准确和地道。而采用语块教学法,能够有效避免负迁移的影响,学生通过语块的方式将英语语言知识储存在脑海中,在写作时直接取用即可,能够避免一些搭配不当、句式混乱等错误,切实提高英语写作水平。

(二)提高语言输出的流畅性

据调查发现,大学生写出的英语文章普遍存在内容贫瘠、逻辑不当、词不达意等常见错误,这源于学生对词汇的生搬硬套和死记硬背,缺乏良好的语块意识,导致即便记住较多的词汇也无法写出流畅的英语作文。语块法教学,帮助学生注意词与词的搭配组合,就不会出现将学习知识翻译为"learn knowledge"(正确写法为"acquire knowledge")的中式英语,能够加深对词汇的理解,掌握正确的英语表达习惯,有效进行语言输出。

三、语块理论视角下的英语写作策略

(一)培养学生的语块意识,提高语块识别能力

在传统的英语写作教学中,教师将语法知识视为培养学生语言能力的基础,导致在授课的过程中将语篇知识分为碎片化的知识点,割裂了词汇和语法之间的联系,使得学生对词汇和语法的学习不够系统。在多数学生眼中,多记单词加上一定的语法知识,就能在考试中得高分,写出一篇优秀的英语文章。这种想法显然是错误的,严重影响学生的语言输出能力的形成和发展。

由于缺乏语块意识,学生往往是简单地记忆英文单词的形和义,未能发现一些固定或半固定的语块词组,对语块知识缺乏敏感度。在英语学习中,学生缺乏分析语篇的意识,语块知识储备不足等,都影响学生的写作水平。

因此,在英语写作教学中,教师需要为学生讲解有关语块的概念、类型和功能等,帮助学生建立系统的语块知识结构,培养学生使用固定短语搭配结构的习惯。

(二)强化学生语块训练,帮助学生掌握语块学习策略

在写作教学中,教师要加强相关的仿写和套用练习,帮助学生深入了解语块知识,形成自己的语块学习方法。在讲解的过程中,让学生进行一些短语替换、句子改写、

翻译等训练，帮助学生灵活使用词组搭配。此外，采用分组讨论等方式，以小组为单位完成段落翻译、填空等学习任务，在合作的基础上提高语言运用能力。在训练的过程中，教师需要有意识引导学生收集相关语块，加深对语块的灵活运用，加速学生对语块知识的消化和吸收，建立起系统的语块知识框架，提高写作效率。

（三）培养学生自主学习能力

语块知识的学习，不应限于有限的课堂教学，教师要尊重学生的主体地位，充分发挥学生的主观能动性，培养学生的自主学习能力，要求学生在课后对语块知识进行巩固和加强练习，完成知识的内化，并将所学语块灵活运用到今后的写作当中。

大量教学实践证明，语块在英语写作教学中具有积极作用，能够有效帮助学生克服汉语思维的负迁移作用，写出一篇流利、地道的英语作文，同时为大学英语教学改革提供了新的思路。

第三部分 大学英语读写结合教学研究

第十一章 大学英语读写结合模式探索

第一节 大学英语阅读与写作的关系

一、何为写作

（一）写作的起源

人类的起源可以从人有智慧开始追溯，大约可以追溯到十万年前，但是人类的写作活动相比于这一段历史来说非常短暂。人类最新的考古研究成果将文字最早出现的时间追溯到五千五百年前。当文字被发现的时候人们对其中符号所表达的意思各有看法。当人们在讨论这些符号的意思时，人类学家理查德·曼多（Richard Meadow）指出，因为这种符号与印度哈拉帕古文字有许多的相似之处，而印度哈拉帕古文字被认为是最早的书写文字。

在发现了世界上最早的文字之后，世界范围内的其他文字体系开始了对其文字的进化发展史的研究。

英语文字自产生开始就一直处于不断的变化当中，十四世纪早期的文字的拼写方式与字母构成和如今的文字相比有很大的差异。

在当今社会，写作经过漫长的发展开始走向网络写作的道路，通过手机进行写作成为一种新的写作方式。

（二）学习写作的原因

在人类写作的发展史中，写作一直都只是在小部分人中间流行，因为写作跟说话不一样,说母语是每个人成长过程中都会的,但是写作却需要通过后天不断地练习来获得。对于一个孩子来说,为了能够自如地与身边的人进行交流自然就需要学会说话,这是自然发生的,但是写作不同,写作需要自己主动去练习。

在最近两百多年,人类的文化水平才作为一种必备的能力来进行教育,文化主要指的是读和写的能力。在之前的很长一段历史中,文字一直都是被国家和教会的统治者所垄断的,一个普通的劳动阶层如果掌握了太多知识可能会遭遇不幸。但是当社会发展到工业化阶段的时候开始发生了改变,一些百姓为了让官僚机制更好地运行开始提高自身读写方面的能力。会读会写的人越来越多,教育的重要性也开始被重视起来。教育不再单单只是为了让社会能够正常运转,更重要的是为了对自己的充实和提升。自此写作的好坏不再受到人们的质疑。写作作为人们的一项基本权利开始变得流行。

（三）写作的含义

作者通过将自己的知识经验、情境认知结构通过写的方式呈现在书面上,表达自己的思想感情和传递信息,其中最重要的是对人类文化精髓的社会语言交际行为进行的记录。简单来说,写作就是作者与读者为了进行信息交流活动而采取的行为。写作是一种高级的人类精神系统所进行的智力认知活动。学生进行写作的过程就是学生将自己的知识经验、情境认知结构通过书面交流的方式来表达自己的思想感情,然后影响他人的思想感情。作者在进行写作时需要根据写作的主题展开思考,将自己想要表达的意思整理出来,然后利用合适的语言材料通过书面的形式将信息和思想表达出来,最后与读者开始信息交流。

口语与写作在有些方面是相同的,在有些方面是不同的,首先相同的地方是两者都是为了交际而存在的,都是表达思想感情和传递信息的工具,都是为了实现英语教学目的所采用的手段,产生的是一种程序性的知识;不同的是两者的交际手段不同,口语是通过语音,写作则是通过书面语。

（四）写作的模式

写作的过程是复杂的,并且有一定的目的。因此一些心理语言学家与教学专家开始对其模式进行研究。下面对英语写作产生较大影响的两种模式进行介绍。

1.Flower,L.Hayes 的写作模式

福劳尔和海耶斯（Flower,L.Hayes）在 1986 年指出,写作是为了解决问题而进行的。所以他们提出了一种认为写作是解决问题的认知模式。在进行写作时,每个作者的写作目的、写作内容、写作形式和年龄都不相同,导致写作的认知模式和结果也就会有很大的差异。即使是一个很好的写作过程的认知模式,在这些因素的影响下也会出现很大的差异。

福劳尔和海耶斯还提出，写作的模式主要包括下面三个部分。

（1）任务环境。对任务环境进一步细分可以分为写作的任务和外部贮存两类。首先写作的任务就是写作的问题是什么，其中包括写作的主题是什么、是写给谁的、写作的动机和线索又是什么。外部贮存则是指作者在写作时所参考的资料和已经写完的内容。

（2）作者的长时记忆。作者的长时记忆是指作者在写作过程中长时间存储在作者大脑中的关于写作的主题、读者和修辞手法三个方面的知识。这些知识会对作品的质量高低产生直接影响。

（3）作者的工作记忆。作者的工作记忆可以分成计划、书写和复查三个阶段。计划阶段就是作者在写作前需要对作品进行构思。构思又可以分为建立目标、生成和组织三个部分。书写阶段就是作者将想要表达的思想感情编码成语言文字。复查阶段就是对文章进行检查和评价，然后将不合适的地方进行调整和修改。

2.Bereiter 的知识表述模式

贝赖特（Bereiter）在1987年提出认为写作是将知识进行表述的过程。因为写作存在构思阶段，所以贝赖特指出，写作是作者根据题目所反映的信息，通过对自己大脑中的信息进行搜索，利用内容知识确定文章的主题，利用文章知识确定文章的体裁，然后将这些信息进行整理之后列出提纲，最后开始写作完成作品。

（五）写作的类型

1.严格控制的写作

严格控制的写作主要有下面几种类型。

（1）描红和抄写。书写属于一种对能力的训练。刚刚开始书写时，作者必须严格要求自己，养成良好的书写习惯。

描红和抄写的内容主要就是英文字母、单词和短句。进行书写训练都要进行描红和抄写三线格的基本功训练，想要达到规范的书写要求就必须要字母的大小写、笔顺、连笔、间距及标点符号等方面都要满足书写要求。

（2）替换造句练习。刚刚开始学习英语的时候学生会经常做一种替换造句的书写练习，通过替换造句练习可以让学生书写句子的基本功更加扎实。

（3）连词成句。连语成句就是教师将一句话的词打乱顺序，然后让学生将这些词语连成一个完整的句子，其中要重点注意单词的大小写和标点符号的使用。

2.有指导的写作

（1）填补句子信息沟。填补信息沟的意思是说一个句子因为缺少单词使交际双方不能正确理解信息而造成交流失败，为了让交流顺利进行就需要学生填补上正确的单词让句子的意思通顺，以达到交流信息的目的。

（2）变换句子。变换句子就是在教师提供的正确句子的基础上，通过改变语法形式将这个句子变成意思相同的另一个句子。

（3）完成句子。完成句子就是说一个句子的开头由老师提供，学生在满足语法要求的前提下补全句子，句子的内容和形式可以随意变换。

（4）缩写。缩写就是将一篇篇幅较长的文章通过对次要信息进行省略，只保留主要信息，使文本成为一篇较短的文本。

3. 少指导或自由地写作

少指导或自由的写作就是在写作的时候尽量不要教师的指导，甚至将教师排除在写作之外，完全由学生自由发挥完成写作。

（1）班级问卷调查。教师或学生利用词汇表或图片列出一系列问题，然后在小组中讨论回答这些问题，这个过程就是班级问卷调查，在讨论回答问题的时候需要做好笔记，然后在讲台上将调查结果进行公布。

（2）安排活动。教师或学生依照课程要求设计出一个表格，每个星期的固定时间开展课外活动，然后在表格中填上自己的计划，在小组中讨论计划的可行性，互相约好时间地点一起完成活动。

二、英语阅读与写作的关系

阅读和写作的关系到底是什么样的，许多诗人和俗语都对这个问题有过回答。

俗语云："熟读唐诗三百首，不会做诗也会吟。"

杜甫指出："读书破万卷，下笔如有神。"

叶圣陶认为："阅读是写作的基础。"

杨传普对阅读与写作教学的关系的研究是从语篇层面展开的。他认为写作与阅读的关系是互相补充、互相发展、共同进步的。也就是说在进行阅读训练时缺少关于语篇层面的阅读训练，那么将难以完成写作任务，通过写作也能将在语篇阅读训练时学到的知识和技巧进行巩固。他认为，语篇阅读训练是必不可少的，将它与写作联系起来是一种提高写作技巧的有效手段。语篇阅读训练和写作可以在技巧和练习上进行照应，在完成语篇阅读后可以进行仿写练习，对文章当中的一段有利用价值的话或者是一篇典型的文章进行仿写练习，然后进行命题写作训练，通过加强语篇阅读训练的方式来提高写作能力。

陈立平在对阅读与写作的关系进行研究之后，开始从阅读与写作关系的角度分析在进行英语写作教学时范文教学法的意义。他认为，在如今的教育背景下，国内外师生都非常推崇过程教学法，在使用过程中的效果也非常好，语言学家、认知心理学、教育家、阅读和写作课的专家们在经过大量的理论和实践研究之后发现，阅读和写作它们是相互独立又相互联系的，二者之间是一种相辅相成的关系。读者在进行范文阅读时会有理解和创造两种行为，作者在进行语篇写作时，会对构成语篇的每一个元素进行一定的设计以便于传递信息，但是读者在进行阅读时却是以整篇文章为线索，将作者对语篇信息的设计在大脑中通过思考模拟出来，以达到理解整篇文章的目的。他认为，因为阅读与写作的关系是相互独立又相互依赖、相辅相成的。因此在进行写作教学时就不能忽视范文，在进行阅读教学时也不能忽视写作。通过这种观点可以看出，他们认为阅读与写作通过范文的连接让结合更加紧密。教师在进行英语写作教学时应该为学生提供大量的范文，通过范文学生可以学习更多的写作技巧，开阔自己的视野，提高英语写作能力。

何星在进行研究时比较关注交互式阅读对英语语篇连贯写作法的启示。所谓交互式阅读模式就是将自上而下和自下而上两种阅读模式进行融合使用，使信息不断互动弥补的过程。从作者的角度交互式阅读对英语语篇连贯性写作法的启示主要包括三个方面。1. 作者在写作时需要在语篇中留下足够多的信息让读者能够与作者进行知识共享，读者在运用自上而下的信息处理方式时就会更加简单；2. 作者在写作时可以通过不同的写作手段给读者提供信息让读者可以通过分析上下文得出大量信息，其中还包括词汇和语义信息，让读者自下而上地处理信息变得简单；3. 作者在写作时也可以将自上而下和自下而上这两种模式结合起来为读者提供信息，这样有利于信息之间的相互弥补。

徐浩和高彩凤的研究主要集中在读写结合的教学模式对英语专业低年级的学习的影响上，以及对他们的阅读能力、写作能力和阅读抽象能力是否有一定的帮助。想要考察这种教学模式对学生的影响就需要进行实践，将写作教学大纲与阅读教学大纲结合起来，先讲读的方法，然后再讲对应的写作技能，达到一定的程度后就将两者结合起来进行练习。在进行写作课堂分析时选用的材料尽量用阅读教学的教材或是在课堂上使用的其他材料，写作训练的作业布置也要与阅读课程上所教授的内容相关联。比如在一堂阅读课上的主要训练任务就是在文章当中找出主题句，在完成阅读课程的训练后在进行写作训练时，教师可以规定一个话题，然后要求学生围绕这个话题写出主题句，教师通过对学生的作业进行批改、讲评的时候也围绕主题句展开。通过一段时间的研究发现，读写结合的教学模式对提高阅读能力没有明显效果；但对写作能力的提高有一定的促进作用，特别是在语句的流利、长难句的使用和写作抽象思维方面有极大地提升效果；但是这种提升往往需要长时间的训练才能体现出来。另外，通过读写结合的教学模式可以提高学生对写作的学习积极性，以读促写，提高写作能力。

因此，阅读与写作的关系是非常紧密的。阅读的学习效果可以通过写作反映出来，写作是对阅读所学知识的应用和升华。阅读输入、写作输出；阅读吸收、写作表达；阅读学习、写作运用。阅读主要是对学生的英语运用能力进行培养，与写作一样都是需要在书面上展示出来的。阅读要求学生能够对语言的含义进行充分的理解与领悟，写作要求学生能够灵活地运用语言进行表达。读与写紧密联系在一起，相互促进。学生需要通过大量的阅读积累知识然后才能在写作中充分发挥出自己的水平。因此，通过阅读可以提高写作能力，写作也对阅读能力的提升起到促进的作用。大体上说，英语阅读对写作的作用有下面五个。

第一，通过阅读可以学习到大量的语言知识，学习到很多不了解的信息。

第二，通过阅读可以培养英语的语感。

第三，通过大量的阅读可以熟悉英国人的说话方式和习惯，适应英国人的写作思维。

第四，通过阅读可以积累丰富的写作素材。

第五，通过大量的阅读可以提高写作能力。

在进行阅读时需要注意材料的选择，保证阅读的材料是具有典型性的，属于一篇优秀的英语文章。学生在进行阅读材料的选择时可以首先选择小说之类的文学体裁，有趣的故事可以培养学生的阅读习惯。当学生所接受到的英语是地道自然的英语时学生也就会学得更快。语感对于一门语言的学习是至关重要的，而大量的阅读就可以培养学生的语感。一般来说，阅读材料中都会有一些学生不熟悉的单词，学生通过大量的阅读，将这些词汇积累起来，无形中扩大了词汇量。通过大量的阅读可以学习到很多不了解的知识，扩大了知识面，了解到东西文化的差异，提高文化素养。对于写作来说，通过大量的阅读可以学习到各种各样的写作技巧，学会怎样让自己的文章更出彩。

写作是一种将语言输出的表达活动，可以将阅读的效果、作者的思想展示出来，展示学生的语言运用能力。写作与阅读都是一种提高学生英语水平的手段。通过写作学生可以发现自己在哪些方面还存在缺陷，哪些地方需要借助工具书才能正确表达，写作可以让学生了解自己的英语学习水平。通过写作可以增加学生对语言的感悟力，坚持写作可以让学生对语言更加关注，因此一般来说读的越多写的就越好。但是读和写必须要是同时进行的，不然如果只是阅读而不写作，那也未必写得好。

总之，想要学好英语就必须将读和写有机结合起来，如果只是读不写的话思维就会停滞。所以在扩大大学生英语阅读的同时还要适时地安排一些与阅读相关的写作练习，将读与写紧密联系在一起，你中有我、我中有你。通过阅读带动写作，通过写作促进阅读。如果学生在进行写作时不知道应该怎样去表达，就可以带着问题去进行阅读，对作者所使用的写作技巧进行反复理解，然后将其运用到自己的写作中，提高写作能力。

阅读与写作是一个交互的过程。在进行阅读时为了让自己的记忆更加牢固，也可以将知识点或者阅读体会记录下来，形成阅读笔记。

学生在写作的过程中，也需要通过不断的阅读来收集信息，在完成写作初稿后也需要不断的阅读来找出其中的错误，然后对其进行修改。可以说在写作的全程都有阅读的参与。

在将读写结合理论运用到学习和实践中需要注意两点：第一，阅读的题材和体裁不能局限在一种或两种上，要对各种题材各种体裁的文章进行大量阅读，还要对文章的结构布局进行分析学习,作者所使用的写作手法和表达方式必须是要对写作提升有帮助的,文章中使用的词语必须是要严谨可推敲的;第二,在写作的过程中要积极思考、多写多练。

总之,阅读教学对于英语教学任务的顺利开展具有重要影响,对提高学生能力有重要作用。通过英语阅读教学,不仅能够让学生的语言知识得到丰富的积累,提高写作技能,从而培养学生的英语综合应用能力。

第二节 大学英语"读写循环"教学模式探索

一、读写循环教学法的理论基础

近年来,交际教学法在英语教学中十分流行,其具有三大理论根源:其一,语言的意义系统和功能理论;其二,社会学根源,即"交际能力"理论;其三,哲学根源,即"言语行为理论"。

有关交际能力的学说于上世纪七八十年代被提出,随着社会经济的发展,交际能力的学说也有了长足的完善,逐渐形成体系。但也有些研究者认为这一学说还不够空洞化,并提出功能语言学理论是交际与文学相结合的产物,提出语言教学的根本目的就是发展交流才能,为汉语教学提供了理论基石。而系统功能理论则认为,汉语教学是社会交流的过程,语言也是社会交流的产品,读书与写作是同一社会交流过程的两种基本程序,阅读以写作为前提,写作旨在阅读理解。掌握阅读程序和策略为写作提供丰富的素材;而掌握写作程序和方法则能提高阅读的效率,系统功能语言学在此基础上提出意义协商模式,突出了话语的双向性,为阅读教学与写作课程的整合提供了基石。该理论阐明了阅读写作过程与文化因素、词类和情景语境之间的关系,指出了语法大纲将阅读和写作概括为词汇语法练习的做法,为培养听说读写统一的交际能力提供可行的路径。

二、读写循环教学法概述

阅读与写作过程是语言交际活动的主要表现形式,不同之处在于前者是输入性语言活动;而后者则是输出性的口语过程。对一种全新的话语交流行为来说,不会出现有写作没阅读,甚至有阅读没写作的状况,是阅读和写作行为的有机统一,具有动态性特征。把阅读和写作的关联理解为一种循环,冲破了以往理解的限制,淡化了话语行为投入和产出的区别,两者能够融合到一起。

一个完整的写作教学程序包括建立场知识、建立语篇模式、合作创造语篇和独立创作语篇四个阶段。前两个环节相当于接受过程，后两个环节相当于写作过程。建立场知识阶段，学生得以把握写作主题，凭借相关的社会阅历来加深对写作语篇的认知；建立语篇模式阶段，学生在具有代表性语篇的分析下，了解相关的语类模式，把握语类结构。同时要认识到阅读教学能够指导写作教学，但并非说二者的地位等同。合作创造语篇阶段，学习者试图将自己对主题的认知用合适的语类结构加以组织，撰写语篇，在这其间教师应当给予一定的指导。独立创作语篇阶段，则是学生独立成篇的过程。此类组织课堂的教学方法就是"读写循环教学法"。

读写循环教学法，实现了阅读和写作的有机统一，体现写作以阅读为基础，是阅读的深化阶段。在传统的英语课程教学活动中，阅读教学停留在词汇量、例句等表层方面，忽视了文化、语境等因素的影响。同时教学采用的多是"由教师分析文本语法知识和翻译技巧"模式，学生的主体地位得不到应有的关注，教学效果不够理想。

阅读活动是为文法所用，写作活动旨在了解词格变化和语法的规则，结构主义大纲将阅读与教学割裂开来，忽视了二者的关联性。另外，学生缺乏通过系统的阅读来了解语类结构方面的有关知识的意识，导致写作能力的提升难度较大。而读写循环教学能力能够将读写与写作结合起来，在教学过程中穿插口语活动，有效提高学生的口语表达和书面表达能力。

三、读写循环教学法在大学英语写作教学中的应用

下面以教师指导学生写私人信件来具体说明读写循环教学法在大学英语写作教学中的实践。

建立场知识阶段，教师可以通过开展诸如小组讨论、情景对话、内心独白等方式，让学生对写作主题有一定的了解，进而把握语篇的整体内容。具体可以包括以下内容：私人信件会被现代通讯完全取代吗？它在人际交往中发挥哪些作用？写信对象是谁？写私人信件的目的是什么？结合与写信对象的亲疏关系，应当使用何种语言和语调？如何谋篇布局？

建立语篇模式阶段，让学生对典型语篇进行研究，以把握作者的情感和目的，了解语类结构和词汇的语法特点，从而建立起相应的语类结构模式。以下面范文为例。

范文：

July 10, 2014
Dear

Dear Sally,

How are you doing?Are you happy at school?I hope you feel almost settled.Forgive me for being silent for so long.It's not easy to get used to these things, and I'm popular when the weather is bad.It's cold and dry here.

I thought the campus of this famous school was small, but it was actually more humble than I expected, especially the dormitories of the students.They said a new dormitory would be built soon.Hopefully things will get better soon.

I have other things to complain about, but I don't regret my choice.My classmates and roommates are great.It's really fun to make so many new friends from different backgrounds. The teachers are great.After all, it's the teachers that make a good university, not the buildings, right?

The way we study here is very different from our high school.I'm sure you feel the same way.First of all, we are lonely.This was especially challenging for me.I'm not as independent as you've always been.

Yes, there's a lot of pressure, a lot of friendly competition.But I like it here.I'm ready for a tough job.

How are you, Sally?I hope you are well and I hope to hear from you soon.

Wish all the best!

To you
Chendong

从以上范文可以看出，私人信件能够有效表达作者的情感、要求和想法等，是保持人际关系、人与人互动的重要方式之一，对当下快节奏的生活方式启示很大。写作对象主要是亲朋好友、教师等；目的在于通过信件流露自己的情感和想法。信件的要素主要有：格式（Layout Format）、语言（Language）、语调（Tone）和行文步骤（Organization）。私人信件的格式包括：日期（date）、称呼（salutation）、正文（body）、结束语（closing）和署名（signature）。

1. 日期的写法可以是日/月/年（day/month/year），或是月/日/年（month/day/year）；

2. 称呼的写法如：Dear Professor Li，Hi Tom，Dear Miss Wang 或 Dear Aunt Jane；

3. 正文是写自己所要表达的主要信息；

4. 结束语一般有：Best Wishes，All the best，Regards, Yours（for informal letters），Yours sincerely，Respectfully yours(for a little more formal letters)，Love，Much love，Fondly(for letters to close friends and relatives)；

5. 署名是写信人自己的姓名。写信的基本要求在于能够写出简洁明了、通俗易懂的句子、语言的运用、词组和连词的使用。语调由写信人与收信人之间的亲密关系而定。私人信件的行为一般为：寒暄（Begin your letter by asking how the recipient is getting on or mentioning your most recent letter or the last time you saw the person you are writing to）；讨论共同爱好（Talk about common interests）；表明意图（The purpose of this letter, if any）；结尾（Finally, close your letter with some friendly phrases）。

合作创造语篇阶段，学生在建立相应的有关主题的语类结构模式的基础上，起笔成文，教师则引导学生通过书面语类模式表达对主题的看法，以提高写作能力。在这一阶段，学生在教师的宏观指导下逐渐撰写起有关的书面语篇。教师可以帮助学生回顾有关语法词汇等方面的知识，比如日期和称呼语的写法、寒暄的表达方式、如何布局正文、结束语和署名等注意事项。

独立创造语篇阶段，教师的任务在于对学生的创作过程和结果进行点评，指出需要修改的地方。针对这一方面的训练，教师可以通过布置命题的方式进行，例如："To a friend, tell him/her what you've been doing lately, what you like and don't like about your life"；"To a friend who visits you, tell him/her some things you will do when he/she comes." Also, "give your teacher directions home to show your appreciation for his/her help at school/college.Make an appointment to meet with him or her about your plans to study abroad"；Or "Thank your aunt for her birthday present and ask her when you can visit her."；也可以允许学生自主命题，撰写一封私人信件。在成文的过程中，学生需要注意语篇结构和语法特征，同时与其他同学相互点评，指出语篇的不足指之处，在此基础上进行修稿。同时，教师要针对性地提供指导，指导的内容包括拼写错误、语篇的框架、主题表达等。

读写循环教学法，建立在系统功能语言学理论的前提下，以篇章的主体和语类为相关要素，形成的一种阅读与教学有机统一的教学模式，为读写活动的结合提供了一条新的研究路径。在读写循环教学模式下，学生能够亲身体验所学内容，通过分析母语与目标语篇的异同，深刻把握从语篇到语境，再从语境到语篇的循环过程。

读写循环教学模式并非完美无缺，其在学生选择作文题目、交际目的、写作观点、态度、立场，以及为实现交际目的采用的手段等选择方面存在不足，需要广大教研学者共同探讨。

第三节 大学英语"以读促写"教学模式探索

想要在写作过程中激活头脑中图式的前提是头脑中已经具有了相关的三种图式。如果学生想要建构与写作相关的图式应该怎么做呢？英语专业的学生有专门的写作课来帮助建构图式，对于非专业的学生来说是没有专门的写作课的，那么想要建构英语写作图式唯一的办法就是利用综合英语读写课通过"以读促写"来形成英语写作图式。在第二语言的学习中，阅读和写作一直是被当成两个不同的环节，在教学时也是分开的。但是阅读与写作的关系其实是独立又合作的。写作实际上是在将阅读进行模拟，作者写作过程就是在模拟读者阅读的过程，读者进行阅读的行为也是在模拟写作的行为。阅读和写作两者之间是互相交融的，互相依靠对方而存在，两者之间不可分割。阅读与写作是从刚刚开始学习的时候就联系在一起了，两者紧密联系、共同进步。想要在输出语言的时候能够流畅地表达就需要以输入的大量的正确语言为基础。在中国古代有句俗语也是描述的这个道理："熟读唐诗三百首，不会作诗也会吟。"这句话是在告诉我们语言输入对语言输出产生的重要影响，也就是阅读对写作的影响。因此阅读是一个将语言内化输入的过程，写作是一个将语言外化输出的过程。当你的语言储备足够丰富时，在进行语言输出的时候自然就会非常流畅。中国古代有句话也是说的这个道理："读书破万卷，下笔如有神。"

一、"以读促写"的定义

国外许多专家学者在对"以读促写"进行研究后给出了不同的定义。菲茨·杰拉德（Fitzgerald）和沙纳罕（Shanahan）认为，对"以读促写"的定义可以从教学和理论两个层面来进行定义。从教学上看，"以读促写"是在教学的过程中将阅读与写作结合起来进行写作的过程，从理论上看，"以读促写"是指学习者在通过将阅读与写作结合在一起进行写作的过程中所展现的潜在能力。斯皮维（Spivey）对"以读促写"的定义是从建构主义的角度展开的，阅读与写作的过程也就是对意义重新建构的过程。意义的建构过程分为三步，首先在大脑中形成意义建构的计划，其次学习者通过在大脑中寻找与计划相关和相对应的信息，将计划与大脑中已经掌握的知识进行结合之后进行推理，最后将自己所读或所写的观点描述出来。格拉贝（Grabe）则对"以读促写"给出了另外的定义：阅读与写作是相互依存、相互作用的、互相依靠对方而存在的语言技能。再将它们进行结合的过程中，学习者所选用的阅读与写作策略是与他自身相关的，受到内在因素和外在因素的影响，内在因素主要指学习者本身的目标和能力。虽然这些学者对"以读促写"的定义各有不同，但是在这些定义中也是存在一定的共性的：将阅读与写作结合的教学方式适合运用在具体的课堂写作教学中，当要完成某一项具体的写作任务时可以将阅读与写作结合起来。还有一个共同点就是他们的目的都是希望通过阅读来提高写作能力。

"以读促写"这个理念在我国古代就已经存在了。"以读促写"在我国古代主要是通过模仿性写作来进行表现的。在孔子的教育思想中，孔子提出了"述而不作，信而好古"的写作教学主张，其中"述"的意思就是对他人的学说进行理解，然后阐述出来，"作"就是在进行阐述的基础上再进行创造性写作。朱熹对这句话作出的解释是："述，传旧而已，作，则创始也。"在朱熹看来，"述"相比于"作"来说是很简单的。孔子非常重视典籍的阅读，认为阅读典籍是开展一切教学活动的前提，即不学诗，无以言。从孔子开始，"读"开始被认为是"写"的基础，是源头。在西汉时期，辞赋学家扬雄提出了"能读千赋，则善为之"。"善为之"的意思就是说擅长写作文章。宋代程端礼也曾说过"劳于读书，逸于作文"。在近代我国著名教育学家叶圣陶先生认为阅读的基本的训练没有做好就想提高写作能力是不可能的。因此，阅读是写作的基础，阅读与写作是相辅相成的，阅读只要用对了方法就可以提高阅读水平，阅读水平提高了相应的写作水平也会提高。老师教得好，学生才能读得好，最后才能写得好。叶圣陶先生认为阅读是对他人的生活经验的一种"吸收"，将他人的感悟和心情化为己用，写作是对自己的看法和观点所进行的表达。叶圣陶对阅读与写作能力的培养采取高度重视的态度，阅读是写作的基础，学生阅读的过程也就是积累材料、学习技巧的过程，在进行写作的时候就是将这些技巧通过书面的形式表现出来。张志公先生也曾提出：如果想要提高写作能力，必须要进行大量的阅读，不仅要读还要认真仔细地阅读，读和写是不能分开来看待的，进行作文教学的时候必须要与阅读教学密切的结合起来，因为只有在语言的吸收也就是阅读进行一定的积累之后，才能在语言的运用也就是写作上取得最好的效果。虽然叶圣陶和张志公提出的观点针对的都是语文，都是与语文的阅读与写作息息相关的，但是这种观点同样适用于英语，汉语和英语都是语言，本质上是一样的。

二、"以读促写"的理论依据

那么想要将阅读教学与写作教学有机结合起来到底应该怎么做呢？怎样才能将阅读所获得的知识在写作时进行有效地使用呢？一般来说，除了图式理论之外，认知心理学的语言输入与输出假说也是以读促写模式的理论基础。

二十世纪八十年代，美国著名心理学家和教育家克拉申（Krashen）提出了语言有效输入假设。克拉申认为，阅读是一种提高语言能力的最有效的方式，人们获得知识的过程就是对可理解的知识进行输入接受的过程，这样的语言输入才是有效的。语言的习得就是在语言输入达到一定程度后完成的，因此教师在进行教学时应该将主要精力放在怎样为学生提供最佳的语言输入，以此来促进语言习得。学习第二语言的学习者的大脑就像一个水杯，只有输入才能将它灌满，然后才能输出，如果没有输入则相反。那么对于学习第二语言的学习者来说，到底应该怎样地输入才是有利于学习者理解的呢？克拉申提出了著名的"i+1"原则，也就是说在进行知识输入的时候要比学习者现有的语言水平稍微高一点。"i"代表的是学习者现在已经具有的语言水平，"1"则是指学习者想要达到下一阶段还有多大的差距。在进行理解输入的有效输入时输入内容只能处在"i"和"i+1"之间，过高的"i+2"和过低的"i+0"都是不行的，在进行语言输入是应该保持在不远远超过学习者的现有水平，也不能与现有水平相等同。语言学习者只是在完全理解了语言含义的前提下才能将其内化为自己的语言能力。阅读对于中国学生来说就是英语输入的主要方式。在进行英语写作教学时采用以读促写的教学方法，在进行阅读输入的时候一定要符合"i+1"的输入标准。

斯温纳（Swain）在对克拉申的"可理解输入"在第二语言学习中的主要作用经过自己多年的教学研究后，提出了可理解输出假设，该假说被认为是以读促写的理论基础之一。斯温纳认为，对于大部分学习英语的学习者来说，只是单纯的依靠可理解性输入是完全不够的。语言学习包括输入和输出两个部分。斯温纳的语言输出假说是在他经过教学研究之后发现的克拉申的不足然后提出来的。英语写作就是对英语语言的一种输出，在教学活动中只有将阅读与写作紧密结合起来，写作水平才会随着阅读量的提高而提高。如果没有"读"的输入基础，"写"的输出也就将失去根基。如果没有"写"将"读"的知识输出出去，那么"读"的意义也将不复存在。只有将阅读的输入与写作的输出结合起来才能达到学习者提高写作能力的目的。所以将阅读与写作进行结合起来教学是很有必要的。

在语言的输入与输出理论之外，建构主义对阅读与写作的关系也做出了解释，写作和阅读实际上都是对意义进行建构、修正和形成的过程。阅读不是说要学生将教师的思想或是课文内容进行复制或照搬，而是在已经具有的图式上进行再创造。建构主义认为，学生在对不同体裁的文章进行阅读的时候实际上也是在对不同体裁的文章的结构进行研究，当研究到一定的阶段时，对于怎么写作自然也就有了一定的把握。二十世纪八十年代以来，许多阅读和写作领域的专家在对阅读和写作进行研究之后发现，它们两者其实都在运用一系列的心理过程来进行意义建构，共同拥有关键性的认知机制。费里斯（Ferris）认为在培养写作技能之前必须要拥有完善的阅读技能，读和写都需要依靠大量的阅读实践来实现，在写作课中开展阅读训练就是为了提供足够的信息输入。所以在阅读的时候输入大量的信息对于规范英语写作来说是至关重要的。学习者在进行英语写作时必须要将已经学过的英语知识、语法规则联系起来进行使用，以达到词语、语句的搭配都是准确合理的。在实施读写结合的原则时要求将阅读和写作的技能训练结合起来同步进行训练，将传统的阅读教学模式转变为对学生读写综合能力的训练，使教学更加具有效果；教师的教学重点应该放在怎样将语言知识和语言运用之间的距离缩短，让学生能够快速地将阅读中所学到的知识内化吸收。

三、"以读促写"的必要性和可行性

首先要对阅读与写作的关系到底是什么进行讨论。认知心理学认为，一方面，阅读和写作的过程就是信息输入和信息输出的过程，提高语言能力就需要有大量的语言输入，这是需要有大量的阅读来作为基础的；另一方面，当学生在语言知识进行输出的时候其实也是将知识进一步内化的过程，所以阅读与写作之间相互独立又相辅相成，如果没有进行大量的阅读想要写出好的文章是不可能的。想要理解阅读与写作的关系我们可以将阅读比作是对知识进行吸收的过程，将写作比作是释放知识的过程，只有吸收得足够多，在释放的时候才能释放出更好的内容。对于现在的学生来说，生活经验都是比较匮乏的，但是写作又必须从生活经验出发，阅读就成了学生补充生活经验的主要方法。

但是在现实的教学实践中，我国从初中到大学的英语教学过程中英语阅读与写

作都是严重脱节的。在前文中也说过，在语言输入理论中，当学生在进行第二或第三门外语的学习时，要想让学生学会这种语言就需要向学生输入大量的他们能够理解的语言，如果没有大量的语言输入，语言输出也就难以发生。在现在的英语写作教学中，出现的最主要的问题就是如何让语言有效输入。因为在进行语言输入的时候学生不能对输入信息进行充分理解和吸收，导致学生在写作时不知道该怎么下笔，致使写出来的文章在语法和语篇上出现很多问题。在现在的英语教学中，阅读材料所提供的信息没有得到有效输入。在前面已经提到，写作课不是作为一门单独的课程存在的，写作课程是合并在阅读课程上的，再加上在课堂上主要时间都放在了对课文和词汇的讲解上，写作练习处于被忽视的状态，或者说直接将写作作为课后作业要求学生在课后完成。

"以读促写"方法就是要将阅读与写作结合起来进行教学，让阅读促进写作技能的提高。英语教师在进行阅读材料分析时，将重点放在对文章结构、语法、单词使用上，对学生进行写作基础知识的传授，这样有利于提高写作能力。"以读促写"教学模式里的"读"指的就是教师在进行英语阅读教学时所用到的文章，"写"就是让学生将阅读文章作为写作的范文，然后依照范文用自己的语言和内容仿写一篇文章。开展阅读教学的过程就是为学生写作提供素材和思路的过程。将阅读能力转化为写作能力，阅读材料就是写作教学最好的范文模本。以读促写这种模式对提高学生的写作能力有很大的帮助，这种方法也符合对学生进行素质教育的要求，让学生在通过写作实践的过程中提高对语言的运用能力。

大学英语课程教学在现在的教学模式下，教师比较关注结果是否正确，对学生需要真正达到的教学目标却选择忽视。在英语写作课堂上，通常是教师提供一个话题，让学生在课下完成，最后由教师对作文进行批改，这种模式是我们所熟悉的英语写作教学模式，这种模式的缺点是显而易见的。一方面，学生不能发挥自己的想象随意写作，这样长时间的固定主题进行写作会固化学生的思维；另一方面，教师主要是对单词和语法进行批改，对文章的内容、结构组织、写作技巧却很少做出评价。教师很少会关注到学生在写作中真正遇到的问题，自然也就不能及时地对学生进行指导。另外，大多数学生以为把作业交给老师就可以了，对老师的评价并不关心，这样的教学习惯和写作习惯，想要提高写作水平是不太可能的。

但是在"以读促写"的教学方法中，首先，学生不需要将大量的时间花在进行写作练习上。因为学生在进行阅读练习的时候就是在为之后的写作做准备。其次，通过这种方法提高学生的写作水平，可以让学生对于写作的自信心快速增长，学生会感觉到自己能够用英文将自己的观点表达出来。再次，通过阅读学生可以积累大量的生词，积累到更多的句子结构和组合方式，丰富语言图式，让学生能够灵活运用单词和句子。再其次，学生对阅读材料深入研究的过程也是扩大知识量的过程，扩大了学生的内容图式。最后，"以读促写"模式可以激发学生的写作兴趣，激发学生的写作热情，让学生能够更多的进行写作。

另外，根据我国的英语教学实际情况，非英语专业的学生是没有专门的写作课的，因此将写作教学与阅读教学结合在一起进行教学是非常合理可行的。

总之，"以读促写"的教学模式在提高学生的英语写作能力方面具有很好的效果，这种教学模式可以为那些对于英语写作没有半点头绪的学生提供一条新的思路。

四、"以读促写"的实施过程

在讨论"以读促写"的教学模式在实际写作中应该怎样运用之前，我们首先要对写作的过程进行分析。学生在拿到作文题目后，首先第一步是审题，而不是直接开始写；然后选择题材，先在心里想一下自己应该怎么写之后再写下来；最后进行修改，也就是审题、选材、打腹稿、写作及修改这五个步骤，这才是写作的正确步骤。其中最重要的就是审题、选材与打腹稿这三个步骤。审题是写作的第一步，看到题目后，学生首先要确定题目规定的文章是哪一种文体，在确定文体之后就需要将脑海中关于这种文体的知识进行激活，也就是形象图式。然后在选取与题目相关的素材和背景资料来充实内容。有一些学生在写作的时候会觉得没有什么东西可以写，就是因为头脑中缺少内容图式，在确定这些之后就可以打腹稿了。在打腹稿时首先要确定首段和尾段，然后考虑在各个段落之间应该怎样衔接和过渡，从全篇来考虑文章的布局，最后再考虑具体的句子应该怎么写，运用合适的词汇和句型。从这可以看出，打腹稿需要将语言图式、内容图式和形式图式三者结合起来进行写作。等打好腹稿之后再将作文写下来，最后进行修改，这样一篇英语作文也就完成了。

这个写作过程是符合过程写作法的，在过程写作法中，写作是在交际理论的指导下进行写作的，学生位于写作的中心，学生所进行的写作过程是过程写作法的教学重点，注重对学生思维和交际能力的培养。在过程教学法的观念中，英语写作实际上是用英语作为工具去探索生活中的意义，然后将其表达出来的过程，这个过程是非常复杂的。只有学生是表达自己的真情实感，这篇文章的内容才有价值。过程写作法认为写作可以分为三个阶段，分别是写前阶段、写作阶段和文章修改。写前阶段在其中是最重要的，在下笔开始写初稿之前的一切准备活动都是属于写前活动，文章的好坏就是由这一阶段的思考决定的。在这个阶段，学生对文章的主题进行思考，收集写作资料、发挥想象、把提纲编写下来等。因此教师想要对学生进行指导的话就应该在写前阶段进行指导，这样才能将学生的写作水平发挥到最大化。那么教师在进行指导的时候应该注意些什么呢、应该怎样指导呢？怎样达到想要的结果呢？怎样的指导才能将效果发挥到最好呢？

英语写作是一个复杂的对思维进行创造的过程，根据图式论的观点，在进行大学英语的读写课堂教学时，当学生有写作计划时，第一步就是要激活相关图式。如果教师能够在这一步帮助学生快速找到相关图式并激活，那么将为学生快速理解题目打下一个良好的基础，减少学生因为不懂题目而造成的写作困难。在对文章的结构进行建构时就需要激活长时记忆中的相关图式。英语课堂不应该变成是以教师为中心的填鸭式课堂，教师要利用有限的时间将课文阅读中所获得的新知识与学生原有的知识体系相结合，让新旧知识完成融合，对原有的图式进行扩充或者是建立全新的知识图式。阅读的最终目的就是让学生通过对课文进行阅读对新的语言图式、内容图式和形式图式进行掌握，这一目的是教师需要明确的，阅读不是只是简单地认识几个单词和长难句就可以概括的。为了让阅读能够更好地与写作相适应，在完成阅读后应该马上开始写作练习，可以让学生围绕课文的话题或是根据课文体裁，找出文章中的一两个信息点来完成写作。教师必须要在写前阶段为学生快速激活相关图式给予一定的指导，可以使用的教学方法包括写日志、头脑风暴、编写提纲等。

除了充分利用上课时间外，在课下也要对学生的英语写作练习进行一定的指导，比如用英文写日志、写邮件、写微博等，利用闲暇时间将生活中的点滴小事，自己的所思所想用英文记录下来，这些记录可以让学生随意发挥，没有形式和题材的限制，这可以让学生养成思考的习惯，将大脑中的图式进行进一步的扩充，为之后的写作积累素材，同时经常的写作也可以让语言更加流畅。学生写日志是没有任何限制的，比命题写作更加自由，这也是一个让学生释放压力的好方法，具有很强的实用性。

头脑风暴（brainstorming）又叫"思维风暴"智力激励法，或者激发思维法。是美国人A.E.奥斯本（Osborn）在1939年第一次提出的，它是一种刺激人们思考的方法，刺激人们展开丰富的联想，爆发出各种奇思妙想，是一种难以捉摸的心理状态。近年来，这种方法被越来越多的运用在教学中，同样方法也适合用在英语写作教学中。教师可以先确定一个写作题目，然后将学生分成4-6个人的小组，大家在小组内依据题目畅所欲言，说出自己关于这篇文章的写作看法和观点，激发大家的思维，激活各自大脑中的相关图式，优化写作效果。头脑风暴一般保持在十分钟左右为宜，另外，学生的观点没有对错之分，只要是符合写作要求的就可以，然后将它们一一罗列下来就可以了。通过这种方式的目的就是为了让学生在轻松的氛围中畅所欲言，尽情发表自己的观点。学生不必去考虑自己有没有偏离主题，积极开发自己的思维，表达自己才是最重要的。然后将学生的这些想法进行整理分析归类，把有联系的聚拢在一起，选出有利用价值的信息开展写作教学。每个人的思维方式都是不一样的，头脑风暴可以让大家互相学习，打开思维的桎梏，同时也扩大了自己的知识面，激活和构建了新的语言图式和内容图式。

还有一种比较常用的教学方法就是列提纲。很多学生在平常的写作训练中就没有养成列提纲的习惯，往往就是看一眼题目就开始写，而这时头脑中往往还没形成清晰的结构，这也是学生急功近利的心理的一种体现。其实编写提纲对于写作来说是非常重要的，它可以让学生对题材更加明确、理清写作思路，避免重复或遗漏等。在经历过畅所欲言的头脑风暴后，学生头脑中的语言图式和内容图式已经完全激活了，但是因为这些信息是零散的所以就需要提纲把它们组织起来。这也更有利于内容图式发挥作用。一般来说,提纲要包括导入、正文和结论三个部分。学生还可以根据需要对每一个部分进行更加细致的划分。学生还要考虑在段落之间应该用怎样的连接词来使句子更加连贯和流畅,这也是目前国内大学生在写作中存在的最大问题,通过编好提纲可以有效解决这一难题。

还有其他许多适合于写前阶段的教学方法,可以帮助学生激活并构建新的图式。例如首先教师给出一个话题,然后让学生思考,学生可以通过话题展开天马行空的想象,将学生脑海中的与这个话题有关的信息充分调动出来。让学生将想到的词语说出来,教师对其进行记录,然后通过将词语连接成短语,最后将短语扩充成与话题相关联的句子。教师还可以将一些好的句子提供给学生,或者是将一些有严重错误的句子写在黑板上,与学生一起对句子进行修正。让学生的语言图式得到充分的激活和调整,在使用这种教学方式的时候教师需要给学生充分的自由,整个课堂呈现在一种轻松的氛围中,通过各种方式尽可能打开学生的思路,激活图式。通过将学生想到的词语扩充成短语,由短语扩充成句子的活动,可以让学生对自己脑海中的语言图式进行激活和调整,减少写作时出现的词汇匮乏和语法错误等问题。

除此之外,教师还可以给予学生一些其他的刺激来激活学生的感官,比如通过播放与话题相关的视频动画等激活视觉听觉,通过各种方法各种途径对学生的已有图式进行激活,使其能够为英语写作服务。在这一环节中,教师可以将图片和视频的内容与话题相结合然后提出问题,让学生对问题进行思考后给出答案。学生通过思考和讨论将头脑中的与话题相关的原有知识最大限度地激活。再激活后进行写作自然就会减少无话可说的现象。当然,仅仅只是激活这些原有知识是远远不够的,因为学生对于语言知识、背景知识和语篇知识的积累量还不够丰富。因此,教师在帮助学生激活原有图式之外还要帮助学生构建新的图式。

第一,要将学生零散知识整合起来,构建更多系统性的图式。在知识的积累过程中,由于学生本身能力的缺陷,很难将知识进行系统化的整理,因此知识都是零散的。这些知识的记忆给学生增加了负担,运用和提取都非常困难,因此教师需要引导学生将这些零散的知识进行分门别类地整理,使其更加系统化。比如,不知道该怎么将句子连接起来这属于对衔接知识的掌握不够,将语篇衔接起来对语篇连贯来说是非常重要的。只有将段落句子正确衔接起来才能让文章变得更加自然流畅。学生在对语篇衔接进行学习之后已经对句子衔接有了简单的了解,只是还不太会灵活使用,这就需要教师帮助学生完善大脑中得到图式,然后在写作训练时不断的进行练习。

第二,教师在布置写作任务之前为学生提供一篇语篇流畅的范文,然后教师对语篇中的衔接技巧进行逐一讲解,根据范文为学生布置相关训练。掌握之后再要求学生根据教师所讲的技巧去完成相应的写作任务。

第三,教师在为学生构建内容图式时可以添加一定的文化背景知识。当了解了相关的文化背景再进行阅读时更能引起读者的共鸣。在通过这种方法对文化图式进行丰富和积累的同时，学生对于文化的感悟力和认同感也相应地得到了增长。在进行第二语言的写作教学时，教师常常会要求学生在阅读材料中去观察不同的文化现象，并对其进行解释。同时教师也可以根据阅读材料对学生提出问题，如"作者为什么要写这篇文章？""作者写这篇文章的历史背景是什么？"等，这也就需要学生通过对文章表层含义的分析去理解文章的深层含义。在对文章进行分析的过程中，教师希望通过这种方式让学生去理解由另一种文化影响下成长的作者的人生态度和价值观。教师在讲解与文化相关的内容时可以采用将中西方文化进行对比的方式，对比可以让学生的影响更加深刻，更有利于构建新的图式。在布置课后作业时可以布置有关文化习得内容，这样可以让文化图式的构建方法更加有效和直观。学生通过作业活动来了解与自己国家不同的文化现象，然后自己构建出相关的内容图式。

第四，通过直接输入的方式来构建形式图式。随着写作者积累的知识越来越丰富，在进行写作时可以选择的模式也就越来越多。但是写作者在进行学习时常常会忽视技巧知识的学习，例如语篇题材、话语模式和句型等。导致这一情况的原因主要有两个，一个是写作者的阅读量不够，一个是教师在教学时没有进行重点强调。所以在进行课堂教学时如果遇到一篇包含没有接触过的语篇知识的文章，教师可以通过直接输入的方式将知识传授给学生，让学生对此类知识进行了解和学习，并在大脑中构建形式图式。

在写前阶段，教师通过指导可以达到事半功倍的效果。对于非英语专业的学生来说是没有专门的英语写作课的，写前阶段的教学必须依附在读写课程的教学上，读写课程中的内容是写前阶段教学的基础，教师在教授课文时，必须要依照课文的不同情况对文章进行分析，教导学生应该怎样分析文章和把握文章的结构，让学生在写作时知道应该怎样对全文进行合理布局。教师在布置作文写作时要与本单元的教学目标相符，这样才能让学生对知识掌握得更加牢固。写中阶段也就是作文的完成可以在课后要求学生完成，然后交给教师评价或是学生互评来完成作文的讲评。

以读写课程教材《全新版大学英语综合教程》为例，教师在课堂上应该以该书本所列的课文为基础，将阅读、思考、写作融为一体，对学生进行英语的综合能力训练，最终目的是为了对学生进行写作意识和写作能力的培养。阅读不仅仅是为了提高学生理解文章的能力，更重要的是为了写作服务。具体来说，就是将课本上的材料作为学生写作的范文和进行语言输入的来源，在对课文的讲解与学习结束之后教师在根据课文布置一些相关的写作训练。例如：教师如果想要帮助学生建构语言图式，可以通过设置填空、连句、复述等，从单句到连句到段落，难度逐渐加大，通过练习有助于学生对输入语言的理解和运用能力的提高。通过填空练习可以让学生对一些关键词语的搭配更加深刻，对在实际运用中的情况更加了解；连句练习可以让学生对于过渡词的掌握更加深刻；复述和改写则是可以让学生在控制写作和自由写作之间随意转换。总之进行写作练习的目的就是为了让语言输入更加高效,然后在语言输出的时候也能取得良好效果,最后达到在控制写作和自由写作之间随意转换的效果。

在形式图式方面,教师需要对所学课文的文体和体裁有一个充分的了解,以便于学生在构建新的语篇图式时能够提供帮助。比如,在《全新版大学英语综合教程》(第三册)(第二版)第一单元中,课文的主题是关于生活中的变化。课后的作文练习只给出了两个题目:1)Which do You Prefer, Urban Life or Rural Life? 2) Which One do You Prefer, High School Life or University Life? 当教师将课文讲解完成后,教师按照课程目标的要求给学生布置写作任务。虽然有课本的阅读材料作为范文,但是学生对于课文提供的知识不能有效利用,不知该怎么写,往往在开头写了自己喜欢的生活方式之后就没有话说了,无法让自己的观点更加具有理论依据,或者是有些学生写作依然是遵循以前的习惯,没有太多改进。面对这一情况,在之后的写作练习中教师可以进行分层次训练。在英语阅读的文章中,大部分文章都遵循一个主题句然后接细节描写的规律,因此在对学生进行训练时,可以要求学生一段一段进行练习,做到细节能够将主题支撑起来。在进行练习时可以遵循这样的步骤,第一,在对阅读材料进行仔细阅读之后回答课后问题,通过回答问题可以让学生对阅读材料的认识更加深刻,能够进一步的对材料进行复习和总结,让学生在脑海中形成一定的背景知识。掌握背景知识可以加深学生对文章主题的认识,重建意义建构。第二,词语填空练习。在课文讲解完成后,让学生对段落中的连接词和关键词语进行填空。这种练习可以让学生运用语言的能力得到进一步提高,对词语的固定搭配和关联词的正确使用有一个清楚地认识,学会怎样正确的使用连接词和关联词,通过这样的练习在帮助学生构建新的语言图式的同时也让学生掌握了怎样让语句更加连贯的方法,提高写作水平。第三,连句练习。将段落中的句子打乱顺序,然后让学生将句子连成一个语意连贯的段落。这种联系可以让学生理解清楚句子与句子之间的逻辑关系,它们是依照怎样的逻辑关系联系到一起的,可以让学生把控语篇的能力得到增强。第四,背诵和口头复述,在完成前面的几项练习、在对写作能力的掌握有一定的基础之后,教师可以适当增加练习的难度,在文章中选择一些比较有代表性的段落让学生进行背诵或复述。这种训练可以让学生的语言图式建构更加顺利,培养语感和认识到更多的写作词汇,培养用英语思考问题的能力,减少母语对英语学习的影响。第五,模仿段落写作。在文章选出典型段落进行更加细致的分析,然后根据文章题目给出一个相似的题目,让学生依照段落进行仿写练习。为了能够让学生更好地完成写作任务,将头脑中的相关图式进行充分的激活,可以采用头脑风暴的方式让大家一起思考,将大家的意见汇总起来,扩宽写作思路。要求学生在写作时要用到段落中的句子结构或是语篇结构等内容。通过进行上面的这些练习,可以明显感觉到学生的第二篇文章相比于第一篇在词汇、句法、结构、主题等方面都有了明显的进步。

在进行"以读促写"的教学过程中,阅读是手段,写作才是最终目的。学生写作实践的过程实际上就是将阅读中学习到的知识充分运用的过程,学生通过阅读和分析对语言知识进行感悟和学习,养成写作习惯,培养写作兴趣,在写作时将语言文字合理地运用来表达情感,利用所学的语篇知识来完成写作,使阅读和写作之间形成一个良性的循环。在进行实际的写作练习时,要遵循循序渐进的原则,从最简单的语言和言语的练习开始,逐渐增加难度,最后达到能够完成较高难度的文章写作的目的。想要提高写作能力并不是一步登天的,这是需要长时间的练习和训练才能达成的目标。除了在前文提到的一些教学方法,教师还可以利用一些比如重点词汇造句、看图写话、情景描述、按提纲写作文以及自由作文等的教学方法。因为"以读促写"的教学活动是在师生之间展开的,是一个双向的活动,在这个过程中需要由教师进行主导,学生也要发挥主体作用。只是学生自己积极参与学习了才能取得好的学习效果。学生只有将教师的知识进行充分的消化吸收,然后积极进行写作训练和实践,最后才能达到提高写作能力的目的。因此教师在教学时也要关注学生的反映,在教学前可以对学生的反映进行预测,并针对学生的反映想出应对的对策,才能让学生的注意力和激情都停留在自己的讲授内容上,将学生的积极性充分调动出来,以求教学活动的目标能够达到甚至超过预期效果。

参考文献

1. 钱满秋.现阶段大学英语教学改革研究[M].北京：北京理工大学出版社，2017.
2. 刘梅.大数据时代的英语写作教学与研究[M].杭州：苏州大学出版社，2018.
3. 王丹.英语阅读教学理论与实践[M].北京：知识产权出版社，2018.
4. 杜惠玲.认知视角下的隐喻理论探索与英语教学应用研究[M].南京：东南大学出版社，2019.
5. 吴耀武.大学英语阅读分层处方教学模式研究[M].西安：西北工业大学出版社，2016.
6. 陈丽竹，刘露营.现代英语写作理论及教学实践研究[M].北京：中国水利水电出版社，2014.
7. 康洁平.信息化背景下高校英语混合式教学模式探索与应用[M].北京：中国书籍出版社，2021.
8. 高黎，何赟.大学英语读写技能多维度分析及其教学探究[M].北京：中国水利水电出版社，2018.
9. 张丽霞.产出导向法视域下的大学英语教学研究[M].北京：经济管理出版社，2019.
10. 宋玉萍，林丹卉，陈宏.图式理论指导下的大学英语教学研究[M].北京：知识产权出版社，2019.
11. 王雅琴，徐未芳，杨巧章.自主学习导向下的大学英语教学法革新路径探索[M].长春：吉林大学出版社，2019.
12. 杜学鑫.英语专业混合式学习模式研究与实践——以"语言学导论"课程为例[M].南京：东南大学出版社，2018.
13. 杨雪飞.多元文化视域下的大学英语教学研究[M].北京:北京理工大学出版社，2019.
14. 扈玉婷.大学英语生态化写作教学研究[M].北京：北京理工大学出版社，2019.

15. 万洋名. 商务英语专业大学生跨文化交际能力调查 [D]. 海口：海南大学，2017.

16. 王媛媛. 需求分析理论下江西省高职院校商务英语专业课程设置研究 [D]. 南昌：东华理工大学，2017.

17. 郭琪. 中国英语专业学生节奏意识研究 [D]. 西安：陕西师范大学，2018.

18. 董章坤. 英语专业大学生自由产出词汇发展研究 [D]. 长沙：湖南师范大学，2019.

19. 蒋颖. 英语专业研究生写作句法复杂度发展个案研究 [D]. 长沙：湖南师范大学，2019.

20. 黄媛婷. 基于 Coh-Metrix 的中国英语专业学生学术论文衔接研究 [D]. 镇江：江苏大学，2019.